인문학이 들려주는
트레이딩 원리

인문학이 들려주는
트레이딩 원리

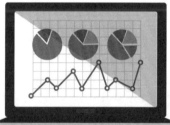

| 김현수 지음 |

기본 원리는 서로 통한다!
인문학에서 찾은
시장과 트레이딩의 이해

좋은땅

머리말

전설적인 투자자 워런 버핏의 오랜 친구이자 동업자인 찰리 멍거 (Charles Thomas Munger)는 투자자들에게 이른바 '격자식 사고방식'을 강조한다. 그는 종종 "해머를 가진 사람에게는 모든 문제가 못으로 보인다."라는 마크 트웨인의 말을 인용하며 재무학이나 경제학처럼 시장과 관련 있는 연구에만 몰입해 시장을 바라보는 대신 다양한 분야에서 얻은 지식과 지혜를 통해 가능한 한 편견 없는 눈으로 시장을 바라볼 것을 주문한다.

지난 1990년대 초 세계무역기구, WTO 체제를 출범시키기 위해 '우루과이 라운드'라는 이름으로 세계 각국의 경제 관료들이 모인 자리에서, 참석자들은 농산물 시장 개방을 놓고 조금이라도 자국에 유리한 쪽으로 합의를 이끌어 내려는 신경전이 치열했다. 우리나라도 예외는 아니었는데, 더구나 국내에선 '쌀시장 개방'을 놓고 정부와 시민단체 간 갈등이 고조되어 있었다. 수출 증대를 위해 쌀시장 개방이 어느 정도 불가피하다는 정부와 식량안보와 농업보호를 위해 시장 개방은 절대 불가하다는 시민단체는 흡사 마주 보고 달리는 두 기관차와 같았다.

농민들 시위가 끊이지 않는 가운데 정부와 시민단체 대표가 만나 협상을 벌였는데, 뜻밖에도 양쪽이 내세운 최선의 방도는 서로 같았다. 훗날 우루과이 라운드와 쌀시장 개방을 놓고 국내에서 빚어진 갈등을 정리해

인문학이 들려주는 트레이딩 원리

보도한 한 신문기사는 이 장면을 놓고 "고수끼리는 통한다."라고 썼다. 접점이라곤 전혀 찾을 수 없을 것 같아 보여도 깊은 바닥에서 흐르고 있는 그 무언가는 서로 일맥상통하기 때문이 아닐까.

'문송합니다', '인구론'이라는 말이 있다. '문과라서 죄송합니다', '인문계 90%는 논다'는 뜻을 지닌 이런 말들은 인문학을 공부한 사람들이 취업시장에서 높은 장벽의 존재를 실감하며 내뱉는 자조적인 표현이다. 사실 이 땅에서 인문학 전공자들이 경제, 경영, 의학 분야 전공자들에 비해 찬밥신세라는 현실은 인문학 전공자는 물론이고 인문학의 위기감을 생각하게 한다.

비단 취업시장에서만 그런 위기를 이야기하지 않는다. 일반 사람들은 부자가 되는 방법, 자녀교육 따위에 더 큰 관심을 기울이지 인간의 본질이나 이 세상의 근본 문제엔 소홀한 것도 사실이다.

그런데 인문학이 위기를 맞고 있다 해도 한국 사람들이 '인문학' 자체를 외면하고 무관심으로 일관할까. 오래전 《정의란 무엇인가》라는 책이 국내에서 인기를 끌었고, 텔레비전 방송에서 역사교양물이나 출연자들이 지적 향연을 벌이는 프로그램들이 꾸준히 사랑받는 데서 짐작할 수 있듯이 사람들은 지적 호기심에도 목말라 있는데, 인문학은 지적 목마름을 해결해 주는 지혜의 샘이다.

이제 인문학이란 창문을 통해 시장과 트레이딩을 바라보고 생각해 보기로 한다. 이 책에는 철학, 역사, 문학뿐만 아니라 경제, 경영에 관한 문헌은 물론이고, 옛 성현들의 사상을 담은 고전뿐 아니라 현대에 쓰인 글도 언급돼 있다. '카오스'와 같은 자연과학뿐 아니라 최근에 나온 드라마, 영화, 애니메이션 대사도 담겨 있다.

찰리 멍거는 자연과학의 '임계점'에서 '티핑 포인트' 개념을 확인했고, 수학의 복리 개념, 생물학의 진화론 등을 그의 투자 원칙에 접목했다. 다양한 학문에서 가져온 개념과 원리는 복잡한 투자 문제에서 볼 수 있는 혼돈을 정리하고 차분히 시장을 바라볼 수 있게 해 주었다고 한다.

그리고 현대 경제학의 한 축을 맡고 있는 행동경제학은 경제학에 심리학을 받아들인 새롭게 주목받는 학문이다.

인문학이 주는 가르침이 경이적인 수익률은 고사하고 트레이딩 자체에 직접적인 도움을 주지도 못하겠지만, 트레이딩 자세와 시장에 대한 통찰력 등을 되돌아보게 하고 한 단계 성장하는 데 도움이 될 것이다. 우리가 잠시 잊고 있었던 투자 원칙은 없는지를 비롯해 그동안의 매매형태를 점검할 자리를 마련해 준다. 고수끼리 서로 통하듯 각 분야의 기본 원리 역시 서로 통하니 말이다.

각 분야의 기본 원리를 하나씩 더듬어 가다 보면 '기본에 충실하라'는 말을 떠올릴지 모르겠다. 우등생들의 공부비결은 그저 수업에 충실하고 예습, 복습 열심히 한 것 아니었는가.

우리가 학생시절이었을 때, 선생님이 가르쳐 주는 것보다 옆자리 친구의 설명에 더 이해가 잘됐던 경험을 한 번쯤은 가지고 있을 것이다. 함께 수업을 들으면서 잘 이해하지 못하는 부분과 알고 싶은 게 무엇인지를 서로 잘 알기 때문이 아닐까.

필자는 파생상품시장만 10년 넘게 기웃거리고 있지만 부끄럽게도 트레이딩에서 아직 경탄할 만한 실적을 기록하지 못했고, 주목할 만한 연구 성과를 내지도 못했다. 이 책을 읽는 독자 여러분과 비슷한 처지고, 선생이 아니라 여러분과 함께 지식과 지혜를 공유하는 짝꿍과 같다.

역사학자 E. H. 카(Edward Hallett Carr)는 역사가를 저 높은 곳에 앉은 고고한 존재가 아니라 대중 속에서 함께 호흡하는 존재로 봤는데, 트레이딩 현장에서 정신없이 뛰는 필자도 그와 다를 바 없다. 따라서 이 책은 저 높은 곳에 앉아 고고한 모습으로 세상 사람들을 굽어보는 대신 함께 걸어가면서 먼지 뒤집어쓰고 트레이딩, 더 나아가 치열한 삶의 무게를 견디면서 들려주는 경험담이자 보고서라 할 수 있다.

끝으로 필자가 여기서 줄곧 말하고 싶은 것은 화려한 기술과 놀라운 수익률이 아니라 세심한 '관리'다. 재미없고 지루하기 짝이 없겠지만 꾸준한 자본관리가 우리들을 시장에서 살아남게 할 것이고, 일단 살아남아야 그다음을 계획하고 준비할 수 있을 것이다.

영화 〈황산벌〉에서 김유신 장군의 외침으로 마무리를 짓겠다.

"강한 자가 살아남는 게 아니라 살아남은 자가 강한 것이다."

목차

8. 트레이더

9. 무엇을 할 것인가

1.

매매는
전쟁의 축소판

1.1 손자병법 시계

"전쟁이란 나라의 중대한 일이다. 죽음과 삶의 문제이며, 존립과 패망의 길이니 살피지 않을 수 없는 일이다."[1]

우리에게 친숙한 《손자병법(孫子兵法)》맨 처음에 나오는 말이다. 병법서로 널리 알려진 《손자병법》은 뜻밖에도 전쟁을 경계하는 말로 시작한다. 이 책을 쓴 손자(孫子)는 전쟁에서 백전백승하는 비법을 말하기보단, 전쟁의 위험성을 강조하고 될 수 있으면 전쟁을 하지 말라고 주장한다. 정부 관료들 가운데 국가들 사이에서 긴장이 고조되면 무력 사용부터 주장하는 강경파들과는 사뭇 다른 모습이다. 병법가이자 장수인 그는

---

1) 손자, 김원중 옮김, 손자병법, 파주:글항아리, 2011, 35쪽.

될 수 있으면 전쟁을 피하고 전쟁이 아니면 다른 방법이 없을 경우에만 '지지 않을 전쟁'을 수행할 것을 주문한다.

자기 말대로 전쟁을 치르면 백 번 싸워도 백 번 모두 위기에 처하지 않는다고 공언한 손자는 전쟁광이 아니라 도리어 전쟁을 경계하고 될 수 있으면 전쟁을 피하고자 했다. 장수인 그는 직접 전쟁을 치르면서 전쟁이 얼마나 참혹한지 몸소 겪은 터라 전쟁을 어쩔 수 없는 것으로 받아들이긴 해도 최후의 수단으로만 사용해야 하는 것으로 봤다.

손자가 살았던 시대는 중국이 혼란으로 가득 찼던 춘추시대로 중국 역사에서 대전환기이자 격심한 변동기였다[2]고 한다. 따라서 손자가 전쟁이 주는 비극을 알면서도 전쟁을 반대하지 않은 것은 자연스러운 일이 아닐까 한다.

전쟁에 대한 그의 관점은 "정치는 피를 흘리지 않는 전쟁이고, 전쟁은 피를 흘리는 정치"라는 중국의 마오쩌둥(毛澤東)의 말을 떠올리게 한다.

한편 지금 우리가 쉽게 구해서 읽고 있는 《손자병법》은 중국 송나라 때 간행된 것으로 조조(曹操)가 원전에 주석을 달아 독자들의 이해를 도운 판본이다. 우리에게 《삼국지》로 알려진 나관중의 소설 《삼국지연의》에서 조조는 간웅으로 그려져 있지만, 실은 뛰어난 군사 전략가이고, '위', '촉', '오' 삼국을 통일하는 데 기반을 닦은 노련한 정치가이기도 했다.

《손자병법》의 가치는 그리 어렵지 않게 찾아볼 수 있다. 군사학에서는 이 책을 꾸준히 연구하고 있고, 오랜 세월 동안 세계 여러 장군들이 이 책을 참고해 온 것은 물론, 전쟁과 별 상관없어 보이는 경영계에서도 이 책

---

2) 위의 책, 16쪽.

에서 경영원리를 찾고 있으니 말이다. 또한 주식, 외환 같은 금융시장을 주제로 다루고 있는 여기에서도 시작부터 《손자병법》을 언급하고 있을 정도다.

또 이 책의 특징은 전쟁과 경제의 상관관계를 진지하게 따지고 있다는 점이다. 손자는 군사력의 차이뿐 아니라 전쟁을 치르는 국가 간의 경제력을 매우 중시했고 더 나아가 승리의 요건으로 파악한 것이다.

세련된 '기법'보다 투박한 '기초체력'을 강조한 손자는 우리가 무작정 떠올리는 '백전백승' 대신 '백 번을 싸워서 백 번 모두 큰 위기에 빠지지 않는 법(百戰不殆)'을 말한다. 전술보다 더 큰 것을 강조한 《손자병법》을 우리 시장의 투자지침서로 본다면 단순한 매매 기법보다 시장에 대한 통찰, 더 나아가 인간과 세상에 대한 이해를 강조하는 게 아닐까.

한편 지금까지 전해지는 고대 성현들의 저서에서 전쟁을 권장하는 책을 찾아보기란 쉽지 않다. '제자백가(諸子百家)'라는 말처럼 다양한 사상이 중국을 뒤덮었지만 그들이 남긴 저서들은 전쟁의 참혹함을 얘기한다.

또 서양이라고 해서 크게 다를 바 없는데, 러시아의 대문호 톨스토이 (Lev Nikolayevich Tolstoy)는 "전쟁은 가장 비열하고 부패한 인간들이 그 속에서 힘과 영광을 얻게 되는 상황을 만든다."[3]라며 전쟁을 극도로 혐오했고, 영국의 극작가 셰익스피어(William Shakespeare)는 "전쟁은 지옥의 귀신"이라며 전쟁이 주는 비극을 직시했다.

그런데 우리나라 근현대사에서 전쟁을 옹호하는 발언을 서슴지 않았던 일부 지식인들을 보면 쓸쓸함을 금할 수 없다. 한반도가 일제에 강점

---

3) 윤중목, 인문씨, 영화양을 만나다, 서울:미다스북, 2007, 53쪽에서 재인용.

당했을 때 몇몇 지식인들이 전쟁을 미화하고, 우리와 상관없는 불구덩이에 우리 동포를 밀어 넣으려는 말을 서슴지 않았던 걸 발견할 땐 더욱 그러하다.

전쟁 전문가이면서 전쟁에 반대했던 인물 가운데는 겸애주의자 묵자(墨子)도 끼어 있다. 중국 제자백가 시대를 살았던 그는 전쟁을 조장하기보단 전쟁이 일어나지 않는 데 노력을 기울인 반전주의자(反戰主義者)였다. 남의 나라 공격을 반대한다는 "비공(非攻)"[4]은 그가 이끄는 묵가의 핵심 사상이었다.

초나라가 '운제'라는 공성무기를 가지고 송나라를 공격할 것이라는 소식을 들은 묵자는 전쟁을 막기 위해 초나라를 향해 열흘 밤낮을 달렸다. 초나라 혜왕(惠王)을 만나 전쟁을 만류했지만, 혜왕은 요지부동이었다. 그래서 '운제'를 고안한 공수반(公輸般)을 불러내어, 차고 있던 허리띠를 풀어 성의 모양을 만들고 성을 방어하는 장치를 대신해 나뭇조각을 배치했다. 혜왕 앞에서 공수반이 공성무기를 변화시켜 가며 여러 차례나 성을 공격했으나 묵자는 그때마다 잘 막아 냈다. 더 이상 공격할 방법을 찾을 수 없었던 공수반은 "선생님을 공격할 방법을 알지만 말하지 않겠다."고 말했고, 묵자도 "나도 그 방법을 알고 있지만 말하지 않겠다."고 응수했다.

초나라 혜왕이 그 까닭을 묻자, 묵자는 이렇게 답했다. "공수반의 작전은 그저 나를 죽이려는 것입니다. 나를 죽이게 되면 송나라에는 성을 지킬 계략을 갖고 있는 사람이 없을 터이니 성을 공격할 수 있을 것이라고

---

4) 묵적, 박재범 옮김, 묵자, 서울:홍익출판사, 1999, 133쪽.

생각하는 것입니다. 그러나 저의 제자들은 이미 성을 지키는 기계를 가지고 송나라 성 위에서 초나라의 군대를 기다리고 있습니다. 저를 죽여도 그것까지 없앨 수는 없습니다."

그제야 초나라 왕은 송나라를 공격할 계획을 포기했다[5]는 고사가 지금까지 전해지고 있는데, 《묵자》'공수(公輸)' 편에 나오는 이 이야기는 묵자가 최초로 '워 게임(war game)'을 세상에 선보였고, 적장과 벌인 '워 게임'을 통해 전쟁을 막았음을 알려 준다.

병법이라는 분야를 넘어서, 정치에 대해서도 많은 부분을 할애한 병법서 가운데에는 태공망(太公望)이 썼다고 전해지는 《육도삼략(六韜三略)》이 있다. 이 책 역시 전쟁을 불길한 흉기[6]로 규정하며 이를 경계하고, 전쟁은 한 나라를 통치하는 군주가 어쩔 수 없을 때 사용하는 최후의 수단이라고 강조한다.

전쟁에 대한 비판적인 시각은 고대 중국 철학자 노자(老子)가 쓴 《도덕경(道德經)》에서도 어렵지 않게 찾을 수 있는데, 그는 "무기란 상서롭지 못한 도구일 뿐이며 군자의 도구가 아니"[7]라고 썼다.

그런데 태공망, 손자, 노자 모두 전쟁의 참혹함을 경고하면서도 전쟁 자체를 반대하지 않았다는 사실을 눈여겨볼 필요가 있다. '워 게임'으로 전쟁을 막았던 묵자 역시 전쟁은 피할 수 없는 것이므로 전쟁에 대한 대비도 필요하다[8]고 말하며 전쟁이 불가피한 현실을 인정했다. 그는 다른

---

5) 위의 책, 373~376쪽.
6) 태공망; 황석공 지음, 유이환 옮김, 육도삼략, 서울:홍익출판사, 1999, 273쪽.
7) 김광하, 노자 도덕경, 서울:너울북, 2005, 191쪽.
8) 묵적, 앞의 책, 27쪽.

인문학이 들려주는 트레이딩 원리

나라를 침공하는 것은 반대했지만, 적이 공격할 때 어떤 전술과 준비로 성을 지켜야 할 것인지에 대해서는 그의 저서에 상세히 적었다. 게다가 군령을 조금이라도 어기는 병사에 대해서는 극단적인 처벌도 강력히 주문했다.

전쟁을 어쩔 수 없는 수단으로 보고 적극적으로 반대하지 않은 까닭은 아마도 그들이 살았던 시대적 상황 때문이 아닐까 한다. '춘추전국시대'라는 중국에서 가장 혼란한 시대를 살았던 만큼 천하통일로 혼란을 잠재우기 위해 전쟁을 '필요악'으로 보지 않았을까.

오래전 일이다. 남북 간 긴장이 고조되어 한반도 평화가 다시금 위협받고 있었다. 남북회담 도중 북쪽 대표단은 "서울을 불바다로 만들어 버리겠다."고 으름장을 놨다. 그는 어떤 발언을 하는 와중에 그 말을 내뱉었고 발언 전체를 놓고 보면 그리 위협적인 말도 아니었다.

하지만 남쪽에서는 앞뒤 맥락은 무시한 채 그저 '불바다'만 강조했다. 그 당시 회담 전후 사정을 알 리 없었던 남한 국민들은 '불바다' 운운하는 북한의 호전성에 경악할 수밖에 없었다.

그 당시 필자는 학생 신분이었는데, 내가 다니던 학교 학생들의 반응도 비슷했다. 학교(학교 주변 사람들은 우리 학교를 그냥 '당나라 부대'라고 불렀다) 특성상 학생들의 반응은 심각했다. 앞으로 어찌 될 것인지 진지하게 대화하며 알량한 정보를 나눴고, 누가 시키지도 않았는데 전쟁이 나면 어떻게 행동할 것인지 행동 요령을 숙지했다.

그런데 학교 구성원 가운데 한 사람인 우리 담임(그는 모자에 하얀 밥풀 같은 것을 세 개씩이나 붙이고 다녔다)은 학생들을 다독이면서도 묘한 흥분에 쌓인 채 학교 안을 돌아다녔다. 그의 표정은 마치 '드디어 갈

고닭은 내 실력을 발휘할 때가 왔다'고 말하는 듯했다. 모두가 전쟁을 걱정하는데, 전쟁을 은근히 기대하는 사람이 있다는 것을 확인한 경험이었다. 그때 기억이 내 오해였기를 바란다. 진심이다.

전쟁 전문가 집단으로 '군부' 하면 일반인들 머릿속에 떠오르는 이미지는 전쟁도 마다하지 않는 강경한 태도일 것이다. 하지만 군인들 가운데서도 '전쟁'보다는 '대화'를 갈등 해결 수단으로 여기는 이들이 매우 많다. 《손자병법》의 저자이자 오나라 군주 합려 아래에서 장군 노릇을 한 손자, 묵가를 대표하는 묵자와 같은 고대시대 인물들뿐 아니라, 근대와 현대시대를 살았던 군인들에게서도 말이다.

경기도 매향리 한 민가에 떨어진 미군 훈련탄을 살펴보는 엘마르 슈맬링

미국 남북전쟁에서 남군을 지휘한 로버트 E. 리(Robert Edward Lee) 장군은 전쟁의 참혹함을 역설했고, 1991년 걸프전에서 미국 주도의 다국적군을 이끈 노먼 슈워츠코프(Herbert Norman Schwarzkopf, Jr.)는 전쟁을 "모독적 행위"[9]로 규정했다. 한발 더 나아가서 자신은 "평화주의자"[10]라고 말했다. 그리고 엘마르 슈맬링(Elmar Schmäling) 전 북대서양조약기구(NATO) 소속 해군장성은 전역 후 평화운동에 나섰으며, 한국

9) 클라우디오 가티; 로저 코엔, '슈워츠코프 정전' PART 1, 2, 모리야 아쓰시, 이정환 옮김, 불패전략 최강의 손자, 서울:국일증권경제연구소, 2002, 310쪽에서 재인용.
10) 보브 우드워드, '사령관들', 위의 책, 310쪽에서 재인용.

민간인을 위협하는 주한미군 활동을 반대하기 위해 한국을 찾기도 했다.

미국 트럼프 ⁿ정부에서 국가안보보좌관을 지낸 허버트 맥매스터 (Herbert Raymond McMaster)는 임명 당시 현역 육군 중장이었는데, 그는 현역 장성임에도 베트남 전쟁과 2003년 이라크 전쟁에 비판적이었고, 북한 핵 문제에도 강경한 목소리를 내는 대신 대화를 강조했다.

1.2 전쟁과 반전(反戰) 그리고 트레이딩

어느 직장에서 있었던 일이다. 한 직원이 대표에게 급한 일을 보고하면 대표는 "어쩌라고?"라고 되묻기 일쑤였다. 직원들은 대표의 지시를 받아 급히 일을 처리해야 하는데, 대표의 반응에 당혹감을 느끼기 일쑤였다. 그때마다 직원들은 속으로 중얼거릴 수밖에 없었다. '그래서 나더러 어쩌라고?'

문제는 그곳이 병원이었다는 점이다. 갑자기 환자에게 문제가 생겨 간호사가 의사에게 보고를 하고 조치를 기다리는데, 의사는 처방을 내릴 생각은 하지 않고 '어쩌라고'만 말하니, 간호사 역시 '어쩌라고'를 연발할 수밖에 없었다. 덕분에 그 병원 직원들 사이에선 유행어가 생겼다.

"어쩌라고?"

이 글을 읽는 여러분 반응도 이와 그리 다르지 않을까 한다. 주식현물이든 선물거래나 FX마진거래든 시장과 트레이딩에 관심이 있는 분들이 이 책을 찾을 텐데 그런 독자들을 향해 '전쟁' 운운하고 있으니 말이다.

'트레이딩'을 말하기 앞서 '전쟁'을 들먹이며 둘 사이의 유사성을 암시하는 까닭은 무엇인가. 잔뜩 겁을 줘서 트레이딩을 포기하게 하려는 것인가.

꼭 그런 건 아니다. 필자 역시 시장에 발을 들여놓고 있는데 무작정 반시장적인 주장을 할 리는 없지 않은가.

하지만 주위에서 떠도는 말만 주워듣고서 무작정 시장에 뛰어들 바에는 아예 시장에 눈길도 주지 않는 게 낫다는 말은 해야겠다.

유가증권시장, 파생상품시장을 주제로 삼은 책에서, 시작부터 전쟁의 참혹함을 경고한 손자병법의 첫 구절을 적고 여러분께 소개하는 까닭은 우리가 큰 관심을 갖고 있는 시장도 총소리만 안 들릴 뿐 전쟁터와 크게 다를 바 없기 때문이다.

트레이더들은 모니터 너머 상대방과 불꽃 튀는 공방전을 벌인다. 어떤 트레이더는 개인 자산을 무기로 전쟁에 나서고, 어떤 트레이더는 회사 자산, 심지어 국가 자산을 가지고 '시장'이라고 불리는 전쟁터에 뛰어든다.

시장에서 피를 흘리는 경우는 과로해서 코피를 흘리는 경우 말고는 없다. 그렇다고 해도 시장이 장난감 총으로 인형 맞히기 게임을 하는 놀이동산은 아니다. 시장에선 실제로 피 흘리는 일은 없지만 피 같은 자본금이 오간다. 고대부터 손자를 비롯한 많은 이들이 전쟁을 신중하게 생각하고 대하듯, 우리도 시장에 신중히 접근해야 하고, 거래를 안전핀 뽑힌 폭발물처럼 조심스럽게 다뤄야 하지 않을까.

《개미도 할 수 있는 외환투자》[11]에서 손자의 말을 패러디한 것처럼 트레이딩은 어떤 일보다 큰일이고 시장은 내 자본이 달려 있는 곳이며, 트

---

11) 김원, 개미도 할 수 있는 외환투자 2, 서울:퍼플, 2013, 288쪽.

11) 김원, 개미도 할 수 있는 외환투자 2, 서울:퍼플, 2013, 288쪽.

11)   김원, 개미도 할 수 있는 외환투자 2, 서울:퍼플, 2013, 288쪽.

22   인문학이 들려주는 트레이딩 원리

레이딩의 성패는 내 재산이 달려 있는 일이니 신중히 살피지 않을 수 없는 것이다.

논리 비약이 심하다고? 겨우 시장에서 매매하는 것 가지고 국가의 존망이 달려 있는 전쟁을 들먹이다니, 비유가 극단적이라고 따질지 모르겠다.

하지만 한 은행원의 잘못된 행동이 100년이 넘는 역사를 자랑하는 은행 하나를 송두리째 날렸고, 1990년대 말 일개 회사의 잘못된 트레이딩으로 뉴욕 월가가 붕괴할 뻔했다. 2008년 극심한 금융위기는 리먼브라더스(Lehman Brothers)라는 회사의 파산이 신호탄이었다. 굳이 멀리서 외국 사례를 들먹일 것도 없겠다. 몇 년 전 우리나라의 어느 증권사는 한순간의 매매 실수로 문을 닫아야 했다. 또 트레이딩 실패로 가산을 탕진하고 이혼당할 뿐 아니라 심지어 극단적인 선택을 한 사례를 시장에서 거래를 해 본 사람이라면 한 번쯤은 들어 봤을 것이다.

이렇듯 거래는 매우 어려운 싸움이다. 시장에서 오랫동안 살아남고 싶다면 투자활동을 매우 신중하게 해야 하지 않을까. 시장은 초보자라고 해서 봐주고, 실수라고 그냥 눈감아 주는 법이 없는 아주 냉혹한 곳이니 말이다.

가끔씩 매매가 쉽다고 말하는 트레이더들을 보곤 한다. 그리 틀린 말은 아니다. 상품을 싸게 사서 비싸게 파는 데에 아인슈타인의 상대성 이론이나 복잡한 수학 공식을 동원할 필요는 없으니 말이다. 싸게 사서 비싸게 파는 장사 원칙은 웹툰 〈미생〉의 주인공 장그래의 어머니[12]도 잘 알고 있다.

---

12) 윤태호, 미생7, 고양:위즈덤하우스, 2013, 128쪽.

그런데 산전수전 다 겪고 난 다음에 어떤 깨달음의 결과물로 매매가 쉽다고 말하는 것—역설적으로 매매가 무척이나 어렵다는 소리—과 갓 시장에 진입해 몇 번 매매를 해 보고서는 매매가 쉽다고 얘기하는 것은 서로 의미하는 바가 크게 다를 것이다.

한국에서 변호사 되는 거 그리 어렵지 않다. 대학 나와서 법학전문대학원에 들어간 다음 변호사 자격시험을 통과하면 그만이다. 필자가 이렇게 말하는 것과, 어렵게 변호사가 된 사람이 "응, 변호사 되는 거 어렵지 않아. 로스쿨 가서 변호사 시험 붙으면 돼." 하고 웃으며 말하는 것이 주는 무게감은 크게 다르듯 말이다.

매매규칙을 단순화해 거래하는 것과 거래를 쉽게 여기고 쉽게 대하는 것은 분명 다른 문제다. 굳이 "큰 나라를 다스리는 것은 작은 생선을 굽는 것과 같다."[13]는 노자의 가르침을 되새기지 않더라도 트레이딩을 작은 생선을 구울 때처럼 조심스럽게 해야 한다는 건 시장에 발을 디딘 사람들이라면 온몸으로 느끼고 있다.

앞서 말했듯이《손자병법》은 전쟁의 위험성을 경고하는 것부터 시작하지만 '병법'이라는 책 제목에서 알 수 있듯이 전투를 잘 치르는 것부터 전쟁을 어떻게 치러야 하는지까지 자세하게 나와 있다. 그리고 손자는 전쟁 자체를 반대하지 않았다. 고대 중국 정치가 태공망처럼 최후의 수단으로서 어쩔 수 없이 사용하는 정치행위로 본 것이다. 그래서 그는 전쟁을 권장하지도 반대하지도 않지만 신중히 행해야 한다는 신전(愼戰)을

---

13) 김광하, 앞의 책, 338쪽.

강조했다.[14] 또《육도삼략》에서도 어쩔 수 없이 전쟁을 해야 한다면 준비[15]를 철저히 할 것을 주문한다.

시오노 나나미(塩野七生)의 저서《로마인 이야기》는 "전쟁은 피 흘리는 정치"라는 마오쩌둥의 말을 종종 인용한다. 그렇다면 인류가 지구상에 생존하는 동안 어떤 형태로든 전쟁은 불가피할지도 모르겠다. 그럼에도 불구하고 전쟁은 될 수 있으면 피하고 싶은 게 평범한 사람들의 보편적인 심정일 것이다. 하지만 어쩔 수 없이 전쟁을 해야 한다면 준비를 철저히 하고, 제대로 전쟁을 치를 것을 옛 성현들은 강조한다.

이 책 역시 마찬가지다. 이 책의 결론이 트레이딩을 하지 말자는 것이라면 독자 여러분은 이 책을 읽을 필요가 없고, 어떤 식으로든 시장을 기웃거리는 필자 역시 긴 시간을 들여 이 책을 쓸 필요가 없을 것이다.

앞으로도 시장과 매매에 대해 부정적인 말들이 불쑥불쑥 튀어나올 것이다. 그렇다고 해서 시장을 부정하고 트레이딩을 만류하는 것은 아니다. 시장에 발을 들여놓을 것이라면 제대로 알고 시작하자는 말을 하고 싶은 것이다. 굳이 전문가의 말을 인용하지 않더라도, 오랫동안 시장에 남아 있고 싶다면 매매를 매우 신중하게 해야 한다는 건 한 번쯤 거래를 해 본 이들에겐 상식이지 않은가.

당연한 소리를 말하는 까닭은 우리가 그 말을 너무 당연하게 여기기에 그 말을 잊고 거래에 임할 때가 많아서다. 그래서 실수를 저지르는 건 이제 막 시장에 발을 들여놓은 초보자는 물론이고 이 글을 쓰는 필자, 시장

---

14) 손자, 앞의 책, 23쪽.
15) 태공망; 황석공, 앞의 책, 31쪽.

에서 닳고 닳은 백전노장들도 마찬가지다.

1.3 세상은 어떻게 변화하는가

직장을 나와 자영업을 시작한 사람이 옛 회사 후배를 만나 술잔을 기울이며 한마디 한다.

"회사가 전쟁터라고? 밖은 지옥이다."[16]

우리에게 웹툰과 드라마로 잘 알려진 〈미생〉의 한 장면이다. 평범한 삶을 꾸려 가는 소시민들에게 이 말만큼 '직장'과 '세상'을 적나라하게 표현한 말이 있을까 싶다.

그렇다면 우리가 살고 있는 '세상'이란 어떤 곳인가. 필자에겐 이 거대한 담론에 대해 결론을 내릴 능력이 당연히 없다. 위대한 철학자들도 자기만의 주장을 내세울 뿐 나처럼 무지몽매한 인간들이 원하는 정답을 똑떨어지게 내놓지 못하는데, 시장을 기웃거리기나 하는 처지에 어찌 감히 '세상이란 말이다', 하며 세상을 정의하고 논할 수 있겠는가.

대신 다른 이들의 말에 귀를 기울여 보면, 일단 세상은 고정돼 있지 않고 움직이는 것이라고 한다. 예를 들어 '유물론적 변증법'에서는 세상을 정지돼 있지 않고 움직이고 있다고 본다. 정지해 있는 것도 어찌 보면 움직임이 '0'인 그저 특수한 경우다.

---

16) 윤태호, 미생5, 고양:위스덤하우스, 2013, 232쪽.

묵자는 "사물이 운동을 멈추면 모두 다 없어진다."[17]라고 말했다. 옛날 제자백가에서 유가(儒家)와 쌍벽을 이룬 묵가의 비조(鼻祖) 역시 세계의 운동성에 주목한 것이다.

이들 주장에 동조하지 않더라도 세상을 정지한 모습이 아닌 움직인다고 보는 세계관은 충분히 경청할 만하다. 더구나 물리, 천문학과 같은 자연과학에선 한시도 쉬지 않고 움직이는 이 세상을 객관적 자료로 설명해 주고 있지 않은가.

중국의 철학자 장자(莊子) 역시 세상의 운동성에 주목하고 '변화'는 막을 수 없다고 말한 바 있다. 그래서 변화에 저항하기보단 그 사실을 덤덤히 받아들이고 거기에 적응하라고 말한다. 그는 "세계를 안다는 것은 그 무언가를 이해"하는 것이라고 말하면서 세상은 한시도 쉬지 않고 바뀌기에 어떤 대상을 안다는 것은 불가능[18]하다고 주장했다.

그래서 그는 세상이 처음 만들어질 때 누군가가 세상을 만들었겠지만 절대적인 어떤 하나의 존재에 대해선 말하지 않는다.

장자가 꿈꾸는 세상은 뚜렷한 질서가 없는 "혼돈"[19]에 가깝다. 아니, 혼돈 그 자체라 할 수 있다. 학자들 말에 따르면 장자가 말하는 '혼돈'은 질서정연한 '코스모스(cosmos)'의 반대 개념인 '카오스(chaos)'가 아니라 모든 것을 한데 섞어 놓은 혼합물로 경계가 없고, 경계가 없으니 그로 인한 차별도 없다.

---

17) 묵적, 앞의 책, 272쪽.
18) 정용선, 장자의 해체적 사유, 서울:사회평론, 2009, 65~67쪽.
19) 위의 책, 74~75쪽.

그의 저서 《장자(莊子)》 '내편(內篇)'에는 다음과 같은 우화[20]가 있다.

남해의 임금 숙(儵)과 북해의 임금 홀(忽)은 수시로 중앙의 임금 혼돈(渾沌)의 땅에서 만났는데, 그때마다 혼돈은 그들을 잘 대접했다. 숙과 홀은 혼돈의 덕에 보답할 것을 의논하면서 말했다.

"사람에겐 일곱 개의 구멍이 있어 보고 듣고 숨을 쉬는데, 혼돈에겐 그게 없으니 우리가 구멍을 모두 뚫어 주기로 하자."

그들은 혼돈에게 하루에 한 개씩 구멍을 뚫었고 구멍을 모두 뚫고 나자 혼돈은 죽고 말았다.

장자는 일곱 개의 구멍을 지식의 문으로 봤는데, 구멍이 없는 혼돈에는 지식도, 질서가 만들어 낸 선악도 없다. 세계는 그저 한 몸으로 뒤엉켜 어떤 구별이나 차별도 없다.[21]

흥미롭게도 세상을 혼돈으로 바라보는 장자의 시선은 고대 서양문화에도 남아 있다. 서양의 주류 철학이나 사상가들은 '합리'와 '이성'이라는 잣대를 세상에 들이댔지만, 영국 아서 왕과 원탁의 기사 이야기를 다룬 《아발론 연대기》에서는 서양 주류에서는 벗어난 장자와 비슷한 생각을 엿볼 수 있다. 켈트 신화를 바탕으로 한 《아발론 연대기》에는 '모르간'이란 요정이 나온다. 그녀는 선과 악, 아름다움과 추함을 동시에 품고 있는데, 모르간은 늘 검은 옷을 입고 눈부시게 흰 말을 타며[22] 대립되는 색상을 선보인다. 《아발론 연대기》가 전하는 켈트 신화도 세상을 선과 악, 삶과 죽음, 아름다움과 추함이 나눠지지 않은 혼돈처럼 뒤섞인 것으로 보는

---

20) 장자, 김창환 옮김, 장자 내편, 서울:을유문화사, 2010, 350~351쪽.
21) 왕보, 김갑수 옮김, 장자를 읽다, 서울:바다, 2007, 383쪽.
22) 장 마르칼, 김정란 옮김, 아발론연대기 4-요정 모르간, 서울:북스피어, 2005, 53쪽.

게 아니겠는가.

서양식 장기판인 체스판은 검은색과 흰색이 번갈아 가며 판을 수놓는다. 어찌 보면 이 세상은 삶과 죽음이 공존하고 의식과 무의식이 한데 어우러져 있음을 상징하는 것 같다.

반면 그리스 철학자 플라톤(Platon)은 세상이 계속 변화하기만 한다면 궁극적이고 절대적인 지식이란 불가능[23]하기 때문에, 실체는 변하지 않는다고 봤다. 그래서 그는 세상을 주관하는 어떤 절대적 존재가 있고, 그에 따라 세상이 움직인다고 봤다.

철학자들은 세상을 논하면서 거대한 담론 속에 우리를 빠뜨리고 허우적거리게 하지만, 우리와 같은 평범한 사람들이 보는 세상은 무척 평범하다. 우리가 이미 경험했듯이 세상은 살기 힘들고 고달픈 곳이기도 하다. 그래서 '회사 안은 전쟁터지만 바깥은 지옥'이라는 퇴직한 직장인의 푸념이 더 가슴에 와 닿는다. 오죽하면 시선(詩仙)으로 불리는 이백(李白)은 "촉 땅으로 가는 길은 험난하구나. 저 푸른 하늘로 올라가는 것보다 더 어렵구나."[24]라고 읊으며 고단한 일상을 토로했을까. 일본인 작가 나카타니 아키히로(中谷彰宏)도 자기 꿈을 마음껏 펼쳐 나가기에는 세상이 너무 냉정[25]하다며, 사회초년생들을 위로한다.

혜민 스님은 "마음이라는 창구를 통해서만 세상을 알 수 있다."[26]라고 말한 바 있다. 어떤 마음가짐을 가지고 있느냐에 따라 세상도 달라 보인

23) 정용선, 앞의 책, 66~67쪽.
24) 왕보, 앞의 책, 96~97쪽에서 재인용.
25) 나카타니 아키히로, 이선희 옮김, 30대에 하지 않으면 안될 50가지, 서울:홍익출판사, 1998.
26) 혜민, 멈추면, 비로소 보이는 것들, 파주:쌤앤파커스, 2012, 38쪽.

다는 것이다. 그리고 심리학자 앤 딕슨(Anne Dickson)은 "세상은 좀 더 적극적인 사람에게 열려 있다."[27]며 삶의 중압감에 눌려 있는 사람들을 격려했다.

미국의 천문학자 칼 세이건(Carl Edward Sagan)은 세상을 "사람의 야심과 반드시 완전한 조화를 이루도록 돼 있지 않은 곳"으로 봤는데, 그가 말한 '세상'은 투자자들과 분석가들의 세상인 '시장'과 그리 다를 바 없어 보인다.

장자와 켈트 신화 그리고 유물변증법의 세계관을 떠올려 보면, 세상은 상대적인 면이 있다. 그래서 우리가 사는 형편에 따라 세상은 달라 보이기도 한다. 평범한 회사원의 경우 하루 일상을 사무실에서 보내다 보니 사무실에 맞춰 시야가 좁아지고 그의 세상은 그의 업무에 맞춰 단순하게 변해 버리는 경우가 종종 있다.

병원에서 일하는 사람들에게 세상은 병원이고 세상 사람들은 늘 마주하는 동료직원과 입원 중인 환자들이다. TV 뉴스에서 전해지는 소식은 호기심을 부르는 바깥세상 일에 불과하다. 병원에 오랫동안 입원 중인 환자들에겐 특히 그렇다. 사계절을 느끼게 하는 바람은 계절에 따라 교대로 부는 에어컨 바람과 난방기 바람이 대신한다.

학교에서 공부하는 학생들은 학교가 세상의 전부이다시피 하고 대학 입시에 맞춰 또 다른 바깥세상을 바라보고 행동한다. 영화 〈아일랜드〉 (마이클 베이 감독, 2005) 속 복제물들이 작은 공간 속에 살고 그들만의

---

27) 레슬리 가너, 이민주 옮김, 서른이 되기 전에 알아야 할 것들, 서울:토네이도미디어 그룹, 2009, 100쪽.

　　　　　　　　　　　인문학이 들려주는 트레이딩 원리

사고방식으로 실제 세상을 바라보듯이 말이다. 방 한구석에서 외톨이로 지내는 이른바 '히키코모리'에겐 작은 그의 방과 인터넷으로 이어진 가상 세계가 세상 전부일 것이다.

그렇다면 우리의 최대 관심사인 시장은 어떤 모습을 하고 있을까. 누구에겐 장자가 바라본 세상인 '혼돈'과 다름없어 보일지 모르겠고, 어떤 이에게는 금융공학자들의 복잡한 수식이 적용되는 정교한 질서가 지배되는 곳일 것이다. 계량분석가인 퀀트(quant)들이 마련해 놓은 수식에 움직이는 헤지펀드가 짭짤한 수익을 내는 곳이기도 하고, 시장에 대해 아무것도 모르는 사람이 소가 쥐 잡듯 큰 수익을 내는 곳이기도 하다.

시장을 분석한다는 것이 혼돈에게 일곱 구멍을 뚫는 것처럼 헛된 일일 수도 있고, 시장을 이해할 수 있는 좋은 수단일 수도 있다.

시장이 어떤 곳인지 생각해 보는 것은 거래를 하고 시장을 분석하는 동안 틈틈이 주어진 숙제이고, 이 책을 읽는 내내 생각해 볼 주제이기도 하다.

1.4 붉은 여왕 효과

한 대도시에 자리 잡은 어느 병원의 원장은 경영이 어렵다고 늘 죽는소리였다. 그런데 그 병원은 늘 환자들로 넘치고 직원들은 그 환자들에게 시달리고 있는데도 경영이 어렵다니? 그럼 병원 문을 닫는 게 더 이익이 아닐까. 엄살을 부려도 너무 심했다는 느낌이었다.

경영이 어렵다는 소리는 그 병원에서만 나오는 게 아니다. 뉴스를 보면

'위기'라는 말을 꺼내지 않는 경영자를 찾아보기 어려울 정도다. 연말이면 창사 이래 최고의 영업이익을 냈다고 자랑하는 기업도 일 년 내내 죽는소리를 한다. 그러니 '위기'라는 말이 귀에 딱지가 질 정도로 듣는 직장인들은 걸핏하면 정신 단단히 차리라는 경영진과 부서장의 말을 시큰둥하게 흘려버리기 일쑤다.

그런데 '위기'라는 죽는소리가 그동안 우리나라 기업들을 이끌어 온 힘이었고 더 나아가 전 세계 기업들의 생존방식이었다. 세계 최대의 IT 제국을 건설한 빌 게이츠조차 "성공은 쉽게 만족하지 않고 계속 전진할 때 온다."라고 할 정도니 말이다. '이만하면 됐다'고 만족하는 순간 다른 기업에 따라잡히고 도태되는 게 현실인 걸 보면 '위기'라는 말로 직원들을 다그치는 일을 그냥 엄살로만 볼 순 없을 듯하다.

최고의 자리에 있더라도 금세 후발주자에게 선두자리를 뺏기고 조금씩 뒤처지면서 역사의 뒤안길로 사라지는 기업들을 종종 볼 수 있는데, 노트북 컴퓨터를 처음 상품화한 도시바, 일반 소비자들에게 휴대폰을 선보인 모토로라, 세계 최초로 사회관계망 서비스(SNS)를 시작한 싸이월드와 휴대폰으로 세계를 휘어잡으며 핀란드의 경제를 책임지던 노키아의 사례를 보면 이해할 수 있을 것이다.

"세상이 바뀌는 것보다 더 빨리 변해야 1위 자리를 지키고 생존할 수 있는데, 혁신 레이스에서 뒤지면 원조라도 버틸 수 없는 게 현실"[28]이라는 지적이 나오는 걸 보면 기업 경영자들이 늘 위기를 입에 달고 다니는 모

---

28) 세계 최초도 무너지는 산업계… '붉은 여왕 효과' 극복 못하면 아웃, 한국일보, 기사입력 2017. 12. 5.

습을 조금이나마 이해할 수 있을 것 같다.

이렇듯 기업이든 국가이든 쇠락의 조짐은 최고 전성기 때 자만하거나 현실에 안주하기 시작할 때 나타나는 법이다. 그래서 에드워드 기번(Edward Gibbon)은 '해가 지지 않는 나라'로 불리던 대영제국에 교훈과 경고를 던지기 위해 《로마제국쇠망사》를 쓰면서 로마의 탄생도, 제목처럼 로마의 쇠퇴도 아닌 로마제국 최고의 전성기에서부터 이야기를 풀어 나갔다.[29]

영국의 수학교수 루이스 캐럴(Lewis Carroll)이 쓴 《거울나라의 앨리스》에서 앨리스는 우연찮게 거울 속으로 뛰어들고 한바탕 모험을 펼치는데, 거울나라에서 만난 붉은 여왕에게서 달리기 시합을 제안받는다. 앨리스는 붉은 여왕의 제안을 받아들이고선 함께 달리는 도중에, 아무리 달려도 주변 모습은 그대로라는 사실을 발견한다.

앨리스가 "모든 게 아까와 똑같아요. 제가 사는 곳에서는 오랫동안 달리고 나면 보통 다른 곳에 도착해요."라고 외치자 여왕은 말한다. "정말 느린 나라구나! 여기서는 만약 다른 곳에 가고 싶으면 적어도 두 배는 더 빨리 달려야 해!"

미국의 진화생물학자인 밴 베일런(Leigh van Valen)은 붉은 여왕과 앨리스의 달리기 장면을 가지고 계속 발전하는 경쟁 상대에 맞서 끊임없이 변화하지 않으면 결국 뒤처져 사라진다는 가설을 세우고는 '붉은 여왕 효과'라고 이름 붙였다.

경영학에서도 베일런의 '붉은 여왕 효과'를 받아들여 학문에 응용하기

---

29) 정진홍, 인문의 숲에서 경영을 만나다, 21세기북스, 2007, 316쪽.

시작했는데, '붉은 여왕 효과'는 어떤 대상이 변화하게 되더라도 주변 환경이나 경쟁 대상 또한 마찬가지로 끊임없이 변화하기 때문에 상대적으로 뒤처지거나 제자리에 머물고 마는 모습을 이론적으로 설명한다.

시장에서 승자가 된 기업이 그 자리를 오랫동안 유지하기 어려운 게 현실이다. 후발주자는 선발주자의 장점과 단점을 알기 때문에 선발주자의 성공 사례만 흡수하고 시행착오는 피하면서 재빠르게 시장에 안착하기 때문이다. 그래서 "1등을 하는 것보다 지키기가 어렵다."[30]라는 말이 괜히 나온 게 아니다.

지금 자리에 안주하지 않고 끊임없이 변화하는 것은 발전이 아니라 현상 유지를 위한 어쩔 수 없는 선택인 것이다. 한 단계 도약하기 위해서가 아니라 살아남기 위해 '위기'를 강조하고 직원들을 독려하는 건 '붉은 여왕 효과'의 모습이 아닐까 한다.

그런데 사람들은 늘 반복되는 위기 타령에, 정작 '위기'에는 둔감해진다. 한국의 지난 시절, 위정자들이 국민들에게 걸핏하면 '북한이 쳐들어온다'고 겁을 준 덕분에 한국 사람들이 북한의 위협에 대해 무덤덤해진 것처럼 말이다.

그러나 위기 경고에 둔감해지면 정작 위기가 닥쳤을 때 속수무책으로 당할 수밖에 없을 것이다. 아무리 '위기'나 '경고' 신호를 보내도 조직 구성원들은 그 신호를 대수롭지 않게 여기고 결국 끔찍한 결과를 맞이하는 것이다.

---

30) 박병률, 문학으로 읽는 경제원리, '거울나라의 앨리스'의 '붉은여왕 효과' 이코노미스트, 기사입력 2017.9.11.

인문학이 들려주는 트레이딩 원리

따라서 단순히 현상 유지와 생존을 위해서라도 언제나 위기의식을 갖고 긴장을 늦추지 말아야 하고, 위기와 쇠락의 조짐을 놓치지 말아야 하는데, 그게 그리 쉽지 않다. 늘 팽팽하게 당겨진 줄은 결국 탄성을 잃고 만다는 사실을 외면할 순 없는 노릇 아닌가.

그러니 태어나면 사라지고, 흥하면 쇠하는 게 자연의 섭리일지도 모르겠다.

'붉은 여왕 효과'가 우리에게 시사하는 바는 뭘까. 우리 모두 시장을 바라보고 트레이딩을 하면서 틈틈이 생각해야 할 과제다.

1.5 세상은 꼭 질서정연하진 않다

우리는 학창시절 수학문제를 줄기차게 풀었다. 당시 고등학생들은 '바이블'이라 불리던 모 수학참고서(실제로도 성경책만큼 두툼했다)를 다섯 번은 봐야 한다는 얘기를 들어 가며 문제를 풀고 또 풀었다.

그런데 우리가 초중고 12년 동안 푼 수학문제의 가장 큰 특징이 무엇인지 아시는지. 그건 바로 모든 문제에는 정답이 있다는 사실이다. 우리들이 푼 문제 가운데 정답이 없는 문제는 없었다. 간혹 선생님이 중간고사나 기말고사 문제를 출제할 때 실수로 답이 없는 문제를 내는 경우를 제외하면 말이다.

그런데 학교를 졸업하고 사회생활을 하면서 느낀 점은 인생이라는 여정 속에서 부딪히는 문제에는 학교에서 배운 수학문제처럼 똑 떨어지는 정답이 없다는 것이다. 그리고 우리들의 길지 않은 인생살이에서 얻는 삶의 지혜에서뿐만 아니라 자연과학이라는 학문에도 정답이 없는 경우가 매우 많다. 자연과학에서 다루는 문제에도 정답은 고사하고 이 문제에 답이 있는지 없는지조차 알 수 없는 경우가 태반이다. 한 대학교수는 학생들에게 "세상에 존재하는 99%의 미분방정식은 풀 수 없다."[31]고 했을 정도다.

우리가 학창시절 배우지 못한 세상을 과학자들은 '비선형계'라고 부른다. 여기서는 그동안 배운 공식으로는 문제를 깔끔하게 풀 수 없다. 그래서 과학자들은 수능시험 치르는 학생들처럼 깔끔하게 답을 구하는 일은 포기하고, 어디 있을지 모를 정답과 최대한 가까운 근사치를 구하는 방법을 찾는 데 몰두한다. 그래서 노벨 물리학상 수상자인 엔리코 페르미(Enrico Fermi)는 이렇게 말했다.

"자연의 모든 법칙을 선형적으로 표시할 수 있다고는 성서에서도 말하지 않았다."[32]

'비선형 동력계'는 일반 사람들에게 '카오스(chaos)'로 알려져 있는데, 이는 우주가 생성되는 과정 중 최초의 단계로 천지구별과 질서가 없는 상태를 말하고, 비주기적이며, 장기예측이 불가능한 현상[33]을 정의하는 말로 과학계에 이름을 알리기 시작했다.

카오스에 대해 알지 못하더라도 이 말은 한 번쯤은 들어 봤을 것이다.

"북경에서 나비 한 마리가 날갯짓을 하면 뉴욕에는 폭풍우가 몰아친다."

---

31) 나가노 히로유키, 위정훈 옮김, 물리가 쉬워지는 미적분, 서울:비전코리아, 2018, 297쪽.
32) 제임스 글리크, 박배식; 성하운 옮김, 카오스:현대과학의 대혁명, 서울:동문사, 1993, 87쪽.
33) 이상훈, 카오스란 무엇인가, 대한기계학회저널, 2002. 4, 30쪽.

나비 한 마리 때문에 폭풍우가, 그것도 지구 반대편에서 발생하다니. 처음에는 말도 안 되는 소리라고 여기겠지만, 실은 극적인 이 말 덕분에 '카오스'는 일반 대중들에게 더 쉽게 다가설 수 있었다. 한국 사람들에게는 '나비효과'를 보여 주는 이 말 외에도 '카오스 세탁기'라는 별명을 가진 세탁기 광고 영향도 컸다.

아무리 생각해도 지구 반대편에 있는 나비 한 마리 때문에 폭풍우가 인다는 건 허무맹랑해 보인다. 하지만 카오스로 설명되는 세상은 초기 조건에 매우 민감[34]해서 작은 나비의 움직임이 사소한 변화를 증폭시켜 결과에 큰 영향을 미친다. 카오스의 대표적인 특징인 '예측 불허성'은 초기 조건에 민감하게 반응해서 비롯되는데, 이를 처음 발견한 사람은 수학자 푸앵카레(Jules-Henri Poincaré)였다. 그는 '나비효과' 때문에 장기예측이 불가능하다는 사실을 발견했다.[35]

평소보다 5분 늦게 일어나 허둥지둥 집을 나섰지만, 바로 눈앞에서 전철을 놓쳐 10분을 기다려 다음 열차를 탔다. 환승역에선 갈아탈 전철이 오지 않아 다시 10분을 승강장에서 기다려야 한다. 늦잠이라고 할 것도 없이 겨우 5분 늦게 일어났는데 간발의 차로 차를 놓쳐 평소보다 20분 늦게 학교나 회사에 도착한다.

또 평소에 타던 시각의 열차를 놓치고 다음 전철을 탔는데, 이 열차는 서행을 거듭하더니 급기야 한 전철역에 멈춰 서서 출입문을 활짝 열어 놓은 채 움직일 생각을 하지 않는다. 그리곤 전철에서 안내방송이 흘러나

---

34) 정갑수, 세상을 움직이는 물리, 도서출판 다른, 2012. 79쪽.
35) 이상훈, 앞의 글, 31쪽.

온다. 선행 열차가 사고를 일으켜서 현 전철역에서 정차하오니, 안전한 객차에서 기다려 주시거나 바쁘신 분은 다른 교통수단을 이용해 달라고.

5분 늦게 일어난 결과 20분은 고사하고 몇 시간 지각하게 됐다. 하지만 앞차를 놓친 덕분에 대형사고는 피할 수 있었다. 5분이라는 작은 차이가 얼마 뒤 엄청난 결과를 부른 셈이다.

그리고 경제학에서 '디드로 효과(Diderot effect)'를 설명하기 위해 소개한 예를 여기서 소개하자면, 분홍색 잠옷 한 벌을 샀는데 잠옷 색깔과 침대 시트 색깔이 안 맞아서 침대 시트를 바꾸고(필자 같은 패션 테러리스트에겐 있을 수 없는 일이다), 시트와 벽지가 서로 어울리지 않아서 도배를 새로 하고, 그러다 보니 다른 가구와 조화가 안 돼서 침대와 벽지하고 어울리는 가구를 새로 장만하고, 결국은 아예 집을 리모델링한다. 잠옷 한 벌 샀을 뿐인데 집을 뜯어고치는 큰 공사가 발생한 것이다.

'카오스'라는 단어에서 짐작할 수 있듯이, 카오스 세계는 '코스모스(cosmos)'와 달리 불규칙하고 예측 불가능하다. 하지만 중구난방으로 돌아가는 세상이라고 해서 그저 무질서한 세계로만 이해하면 곤란하다. 불규칙적이고 비예측적이므로 무질서한 세계처럼 보이지만, 그 불규칙성의 이면에는 잘 정의된 질서 구조가 공존한다.[36] 이는 꼭 장자의 세계관이 과학으로 설명되는 듯한 느낌이다.

그러면 과학자들은 왜 '카오스' 세계에 눈을 돌렸을까. '카오스'라는 말을 처음 사용한 제임스 요크(James Yorke)[37]는 무질서가 무엇인지 알아

---

36) 위의 글, 33쪽.
37) 제임스 글리크, 앞의 책, 88쪽.

인문학이 들려주는 트레이딩 원리

야 "무질서를 제어"할 수 있다는 말로 '카오스'에 대한 연구 가치를 부여했다. "밸브 속의 찌꺼기에 대해 알지 못하는 자동차 수리공은 훌륭한 기술자가 아니"라면서 말이다. 비선형 세계는 무질서해 보이지만 그 안에서도 질서가 있으며 비선형 동력학은 그 질서를 연구한다는 것이다. 단지 문제의 답을 깔끔하게 구할 수 없을 뿐이다.

카오스에는 우리가 학창시절에 배운 깔끔한 법칙이 없어 공식만 알면 문제를 풀 수 있는 세상은 아니지만 통계와 확률로 근사치를 구할 수 있는 세상이다. 그래서 기상학자 에드워드 로렌츠(Edward Norton Lorenz)는 카오스에서 정교한 기하학적 구조, 즉 임의성을 가장한 질서를 발견하고 카오스 연구의 문을 열었다.[38]

그리고 우리가 사는 실제 세계 또한 깔끔한 공식으로 깔끔한 답을 구할 수 있는 곳이 아니다. 그렇다고 믿을 뿐이다.

1.6 황금비율과 프랙탈

1, 1, 2, 3, 5, 8, 13, 21, 34, 55

55 다음에 무슨 숫자가 올 것인지 아시는지. 여러분 짐작대로 89다. '수열'은 일련의 숫자가 어떤 규칙을 갖고 배치되는 것을 말하는데, 여기에서는 앞의 항과 그 항의 앞에 있는 항을 더한 값을 나열한다는 규칙을 따른다. 이 수열은 우리들에겐 '피보나치수열(Fibonacci sequence)'로 알려

---

38) 정갑수, 앞의 책. 80쪽.

져 있다.

　그리고 피보나치수열에는 또 다른 의미가 담겨 있는데, 각각의 수를 바로 앞에 있는 수로 나누면 일정한 비율이 되는데 이는 '황금비율(golden ratio)'로 널리 알려져 있다. 사진과 회화에서 이 비율에 따라 구도를 정하면 작품이 안정적으로 보인다. 황금비율은 그림, 조각과 같은 인위적인 예술작품뿐 아니라 인간의 손길이 미치지 않은 자연 속에서도 다양하게 찾아볼 수 있는데, 이를테면 앵무조개와 암모나이트 껍질에 있는 나선 모양의 소용돌이라든지, 두 개의 나선이 서로 맞물려 돌아가는 해바라기 씨앗 배열이 피보나치수열을 따른다.

해바라기 씨들은 황금비율에 따라 배열돼 있다.

　텔레비전 뉴스를 보다 보면 뒤쪽에 수많은 모니터를 배경으로 하고 뉴스를 진행하는 경우를 가끔씩 볼 수 있다. 그중 한 모니터는 뉴스가 방송되는 모습을 보여 주고 있는데, 그 화면 한구석에도 역시 뉴스가 방송되는 모습을 방영하고 있다. 만약 텔레비전 해상도가 굉장히 좋고, 시청자 시력도 독수리 시력에 버금간다면 그 화면 속에서 뉴스를 읽고 있는 아나운서 모습을 볼 것이고, 점점 작아지지만 뉴스를 진행하는 아나운서의 모습을 계속 보게 될 것이다. 한 그림 안에 똑같은 그림이 있고 그 그림 안에도 역시 똑같은 그림이 있고, 이러한 과정이 계속 나타나는 성질을 카오스 이론에서는 '자기유사성

　　　　　　　　　　　　　인문학이 들려주는 트레이딩 원리

(self-similarity)'이라고 하는데, 이는 "패턴 안의 패턴"[39]을 말한다.

이처럼 부분과 전체가 크기만 다를 뿐 똑같은 모양이 무한히 계속되는 자기유사성을 가진 기하학적 구조를 프랙탈이라고 한다. 프랙탈은 해안선, 눈송이, 양치류 식물, 나무껍질 등 자연 곳곳에 숨어 있다.[40]

카오스 이론은 복잡성의 과학이다. 단순한 구조들이 서로 얽히고설키어 전체적으로는 복잡한 구조로 변한 세계나 겉보기에는 단순해 보여도 그 속에는 수많은 연관관계로 얽혀 있는 구조를 연구한다.

그런데 여러분은 카오스와 우리들의 관심사 '시장'이 무슨 상관이 있냐고 질문을 던질지 모르겠다. 시장 흐름을 찬찬히 돌이켜 보자. 날마다 시장에서 일어나는 일은 단순화할 수 있다. 상품 물건 값이 올랐거나 내렸거나 둘 중 하나다. 하지만 텔레비전 뉴스시간 말미에 증권회사 직원이 나와서 "오늘은 코스피가 몇 포인트 상승했습니다."라고 말하는 한마디 속에는 수많은 사연들이 담겨 있지 않은가.

실시간으로 차트를 본 독자들은 알 것이다. 한 시간봉 차트에서 봉 하나 완성되는 데에는 겨우 한 시간이 걸리지만, 가격 상승을 나타내는 양봉 하나가 만들어지기까지 얼마나 많은 머리와 꼬리를 남기며 봉이 오르락내리락을 반복하는지 말이다. 거침없이 올라가던 봉이 갑자기 긴 머리를 남기며 아래로 곤두박질치더니 음봉으로 돌아서고, 상승과 하락을 반복하며 꾸역꾸역 올라가다 결국 양봉이 완성되지 않는가.

모니터는 그저 봉의 움직임만 보여 주지만 모니터 너머에서는 트레이

---

39) 제임스 글리크, 앞의 책, 127쪽.
40) 정갑수, 앞의 책. 83쪽.

1. 매매는 전쟁의 축소판   41

더들이 매수 세력과 매도 세력으로 나뉘어 치열한 전투를 벌이고 있다. 각각의 편에 속한 이들은 저마다 다른 계산으로 시장을 분석하고 거래에 참여한다. 얼핏 보기엔 단순해 보이지만 인간들의 온갖 심리와 감정이 담겨 있는 곳이 시장이다. 우리가 엘리엇 파동이니, 스토캐스틱이니, MACD니 하는 보조지표로 시장을 분석하는 것도 따지고 보면 혼돈으로 가득해 보이는 복잡한 시장을 분석하려는 시도가 아니겠는가. 시장을 강세장, 약세장, 금융장 따위로 분류하고 가격이 오르고 내려가는 데 패턴이 있다고 보는 것 역시 그러하지 않은가.

우리가 차트를 분석할 때 주간 차트와 일간 차트, 그보다 작은 시간대 차트 분석에 각기 다른 방법을 사용하지 않는다. 또 차트 분석을 도와주는 보조지표 역시 주간 차트냐 5분봉 차트냐에 따라 계산방식이 달라지는 것도 아니다. 120일 이동 평균선을 일간 차트에 나타낼 때에는 120일 동안의 가격변화, 즉 일봉 120개의 종가를 평균해 완만한 곡선으로 나타낸다. 한 시간 차트에서 120일 이동 평균선을 계산할 때도 한 시간마다 완성되는 캔들 120개의 종가에서 평균을 계산해 값을 구한다.

이처럼 시간대가 서로 다른 차트이지만 보조지표인 이동 평균선 계산 방법은 똑같다. 큰 시간 차트에서 가격이 오르고 있다면 작은 시간 차트에서도 큰 흐름은 가격 상승이다. 그래서 우리들도 차트를 분석할 때 큰 시간대 차트이든 작은 시간대 차트이든 분석도구와 분석방법을 달리하지 않는다. 수학자 망델브로(Benoit Mandelbrot)가 말한 '자기유사성'이 사람들이 모여 있는 시장에도 적용됨을 확인할 수 있는 부분이다.

필자처럼 단순히 카오스에서 시장의 모습을 발견하는 데 그치지 않고 학자들은 적극적으로 카오스의 원리를 시장에 응용하려고 하는데, 가격

움직임 속에 자리한 보편적 상관성을 카오스를 이용해 찾아내려는 연구가 진행되고 있다. [41)]

푸앵카레는 '나비효과'를 거론하며 장기예측이 불가능하다고 했다. 우리는 차트에서 장기예측을 할 수 있는가. 시장에서 장기예측이 매우 어렵다는 건 우리 실력이 부족한 탓이라기보다 애초에 부질없는 행동임을 푸앵카레가 일러 주고 있다.

이렇듯 자연과학 영역인 카오스는 인간의 온갖 심리가 집약된 시장에서도 그 빛을 내뿜는다.

1.7 성자필쇠 1 - 로마제국

학창시절 세계사 시간에 꾸벅꾸벅 졸았더라도 귀에 익은 나라들이 있다. 알렉산드로스 대왕의 마케도니아제국, 카이사르, 아우구스투스와 같은 걸출한 영웅들을 배출한 로마제국, 우리 고려에 치욕을 안겨 주고 유라시아 대륙을 아우르는 대제국을 건설한 원나라 말이다. 걸핏하면 조선 내정에 감 놔라, 대추 놔라 간섭했던 명나라와 청나라도 떠올려 보자. 이들 나라의 공통점이 무엇인지 아는가. 바로 지금은 없어져 역사책에서만 존재한다는 것이다.

한때 '해가 지지 않는 나라'라는 명성을 가진 대영제국은 앞서 언급한 제국들처럼 멸망해 없어지진 않았지만 세계 최고, 최강의 수식어는 이미

---

41) 김승환, 카오스, 복잡계와 경제학, 대한기계학회저널, 2002. 4, 47쪽.

오래전에 미국에 넘겨준 채 하루가 다르게 쇠락의 길을 걷고 있다. 어느 신흥국이 부상하여 세계 경제의 주목을 받으면 '앞으로 몇 년 안에 영국 경제를 추월할 것'이라면서 걸핏하면 신흥 시장에 비교당하는 신세로 전락한 지 오래다.

로마와 카르타고가 지중해 패권을 놓고 세 차례에 걸쳐 벌인 '포에니 전쟁'에서 로마가 승리했다. 카르타고를 멸망시킨 '제3차 포에니 전쟁'을 승리로 이끈 스키피오 아이밀리아누스는 번성하던 도시가 역사 속으로 사라지는 과정을 지켜보며 그의 친구이자 그리스에서 인질로 끌려온 폴리비오스에게 이렇게 말했다고 한다.

"지금 이 순간 내 가슴을 차지하고 있는 것은 승리의 기쁨이 아니라, 언젠가는 우리 로마도 이와 똑같은 순간을 맞이할 거라는 비애감이라네."[42]

로마시대를 살았던 역사가 리비우스(Titus Livius)는 그의 저서 《로마사》를 통해 "아무리 초강대국이라 할지라도 장기간에 걸쳐 계속 안정과 평안이 이어질 수는 없다."[43]라는 '제2차 포에니 전쟁'에서 활약한 한니발의 말을 전하고 있다. 설령 그 강대국에 대적할 나라가 없더라도 내부에서 국가 운명을 좌우할 갈등이 발생한다는 것이다.

한니발의 말은 그가 증오한 로마뿐 아니라 한 시대를 호령한 강대국들의 흥망성쇠와 잘 들어맞는다. 대륙을 호령하던 제국들은 흥망성쇠를 거친 다음에 역사책 한쪽 구석으로 물러났다. 이들 나라들은 외부 침략에 의해 국운을 다하기도 했지만 내부 모순으로 무너진 경우도 많았다.

---

42) 시오노 나나미, 김석희 옮김, 로마인 이야기 2, 한니발 전쟁, 파주:한길사, 1995, 455쪽.
43) 시오노 나나미, 한성례 옮김, 또 하나의 로마인 이야기, 서울:부엔리브로, 2007, 162쪽.

인문학이 들려주는 트레이딩 원리

그리고 외세의 침략 없이 평화로움을 영위하던 국가라도 안락사하듯 조용히 종묘사직을 닫진 않는다고 한다. 우리나라 역사만 보더라도 신라 말, 고려 말, 조선 말 사회는 극도로 혼란스러웠다. 조선은 일본에 의해 역사의 뒤안길로 사라졌지만 이미 세도정치와 삼정의 문란, 전국 각지에서 일어난 민란 등으로 쇠약해질 대로 쇠약해진, 산소 호흡기로 겨우 연명하며 최후를 기다리는 환자의 모습과 다를 바 없었다.

시오노 나나미는 집필에만 약 15년이라는 시간을 들여 완성한 역작 《로마인 이야기》의 결론을 '성자필쇠(盛者必衰)', '제행무상(諸行無常)'으로 지었다. 영원할 것 같던 강대국도 결국은 여느 생명체와 마찬가지로 태어나서 죽는 과정을 피하지 못한다.

일본 왕실에 대해 말할 때 '만세일계(萬世一系)'라는 말을 종종 언급한다. 일본이라는 나라가 역사에 모습을 드러낸 후, 일본 왕실은 변함이 없었다는 말이다. 멀리 갈 것도 없이 우리나라 역사만 보더라도 작은 땅덩이 안에서 여러 왕조가 명멸한 것을 보면 한 왕조가 계속 유지되는 일은 대단한 일이라 할 수 있다.

그런데 '만세일계'의 일본 왕실이 정권을 장악하고 국가를 이끌어 간 시기는 일본 역사를 통틀어 매우 짧았다는 사실도 아울러 지적해야겠다. 일본은 근대 이전까지 '도요토미 히데요시', '도쿠가와 이에야스' 등과 같은 무인들이 정권을 잡았고, 유럽 봉건사회처럼 허울뿐인 국가 이름 아래에서 각 영주들이 국왕처럼 행세했다. 일본 왕실은 20세기 초반 무렵 정권 실세인 막부정권이 간판을 내리기 전까진 허수아비에 불과했단 소리다. 일본 국왕은 제2차 세계대전이 끝난 뒤에는 입헌군주국가 일본을 형식적으로 대표할 뿐이다.

조선시대만 보더라도 500년 넘게 역사를 이어 온 왕조였지만 그 안에는 훈구파와 여러 당파세력, 안동 김씨 일가가 차례로 정권을 잡아 나라를 통치했다. 500여 년의 긴 세월 동안 임금이 권력을 제 마음대로 휘두른 적은 별로 없었다. TV 사극을 보면 신하들은 걸핏하면 임금 앞에서 '아니 되옵니다', '통촉하여 주시옵소서'라고 외쳤는데, 여기서 임금이 자기 마음대로 할 수 있는 일이 얼마나 되겠는가.

앞에서 말했듯이 세상이라는 것이 늘 모습을 달리하는데 절대적 존재도 아닌 국가라는 조직이 영원불멸할 것이라 생각하는 것 자체가 모순일 것이다.

도널드 트럼프(Donald John Trump)가 미국 대통령에 취임한 이후 일으킨 미국과 중국 간의 무역 분쟁은 여러 가지를 생각하게 한다. '투키디데스의 함정'이라는 말도 호사가들이 괜히 갖다 붙인 게 아니다. 시장에 어떤 식으로든 발을 딛고 있다면 '미중 무역 갈등'을 강 건너 불구경하듯 볼 수는 없는 노릇이다. 미국 통화인 '달러'는 세계 '기축통화'인 만큼 외환시장 참여자들은 직접적인 영향을 받고 있고, 중국 통화인 '위안화'와 미국과 중국 증시에 따라 우리나라 외환시장과 주식도 움직이고 있으니 말이다.

'흥망성쇠', '제행무상'으로 세상이 설명된다면 시장 역시 그러할 것이다. 시장 흐름이 그러할 것이고, 시장 참여자들 또한 그럴 것이다. 영원히 계속되는 강세장도, 평생 왕좌에만 앉아 있는 투자자도 없을 것이다. 그러면 우리는 어떻게 대응할 것인가. 이 역시 우리 모두가 늘 고민해야 할 문제다.

1.8 성자필쇠 2 - 엘리엇 파동

이 책을 집어 든 독자라면 '엘리엇 파동(Elliott wave)'[44]을 이미 한 번쯤은 들어 봤을 것이다. 상승 5파와 하락 3파로 구성된 엘리엇 파동은 파고들면 파고들수록 심오하고 어렵기 짝이 없다고들 한다. 재야에서 활동하다가 증권사로 스카우트된 어느 트레이더는 몇 년 동안이나 엘리엇 파동만 연구했다고 한다. 몇 년을 연구해서 실전에 응용한 결과 그가 거둔 실적은? 남이 기록한 성적엔 별 관심 없다. 나보다 좋으면 속이 쓰려 모르느니만 못하고, 나보다 나쁘면 괜한 자만심에 빠져 시장을 우습게 보기 때문이다. 또 상대방이 솔직하게 자기 성적표를 공개했는지도 알 수 없다.

엘리엇 파동으로 시장을 분석하는 일은 이미 해 봤을 테니, 이 자리에선 엘리엇 파동을 통해 세상이 어떻게 돌아가고 있는지 정도만 다 같이 생각해 보기로 한다.

'엘리엇 파동이론(Elliott wave principle)'은 1930년대 미국의 랠프 N. 엘리엇(Ralph Nelson Elliott, 1871~1948)이 개발했다. 그는 주식값이 일정한 규칙을 가지고 비슷한 움직임을 되풀이한다고 봤는데, 가격은 인간의 심리에 의해 반복적인 패턴을 보인다는 결론을 내리고 실전에 응용하기 시작했다.

엘리엇 파동이론은 주식시장을 토대로 고안됐지만 다른 기술적 분석도구와 마찬가지로 다른 상품 거래 분석에서도 널리 쓰이고 있다.

---

44) 김원, 앞의 책, 97~113쪽에서 재인용.

엘리엇 파동

엘리엇 파동이론은 '패턴', '비율', 그리고 '시간'이라는 3요소로 구성돼 있다. '엘리엇 파동이론' 하면 떠오르는 '상승 5파와 하락 3파'가 파동의 '패턴'이고, '비율'은 앞서 언급한 피보나치 비율을 가지고 조정의 폭과 목표 가격을 예측하는 도구다. '시간'은 패턴분석과 비율분석이 정확한지를 확인하는 데 쓰인다.

그의 이론은 1987년 10월 19일 미국 주식시장에서 다우지수가 22.6% 폭락한 '검은 월요일'을 계기로 큰 주목을 받았다. 대폭락을 예고하면서 엘리엇 파동은 최상의 예측도구로 각광받게 된 것이다.

'상승 5파와 하락 3파'로 표현되는 파동이론은 상승과 하락으로 구성된 주기가 완성된 다음에 새로운 파동이 시작된다. 여러분들은 다 알고 있지만 복습하는 차원에서 엘리엇이 말하는 상승 파동과 하락 파동에 대해 간단히 살펴보자.

'상승 1파'는 새로운 추세를 예고하는 상승 파동이다. 주식값이나 선물 가격이 바닥에서 헤어나지 못하고 있을 때 누군가는 주식이나 선물 같은

인문학이 들려주는 트레이딩 원리

상품가격이 저평가돼 있어 매수할 때라고 보고 시장에 진입한다. 그 수는 아직 많지 않지만 누군가가 매수를 시작하면서 상승파가 만들어진다. 대개는 5개 파동 중 가장 짧은 모습이고, 시장 참여자들은 그동안 계속된 장기 하락에 대한 일시적인 반등으로 보기 쉽다.

그다음에 나오는 '상승 2파'는 하락 파동이다. 상승 1파를 주도했던 투자자들이 이 정도면 충분히 올랐다고 판단하고, 매수한 상품을 시장에 내다 팔아 이익 실현에 나서면서 생긴다. 사겠다는 물량보다 팔겠다는 물량이 더 많으니 가격은 자연히 떨어지게 된다. 피보나치 비율에 따른 조정 비율은 상승 1파 고점에서 38.2%다. 고점에서 38.2% 수준까지 가격이 밀렸는데 반등하지 않고 더 하락한다면 조정 비율을 61.8%까지도 고려해야 한다고 하는데, 실제로 이 정도 가격 조정이면 추세가 꺾였다고 보는 게 속 편하다. 물론 61.8%에서 반등할 수도 있다. 그러면 괜히 팔았다고 속을 썩이지 말고 다시 시장에 진입하면 그만이다.

상승 2파에서 주목할 점은 가격 조정이 이뤄지더라도 처음 발생한 상승 1파의 최저점 아래로는 가격이 내려가지 않는다는 점이다. 그러면 시장 참여자들은 다시 가격이 오를 것이라 기대한다. '상승 3파'의 시작이다.

가격이 오를 것이라 예상하며 상품을 매수하면 자연스레 가격은 다시 오른다. '상승 3파'는 파동들 가운데 가장 강하고 파동이 지속되는 기간도 길다. 1파와 2파를 통해 상승세를 확인한 시장 참여자들이 본격적으로 매수에 나서기 때문이다. 그래서 가격은 강하게 오르기 시작하고, 상승 비율은 보통 '상승 1파'의 1.618배로 본다. 1.618배 하면 떠오르는 게 없는가. 여러분들 생각대로 바로 '황금비율'로, '1대 1.618'이 바로 황금비율이다. 사실 피보나치 비율도 황금비율에 기반을 두고 있음을 이 자리에서 확인할 수 있다.

올라갔으니 다시 조정받을 때다. '상승 3파' 다음에 오는 '상승 4파'는 가격 조정 파동이다. 가격이 적정치보다 많이 올랐다고 생각한 시장 참여자들이 이익 실현을 위해 종목을 팔거나 포지션을 정리하면서 형성된다.

시장 참여자들이 이른바 '상투'를 왜 잡는가. 바로 가격이 계속 오르면 사람들은 가격이 더 오를 것이라고 생각하고 매수에 나서기 때문이다. 아파트 가격이 계속 오르면 이번 아니면 두 번 다시 아파트 장만할 기회를 잡을 수 없을 것 같아 아파트 매수에 나서는 것처럼 말이다. 그래서 가격이 하락하더라도 시장 참여자들은 가격이 더 오를 것이라고 기대해 상승 4파를 도리어 '저점매수' 기회로 삼으며, 상승 4파에서 가격 조정 폭도 그리 크지 않다.

마지막 상승 파동인 '상승 5파'는 투자자들이 매수를 멈추지 않아 발생하고 매수세가 더 강한 만큼 가격이 상승하는 모습을 보인다. 가격이 가장 고평가된 시기로, 흔히 하는 말로 여기서 매수를 하면 상투를 잡는 격이다. 상승 5파에서 거래량은 적다[45]고 한다.

시장 참여자들이 모두 매수에 가담했다. 더 이상 주식이든 원자재든 사줄 세력이 없으니 이젠 가격이 떨어질 일만 남았다. 산꼭대기에 올라갔으면 다시 내려와야 하는 것처럼 말이다. 엘리엇은 이것을 하락 3파로 설

---

45) KR선물, FX 마진거래를 위한 TECHNICAL/FUNDAMENTAL GUIDE 및 HTS MANUAL, 24쪽.

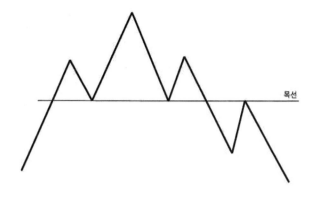

머리어깨형 패턴

명한다. '하락 a파', '하락 b파', '하락 c파'는 상승 파동 때처럼 수요와 공급에 따라 형성된다. 너도나도 주식을 시장에 내다 던져서 가격이 하락하면 그걸 조정 국면으로 보고 매수에 나서는 시장 참여자들이 있고, 그 덕분에 가격이 일시 상승하면서 '전 고점을 돌파하지 못하면 하락 추세'라고 생각하는 투자자들이 다시 주식 같은 상품을 팔면서 다시 하락 파동이 형성된다. 이때 하락 c파는 하락 파동 가운데서 가장 강력한데, 투매가 이뤄지고 있는 구간이다.

 개인적으로 엘리엇 파동을 보면 대표적인 추세전환 패턴인 '머리어깨형 패턴', 즉 '헤드 앤 숄더 패턴(head-and-shoulders pattern)' 하고 닮았다는 생각이 든다.

 강세장뿐 아니라 약세장에서도 엘리엇 파동은 나타난다. 상승 추세에서 등장한 엘리엇 파동을 그대로 뒤집어 놓은 꼴이다. 상승 3파가 강력한 파동이었다면, 하락 추세에서는 하락 3파가 투매를 의미하며 강력한 파동으로 작용한다. 아울러 약세장에서 등장한 엘리엇 파동은 '역머리어깨형 패턴(reverse head-and-shoulders pattern)'을 떠올리게 한다.

앞에서 간략히 살펴봤듯이 카오스 이론에는 '자기유사성'이란 성질이 있다. 자기유사성은 엘리엇 파동에서도 찾아볼 수 있는데 엘리엇 파동은 단순하게 상승 5파와 하락 3파로만 끝나는 게 아니라 각 파동 안에서도 주기가 짧은, 작은 엘리엇 파동[46]이 전개돼 있다.

따라서 엘리엇 파동을 분석할 때는 투자자가 주시하고 있는 파동이 큰 주기의 파동인지 아니면 작은 주기 속에서의 상승 파동인지 잘 파악해야 한다.

그런데 문제는 그걸 잘 구분해 파악하기가 조금 어렵다는 점이다. 조정이나 가격 상승이 발생할 때 이것이 작은 주기에서 발생한 조정과 상승인지, 큰 주기에서 발생한 조정과 상승인지 평범한 트레이더가 구분하기 어렵다. 전체 파동이 완성된 다음에야 그걸 확실하게 구분할 수 있겠지만, 그때는 너무 늦었다는 건 필자나 여러분들이나 잘 알고 있다. 시장 참여자들, 특히 트레이더들에게 필요한 건 투박하더라도 지금 당장 쓸 수 있는 도구이지, 아무리 세련된 도구라도 다 지나간 다음에 결과가 나오는 도구는 아니지 않은가.

'엘리엇 파동이론'이 갖고 있는 한계는 또 있다. 어디가 파동의 시작이고 어디가 파동의 끝인지 알 수 없다는 점이다. 큰 주기든 작은 주기든 시작점을 알아야 상승 1파를 정의할 수 있는데, 파동이론에선 시작점을 알려 주지 않으니 실전에 응용할 때 난감한 처지에 놓이기도 한다. 그래서 대개는 각자가 임의로 파동의 시작점을 정한다. 당연히 엘리엇 파동 해

---

46)   위의 책, 24쪽.

엘리엇 파동 안의 엘리엇 파동

석은 자의적일 수밖에 없다. 누군가는 강한 상승 3파로 보는 파동을 누군가는 상승 1파로 보고, 같은 파동을 놓고 누구는 긴 시간대 파동으로 누구는 짧은 시간대 파동으로 보는 식으로 말이다.

현재 엘리엇 파동은 미래를 예측할 수 있는 유일하다시피 한 도구[47]라는 평가를 받고 있지만, 이것도 기술적 분석도구 가운데 하나일 뿐이라는 점은 잊지 말아야겠다. 필자가 과문한 탓에 아직 엘리엇 파동이론을 가지고 단체로 억만장자가 됐다는 소식은 못 들어 봤다. 파동이론으로 성공한 투자자들은 속세에서 모습을 감추고 홀로 호의호식하고 있다고 말한다면 할 말은 없겠지만 말이다.

우리가 시장을 분석하는 도구로 엘리엇 파동을 사용하면서도 파동이 들려주는 세상의 이치를 간과하는 부분이 있다. 한 번 올라간 가격은 조정을 통해 검증을 받고, 상승한 가격은 다시 떨어진다는 것이다. 개미든

---

47) 김원, 앞의 책, 112쪽에서 재인용.

기관투자자든 이른바 '하수'들은 무섭게 상승하는 가격을 보고 지금이 아니면 영영 사지 못할 것처럼 생각하여 추격 매수에 열을 올린다.

하지만 엘리엇 파동은 쉬지 않고 영원히 오르는 가격은 없다고 우리에게 가르쳐 주고 있다. 때론 투자자에게서 비싼 수업료를 챙기면서 말이다.

고급 정보를 가진 사람들이 매수해서 큰 이익을 남기고, 고급 정보를 가진 사람들 주변에 머무는 사람들은 그들을 보고 추격매수해서 이익을 남긴다. 마지막으로 '누가 무슨 무슨 주식으로 재미 좀 봤다더라' 하는 소문을 듣고 추격매수에 나섰다가 오를 대로 오른 가격이 하락하면서 본의 아니게 상투를 붙잡는다.

'엘리엇 파동'은 《로마인 이야기》의 결론인 '성자필쇠', '제행무상'을 다시금 떠올리게 하는데, 영원히 세상을 호령하는 제국이 없듯이, 언제까지나 오르는 가격도 없다. 계속 오르기만 한다면 거기엔 거품이 끼었다는 소리고 거품은 꺼지기 마련 아닌가.

1.9 패러다임과 패러다임 변환

지난 시절 외국에서 온 수입품 이른바 '외제(外製)'는 평범한 한국인들에게 대단한 고급품이었다. 당시 국산품은 '외제'에 비해 부족한 면이 많았고, 경쟁력이 있다 싶으면 귀중한 외화를 벌기 위해 수출되기 일쑤였다.

그런데 21세기인 현재 '외제는 고급'이라는 인식이 크게 달라졌다. 여전히 고급 외제품이 '명품'이라는 이름으로 한국 소비자들을 유혹하지만, 대체로 수입품 하면 중국제품을 먼저 떠올리고, 국산제품보다 못한 제품으

인문학이 들려주는 트레이딩 원리

로 치부하기도 한다. 조선 후기 여성수필 〈조침문(弔針文)〉의 소재로 쓰인 고급 바늘이 중국에서 수입된 물건임을 떠올리면 세상이 변해도 많이 변했다.

얼마 전 일이다. 지하철 안에서 나이 지긋한 노인과 새파랗게 젊은 학생이 말다툼을 벌이고 있었다. 꾸벅꾸벅 졸다가 시끄러운 소리에 잠이 깬 터라 어떻게 말다툼이 시작됐는지는 모르겠다. 노인과 학생의 중간세대에 속한 필자는 괜히 남의 일에 말려들고 싶지 않아서 그냥 구경만 하고 있었다. 예전 같으면 누군가가 싸움을 말리고, 어른에게 대드는 학생을 훈계했겠지만 세상이 달라지지 않았는가. 험악한 말이 오간 다음 젊은이는 "내가 예의 없어 보이죠? 그럼 당신은 예의가 있어요? 나이 먹은 게 벼슬입니까?"라며 쏘아붙였다.

20세기 후반만 하더라도 노인과 학생이 다투는 일은 상상하기 힘든 일이었을 것이다. 어떻게 감히 어린 학생 녀석이 나이 지긋한 어른에게 꼬박꼬박 말대꾸하고 따지고 들 수 있는가. 그 당시에는 다들 그렇게 생각하고 그렇게 행동했다. 설령 학생에게 아무런 잘못이 없었더라도 학생은 어른에게 대들지 못하고 속으로만 분을 삭였다. 그때는 그랬다.

지금 노인에게 자리를 양보하는 학생들이 있는가. 적어도 필자는 최근 10여 년 동안 본 기억이 없다. 젊은이들은 자기 앞에 누가 서 있든 신경 쓰지 않을 뿐 아니라 노인들도 대개는 자기보다 훨씬 어린 사람들 앞에 서 있어도 젊은이들에게 눈치를 주거나 하지 않고 무심히 창밖만 바라볼 뿐이다. 심지어 빈자리를 놓고 젊은 남학생과 노인이 경쟁해 어린 남학생이 자리를 차지하는 일을 목격하기도 한다.

필자가 학생이었을 때 한국은 '동방예의지국(東方禮儀之國)'이고, 노인

에게 자리를 양보하는 것은 젊은 사람이 마땅히 해야 할 행동이자 미덕이
라고 배웠다. 또 외국에서는 찾아보기 힘든 우리들만의 미풍양속이라고
학교에서 배웠다. 하지만 이제는 저 멀리 유럽의 리투아니아라는 나라에
서 젊은이들이 버스에서 노인에게 자리를 양보하는 모습을 신기한 눈으
로 볼 정도로 한국 사회는 크게 변했다.

　바로 앞에 나이 많은 노인이 힘들게 서 있거나 말거나 자리에 앉아 자
기 할 일 하는 경우를 보자. 지하철이나 버스를 타기 위해 힘든 발걸음을
한 노인들은 자리에 앉아 지친 몸을 추스르고 싶을 것이다.

　그러면 어린 학생들과 젊은이들은? 정도의 차이는 있지만 피곤하기는
누구나 마찬가지다. 한국의 노동 강도, 학생들의 공부시간은 세계에서도
알아주지 않는가. 비효율적으로 돌아가는 분위기 탓에 더 고생하고 있다.
격무에 지쳤든 아니면 운동부족으로 체력이 약해졌든 빈자리를 보면 안
고 싶기는 남녀노소가 똑같다. 이젠 한국도 고령화 사회에 진입하면서 어
린 학생들과 젊은 직장인들이 양보해야 할 노인들 수가 너무 많아졌다.

　노인들의 생활공간도 마을 단위에서 대중교통 수단을 이용해야 할 정
도로 크게 넓어졌다. 이처럼 한국 사회는 전과 크게 달라졌다.

　또 자기보다 나이 많은 어른 말이라면 무조건 따라야 하고, 노인이라고
해서 무조건 존경해야 하고 우대해야 할까. 존경은 고사하고 사회로부터
손가락질받는 행동을 서슴지 않는 노인들도 많이 있는데 말이다.

　이러한 생각은 노년 세대에겐 충격일 것이고, '말세'라는 말이 저도 모
르게 나올지도 모르겠다. 드라마 〈응답하라 1988〉 시대나 그 이전 시대
를 살아온 사람들에겐 '격세지감'을 느낄 일이다. 그때는 학교에서 학생
들이 교수 강의를 평가하겠다고 하면, '아니 어떻게 학생이 스승을 평가

한다는 말인가?'라는 반응이 나오던 시절이었으니까.

어쨌든 지금 통용되는 사고방식은 이전과는 크게 달라졌다. 존경받을 행동을 해야 존경할 수 있는 것이고, 서로 일면식 없는 노인과 청년은 상하관계가 아닌 대등한 일대일 관계일 뿐이다.

이 책은 이른바 '꼰대'들의 넋두리 장이 아니고 어린 학생들과 젊은 직장인들을 옹호하는 자리도 아니다. 우리들의 관심사는 경제, 그 가운데에서도 시장이다. 따라서 시장과 아무 상관없어 보이는 사회상도 시장 참여자 시선으로 바라볼 필요가 있다.

21세기는 다양한 가치관이 공존하는 사회다. 내 생각만이 옳다는 고집은 아집으로 평가받기 십상이다. 내 생각이 옳고 합당한 만큼 남의 생각도 존중받아야 하는 사회다.

우리들 관심사인 '시장'을 떠올려 보자. 내 생각이 옳다고 고집하면서 망가지고 있는 종목이나 포지션을 청산하지 않고 계속 들고 있다가 결국 시장에서 퇴출되거나 큰 손실을 입는 경우를 생각해 보잔 말이다.

과학 철학자 토마스 쿤(Thomas Samuel Kuhn)에 따르면 변화와 발전은 '사고방식 전환'에 의해 이뤄지는데, 20세기 말에 시작된 IT 혁명으로 인류 문명은 '패러다임 시프트(paradigm shift)', 바로 대대적인 사고방식의 전환이 이뤄졌다.[48]

21세기에 들어서면서 그 전과는 전혀 다른 가치관이 사람들 행동을 결정한다. 그동안 당연시 여겼던 사고와 행동이 '왜?'라는 물음과 함께 도전

---

48) 김재수, 21세기 디지털 문명과 패러다임쉬프트, 한국정신과학회 제21회 2004년
   도 추계학술대회 논문집, 2004.10, 179쪽.

1. 매매는 전쟁의 축소판   57

받고 있고, 지난 시절에는 '말세' 운운하던 일도 이제는 자연스러운 일이 됐다.

쉽게 떠올릴 수 있는 예로 '결혼'을 들 수 있겠다. 손쉽게 떠올리는 결혼이란 남자와 여자가 만나 한 가정을 꾸리는 일이다. 그동안 사람들은 여기에 조금도 의문을 제기하지 않았다.

그런데 미국은 지난 1996년 '연방결혼보호법'을 제정해 결혼은 남자와 여자의 결합이라고 규정했다. 법을 처음 만드는 것도 아닌 20세기 말에서야 굳이 '결혼'을 법적으로 규정한 까닭은 무엇일까. 독자 여러분들이 알고 있는 바와 같이 세월이 흐르면서 남자와 남자, 여자와 여자가 만나 결혼하고 가정을 꾸리는 경우가 늘고 있어서다. 다양해진 신혼부부의 모습에 전통적인 가치를 중시하는 쪽에서는 법으로 결혼의 뜻을 규정해 기존 가치를 지키려 한 것이다.

그러나 그동안의 질서를 고수하려는 노력은 헛된 행동이 되고 마는데, 미국은 2003년 매사추세츠주를 시작으로 동성 간 결혼을 허용하기 시작했고 미국 연방 대법원은 2015년 6월 미국 전역에서 동성 결혼을 가능케 했다.[49] 네덜란드 같은 곳에서는 이미 동성 간 결혼이 허용돼 있다.

그리고 서양에서는 '안락사'를 살인으로 보는 시각에도 변화가 생겼다. 안락사를 허용하는 나라가 조금씩 생겨나고 있는 것이다. 이런 움직임에 한국도 예외가 아니어서 인간에 대한 안락사는 아직 허용돼 있지 않지만, 무의미한 연명치료 중단 여부를 환자나 환자 가족이 선택하게 하는 논의가 활발히 이뤄지고 있고, 실천에 옮기는 경우도 크게 늘고 있다.

---

49) 위키백과.

인문학이 들려주는 트레이딩 원리

네덜란드에서는 매춘도 합법적인 직업이다. 그곳 성매매 여성들은 한국이나 미국에서처럼 불법을 저지르는 게 아니라 엄연한 직장인이고, 아울러 '세금'도 낸다.

또 여기에서는 약국에서 마약도 구입할 수 있다. 모든 사람들이 어떤 마약이든 스스럼없이 구입할 수 있는 것은 아니지만, 의사 처방전을 받은 사람들은 치료목적으로 중독성이 약한 마약을 구입할 수 있다. 최근 미국 몇몇 주에선 대마초를 합법적으로 매매할 수 있게 됐다.

우리로선 쉽게 받아들이기 힘든 부분이 자연스럽게 행해지고 있다. 그렇다고 지금 세상이 말세로 치닫고 있는가. 그저 세상이 달라지고 있을 뿐이다. 오래전 계급사회에서 '사람 위에 사람 있고, 사람 밑에 사람 있다'는 사고방식이 근현대에 이르러 '만인은 평등하다'는 것으로 바뀌었듯이 말이다.

패러다임의 변화는 재산[50]에 대한 사람들의 생각도 바꾸고 있다. 점차 재산을 소유하는 대신 필요한 물건을 빌려 쓰자는 생각이 사람들 사이에서 공감을 얻고 있는 것이다. 잠시 쓰다 버리게 될 유아용품이나 그림책, 장난감을 빌려 쓰기 시작한 시민들은 자동차나 집도 서로 빌려주고 빌려 쓰는 분위기를 확산시키고 있다.

기업의 경우 소유에 집착하면 나중에는 신속한 변신이 어려워진다는 말에 공감하고 있다. 기업에서 아웃소싱이 보편화한 것도 시장이라는 환경이 달라졌기 때문이다.

지난 외환위기 직후 한국의 여러 기업들은 살아남기 위해 안간힘을 썼

---

50) 김재수, 앞의 글, 182쪽.

다. 특히 외환위기 직격탄을 맞은 언론사들은 몸집 줄이기에 나섰는데, 그런 조치 가운데 하나가 '아웃소싱'이었다. 취재용 차량을 구입하는 대신 임대해 사용한 곳이 대부분이었고, 신문을 찍어 내는 윤전부를 분사시킨 곳도 있었다. 심지어 몇몇 취재부서를 외주에 의존하는 경우도 있다. 지금은 문을 닫은 한 스포츠 신문의 사진부는 그 신문사 소속이 아니라 외주 업체였다. 신문 편집도 편집부가 모두 맡아 하지 않고 일부는 외부 업체에 맡겼다.

한 신문사는 당시 흐름에 따라 취재차량을 관리하는 수송부나 취재차량을 아웃소싱하지 않고 신문사에 그대로 뒀다. 그래서 다른 언론사 취재차량 번호판에는 하나같이 '허'라는 글자가 있었지만 그 언론사 차량은 그렇지 않았다. 그런데 그 신문사는 사세가 하루가 다르게 기울더니 결국 새 주인을 맞게 됐다. 부랴부랴 몸집 줄이기에 나섰지만, 그때는 이미 늦었다. 살벌해진 기업환경 속에서 그 언론사가 어떤 모델이 되지 못하고 반면교사(反面敎師)의 예로 남게 된 게 개인적으로 아쉽다.

장사를 하려면 밑천과 상점이 있어야 하고, 임대수익을 얻으려면 부동산이 있어야 한다. 제품을 만들려면 공장과 제품원료, 근로자 등이 있어야 한다. 지금까지 이것을 당연히 여겨 왔다. 그런데 전 세계 택시업체와 마찰을 빚고 있는 '우버(Uber)'는 자동차를 직접 갖고 있지 않다. 세계에서 가장 큰 숙박 제공업체인 에어비앤비(Airbnb) 역시 어떠한 숙박시설도 갖고 있지 않다.[51] 사업을 시작하기 위해 막대한 자본을 들여 자산을

---

51) 클라우스 슈밥, 송경신 옮김, 클라우스 슈밥의 제4차 산업혁명, 서울:새로운 현재, 2016, 44쪽.

준비하는 대신 다양한 참여자들을 활용한 플랫폼을 구축한 것이다.

소비에서도 소비자가 소유하는 대신 여러 사람이 함께 쓰는 공유경제[52]가 새로운 소비패턴으로 자리 잡고 있다. 소유보다는 사용가치를 중시하는 것이다. 중국에서는 공유경제 규모가 해마다 40%씩 성장하고 있고, 2015년 리커창(李克强) 중국 총리는 중국의 공유경제를 공식화하기도 했다.[53]

우버택시에 대한 우리나라 택시업계의 강한 반발에서 볼 수 있듯이, 아직은 시작단계라 기존 업체 및 관계당국과 마찰을 일으키기도 하고 공유경제를 내세운 업체가 쓰러지기도 한다.[54] 하지만 패러다임 변화에 따른 변화는 누구도 막지 못할 것이다. 이제 소유한다는 것을 괴로움이나 범죄로 여기는 것은 법정 스님이나 간디의 주장만이 아닌 세상이 열린 셈이다.

개인은 소비뿐 아니라 직장생활에서도 새로운 패러다임에 적응하도록 강요받고 있다.

패러다임의 변화와 그에 따른 세상의 변화는 비단 21세기가 시작되면서 처음 생긴 것은 아니다. 이미 우리 인간은 여러 차례에 걸쳐 패러다임의 변화를 겪었다. 아주 오랜 옛날 수렵에 의지에 목숨을 이어 가던 우리 조상들은 농사를 짓기 시작하면서 큰 변화를 맞이했고, 산업혁명으로 사고방식, 생활양식의 변화를 경험하게 됐다. 다시 세상은 산업사회를 거

52) 김진성, 가성비, 공유경제…… 변화하는 소비패턴, 한국경제, 기사입력 2016. 12. 12.
53) 박상익, '규제 프리' 中 공유경제 빅뱅…… 보조 배터리, 우산까지 공유, 한국경제, 기사입력 2018. 8. 9.
54) 설지연; 강동균, 중국 자전거 서비스 업체 줄도산…… 성장통 앓는 '공유경제', 한국경제, 기사입력 2018. 5. 21.

처 정보화시대를 맞이했다.[55] 상업자본주의는 산업자본주의를 거쳐 금융자본주의 시대를 맞이했고, 어떤 이는 인간의 상상력과 창조력을 중시해 지적자본주의 단계에 들어서고 있다[56]고 보기도 한다.

21세기를 살고 있는 사람들은 패러다임의 변화를 통해 생각의 틀만 바꿔 가고 있는 건 아니다. 현대는 두 차례의 세계대전과 냉전시대를 거쳐 새롭게 세계 질서가 재편되고 있는데, 세계화와 그동안의 국민국가 사이에 새로운 관계 설정을 요구하는 시기이기도 하다. 세계화와 우리가 생각하는 국가 간의 관계는 대립적이어서 두 체제 간의 관계 설정을 혼돈의

이제는 증권사 객장에서 주식 시세판을 보며 거래를 하는 투자자 모습을 거의 찾아볼 수 없다.

과정[57]으로 보는 이도 있다. 2016년 출범한 미국 트럼프 행정부가 내세운 '미국 우선주의(American first)'가 미국을 제외한 세계인들로부터 우려와 비난을 불러일으키는 것도 시곗바늘을 뒤로 돌리려는 행동에 불과하기 때문이다.

과거에는 신입사원이 입사 포부를 밝힐 때 "이곳에 뼈를 묻겠습니다!"라고 외치곤 했다. 지금도 그런 말을 하는 신입 직원이 있을지 모르겠다. 설령 그 말을 하더라도 그 말에 전과 같은 각오가 담겨 있을까. 회사가 조직원에 대해 아무것도 책임져 주지 않는 세상이 된 지금, 회사에 대한 직장인들의

---

55) 김진철, 21세기 세계질서와 국가 패러다임, 사회과학연구 제6호, 1998.12, 3쪽.
56) 김재수, 앞의 글, 182쪽.
57) 김진철, 앞의 글, 5쪽.

생각과 행동이 과거와 달라지는 것은 자연스러운 결과다. '패러다임'의 변화를 맞이하는 것이다.

이제 시장으로 눈을 돌려 보자. 세월이 흐르면서 투자자들이 시장에 참가하는 방식도 많이 달라졌다. 증권사 객장에 나가 종일 주식 전광판을 보거나 옆에 있는 사람의 말에 귀를 기울이는 일은 이제 찾아보기 무척 힘들어졌다. '종이전표'에 거래하려는 주식 종목과 수량을 적을 필요도 없어졌고, 아예 증권사 객장으로 걸음할 일도 없어졌다.

과거 '객장에서 아기울음 소리가 들리면 상투'라는 말이 있었지만 이젠 아무리 주식시장이 과열됐다 하더라도 아기울음 소리가 증권사 영업점에서 울려 퍼질 일도 없다. 기술의 발달로 '홈 트레이딩'을 하고, 스마트폰을 통해 '모바일 트레이딩'으로 거래를 하기 때문이다.

이제 직장인들은 휴대폰으로 아무도 모르게 주식거래 등을 할 수 있게 됐다. 인터넷이 연결된 컴퓨터가 있는 책상이 아니라 누구의 시선으로부터도 자유로운 곳, 이를테면 직장 근처 벤치나 카페, 화장실에서 마음껏 거래를 할 수 있는 것이다. 그리고 좁은 한반도 안에 머물고 있으면서도 세계 시장에 참여할 수 있게 됐다.

그동안 한국에서 주식투자에 나선 사람들이 추구한 것은 주로 '시세차익'이었다. 거래소에 상장된 회사들도 이익을 얻으면 교과서에서 가르쳐 주듯이 주주들에게 나눠 주는 대신 그걸 재투자하기 바빴고, 이를 문제삼는 투자자도 없었다고 단언해도 될 정도였다.

그런데 21세기로 넘어오면서 주식투자에 대한 사람들의 생각이 조금씩 바뀌기 시작했다. 한국 사람들도 '배당'이라는 것에 눈을 뜨기 시작한 것이다. 한국 기업에 투자하는 외국인 투자자들이 늘고, 한국의 경제성장률 곡선도 완만해지면서 투자자들은 서서히 '배당수익'에 눈을 돌리기 시작했다. 개인 투자자들은 여전히 '시세차익'을 목적으로 주식시장을 기웃거리는 이들이 주류이지만, 배당수익을 받으려는 이들도 무시하지 못할 정도다. 필자 역시 주식이나 펀드를 살 때 시세차익이 아닌 배당을 염두에 둔다.

그리고 '적대적 M&A'를 목적으로 주식을 매수하는 경우도 등장할 정도로 투자에 대한 '패러다임'이 바뀌고 있다.

한편 2017년 후반 들어 미국 국채 수익률 곡선에 변화가 생겼다. 단기 국채보다 장기 국채 수익률이 높은 게 일반적인데, 장·단기 국채 수익률 차이, 즉 스프레드가 줄어들기 시작한 것이다. 당시 일각에서는 수익률 차이가 역전되지 않을까 우려했는데, 2019년 들어 그 우려는 현실이 됐다. 단기 수익률이 장기 수익률보다 높은 역수익률은 경기침체를 암시한다.

그러나 그런 걱정을 기우로 치부하는 쪽도 있다. 그동안 시중에 돈이 너무 많이 풀려서 기존 모델로 현재의 경제를 판단해서는 안 된다는 것이다.

이런 논란은 여전히 반복되고 있고, 경기침체에 대한 공포와 그냥 유동성이 커졌을 뿐이라는 주장이 맞서고 있다.

어느 쪽이 옳은지는 훗날 시간이 알려 줄 것이다. 하지만 전반적인 경제상황을 판단하는 수익률 곡선이 강력한 분석도구로서 빛을 잃는다면 투자세계는 지금과는 사뭇 다른 패러다임을 준비해야 할 것이다. 기존의 경제모델, 시장분석 방법이 무용지물이 된다면 물리학의 비선형 동력학에서나 나오는 '카오스'를 우리 시장에서 곱씹게 될지도 모른다.

헤지펀드 매니저로 명성을 얻고 있는 조지 소로스(George Soros)는

2008년 금융위기는 기존 사고방식으로 이해될 수 없다며 기존의 사고방식이 위기를 불렀다고 진단했다. 또한 이제는 21세기에 어울리는 새로운 패러다임[58]이 필요하다고 강조한다.

굳이 해외 유명인사의 말을 들먹이지 않더라도 우리 스스로가 과거와 사고방식이 많이 달라진 현재의 모습을 발견한다. 이젠 패러다임이 바뀌었다고 봐도 무방할 것이다. 시장과 트레이딩도 마찬가지다. 당연히 시장을 바라보는 눈, 트레이딩하는 자세도 과거와 달라져야 하지 않을까.

시장은 시장 참여자들에게 더 많은 기회를 주고 있고, 더 많은 위험도 함께 안겨 주고 있다. 달라진 투자환경에 슬기롭게 대응할 필요가 있다.

시장 자체에만 몰입하는 것에서 벗어나 바깥세상으로 눈을 돌리고, 투자기법 연구에만 매몰되지 말고 자산관리 차원에서 시장과 트레이딩을 봐야 하지 않을까. 새 패러다임에 적응해 달라진 투자환경 속에서 살아남기 위해서 말이다.

---

58) 조지 소로스, 황숙혜 옮김, 금융시장의 새로운 패러다임, 서울:위즈덤하우스, 2008, 250쪽.

2.

거짓말,
새빨간 거짓말
그리고 통계

2.1 이번엔 안타 칠 차례 - 도박사의 오류

현재 한국에서 한국인이 합법적으로 이용할 수 있는 카지노는 강원도 정선에 있는 카지노 한 곳뿐이다. 하지만 외국에는 다양한 규모의 카지노가 많이 있다. 한국 사람들에게는 그리 익숙지 않은 리투아니아의 수도 빌뉴스에도 크고 작은 도박장이 널려 있을 정도다. 물론 내국인, 외국인 모두 이용할 수 있다.

이제 우리는 거래에 지친 몸과 마음을 추스르기 위해 카지노에 놀러 가보도록 한다. 물론 돈 싸 들고 직접 찾아가면 패가망신할 사람이 수두룩할 테니, 이 지면을 통해서 상우라는 사람을 대신 보내 그의 얘기를 듣기로 한다. 만약 무슨 문제가 생기면 그 친구에게 다 떠밀고 모른 척하면 그만이니까. 대신 카지노에서 공짜로 제공하는 음료를 맛볼 수 없다고 투덜거리진 말자.

상우는 카지노로 향한다. 국내에서는 보는 눈(특히 그의 아내)이 많으니 다른 사람들 눈 신경 쓸 거 없는 외국 카지노로 보내자. 유럽 모나코에 있는 카지노는 어떨까.

상우는 평범한 회사원이지 도박사가 아니다. 기술이 필요한 바카라, 포커, 카드 카운팅을 해야 하는 블랙잭은 그저 구경만 하고, 순전히 운에 좌우되는 룰렛 판 앞에 앉는다. 그리고 어느 한쪽에 돈을 건다. 어차피 우리가 아닌 상우가 도박을 하는 것이니 내키는 대로 걸게 놔두자.

이 룰렛의 규칙은 간단하다. 빨간색과 검은색 가운데 하나를 선택해 돈을 걸면 그만이다. 룰렛 위를 구르는 공이 자기가 돈 건 쪽에서 멈추면 건 돈의 두 배를 가져가고, 아니면 그냥 도박에 건 돈을 카지노에 바치면 그만이다.

빨간색과 검은색 가운데 일단 빨간 쪽에 돈을 걸어 본다. 확률은 대략 50퍼센트.

룰렛은 돌아가고 상우의 기대와는 달리 공은 검은 쪽에서 멈췄다. 아까운 돈이 카지노로 넘어갔다. 성격이 소심한 그는 다음 판은 그냥 구경만 하면서 분위기를 살피기로 했다. 다시 룰렛은 돌아가고, 공은 이번에도 검은 쪽에서 멈췄다. 그 후 룰렛의 공은 연신 검은색 칸에서만 멈춘다.

조금씩 흥분하던 상우는 다음번에는 빨간색 칸에서 공이 멈출 것이라 확신하고 그쪽에다 돈을 걸었다. 결과는 아쉽게도 검은색. 하지만 실망하지는 않는다. 다음에는 정말 빨간색이라고 확신해서다. 그리고 과감히 빨간색에 돈을 건다. 결과는 그의 바람과는 달리 검은색. 이런 과정이 열 번 넘게 계속되고, 그럴수록 상우를 포함해서 룰렛 주위에 모인 사람들은 흥분하면서 "다음은 빨간색!"이라고 외친다. 계속 검은색에서만 공이 멈

쳤으니까 이번에도 빨간 쪽에 돈을 건다. 열 번 넘게 공이 검은색에서 멈 췄으니 이젠 빨간색에서 공이 멈춰 설 것이라고 생각하는 건 자연스러운 일 아닌가.

결과는? 눈치 빠른 독자들은 짐작하겠지만, 공은 이번에도 검은색에서 멈췄다. 상우는 상식이라는 틀 안에서 판단하고 돈을 걸었는데 야속하게 공은 검은색에서 멈췄고, 그는 다시 한 번 카지노의 배만 불려 주고 말았 다. 사람들은 계속 검은색에서 공이 멈추는 것을 보고 다음에는 빨간색 이라는 확신을 갖고 연신 빨간색에 돈을 걸었다. 하지만 룰렛 공은 사람 들의 기대를 연신 저버리기만 한다.

혹시 카지노에서 미리 룰렛 판에다 못된 장치를 설치한 게 아닐까. 상 우는 딜러에게 따져 묻고 싶지만, 그의 영어 실력이 시원찮다. 영어 잘하 는 그의 아내를 데리고 올 걸 그랬나 하는 후회마저 인다. 아니, 여긴 불 어를 쓰던가. 한국 사람의 '엎어' 정신을 발휘해 말 그대로 룰렛 판을 뒤집 어엎어서 비밀을 밝혀내고 싶지만, 말도 안 통하는 곳에서 문제를 일으키 고 싶진 않다.

이미 비슷한 이야기를 들은 독자들도 있겠지만 이건 필자가 그냥 지어 낸 얘기가 아니다. 몬테카를로 카지노에서 실제 있었던 일이고 운이 없 는 한국인 상우가 처음으로 겪은 일도 아니다.

공이 줄곧 검은색에서 멈췄다고 해서 다음에 공이 멈출 곳은 꼭 빨간색 이어야 한다는 법은 없다. 지금 이 상황이 다음 게임에 영향을 미치지 않 기 때문이다. 학교에서 배운 수학에서는 여기에 '독립사건'이라는 고상한 이름을 붙였다. 계속 공이 검은색에 멈췄어도 다음에 빨간색에서 멈출 확률은 여전히 50%일 뿐이다. 하지만 대부분의 사람들, 이른바 확률을 좀 안다는 사람들도 이 사실을 잊고 다음은 반드시 빨간색이라고 확신을 한다. 이걸 '도박사의 오류'라고 한다.

또 다른 경우를 생각해 보자. 타율이 3할대인 타자가 있다. 요즘 이 타자는 경기에 나와서 줄곧 삼진, 내야 땅볼만 기록하고 있다. 감독은 '내일도 이 선수를 계속 써야 하나, 다른 선수로 교체해야 하나' 고심하기 시작했고, 결론을 내렸다. 3할대 타자를 한 번 더 믿어 보기로 한 것이다.

타율이 3할인 타자가 한 경기에 네 번 타석에 들어선다고 하면 한 번 타석에 들어섰을 때 안타를 치지 못하고 아웃될 확률은 70%이지만, 네 번 연속 아웃될 확률은 24%로 크게 줄어든다. 이 말은 타석에 네 번 나와서 적어도 한 번은 안타를 칠 확률이 76%라는 소리다. 감독은 76%의 확률을 믿고 선수를 바꾸지 않았다.

2008년 베이징 올림픽 야구 경기에 출전한 어떤 선수는 국내 팬들과 감독의 기대와는 달리 부진을 면치 못했다. 하지만 감독은 그를 끝까지 신뢰했고, 그 선수는 감독의 신뢰에 보답하듯 결정적인 순간에 결정적인 한방을 터뜨려 주었다. 아마 일본과의 준결승전이었을 것이다.

몬테카를로 카지노 일과 베이징 올림픽 야구 경기를 묶어서 '도박사의 오류'에 대한 글을 블로그에 올린 적이 있었다. 뜻밖에도 여러 블로거들이 썰렁하던 필자의 블로그를 방문해 댓글을 달며 열띤 토론을 벌였고, 거기에는 내가 확률을 잘못 이해하고 있다는 말을 굳이 악플로 표현한 이도 있었다. 토론의 장이 됐던 그 포스트는 블로그를 새롭게 하면서 아쉽게도 삭제됐다.

그때 논쟁의 요점이 무엇이었는지 희미해진 기억을 돌이켜 보면, 룰렛에서 빨간색이 나올 확률은 50%이지만 검은색이 열 번 연속 나올 확률은 매우 희박하기 때문에 다음은 빨간색이라고 생각하는 것은 당연하다는 의견과 룰렛에서 각각의 게임은 서로 영향을 끼치지 않는 독립사건이기에 다음 결과를 빨간색으로 결론지을 수 없다는 의견이 맞섰다. 계산하기 귀찮은 여러분을 위해 내가 대신 계산하면, 확률이 50%인 룰렛에서 검은색이 열 번 연속 나올 확률은 0.098%다. 그렇다면 아홉 번째 검은색에서 공이 멈췄으면 열 번째에는 빨간색일 확률이 99.9%가 아닐까. 도박사들도 그렇고 필자도 이렇게 생각하는데, 이게 '도박사의 오류'란다.

룰렛 게임이 시작됐을 때 공이 빨간색에 멈출 확률은 50%다. 그리고 게임을 열 번 진행했을 때 공이 적어도 한 번 빨간색에서 멈출 확률은 99.9%이다. 필자는 두 개의 확률이 별개라는 것을 간과했다. 공이 빨간색 칸에 멈출 확률과 공이 적어도 한 번 빨간색 칸에 멈출 확률은 서로 다른 문제인 것이다.

게임을 시작하기 전 빨간색이 적어도 한 번 나올 확률은 매우 높다. 하지만 한 번 진행된 게임에서 확률을 따지는 것은 무의미하다. 확률이란 아직 발생하지 않은 사건이 일어날 가능성이기 때문이다. 이미 벌어진 일에 대한 확률을 억지로 따지자면 100% 아니면 0%다.

그래서 앞서 아홉 번 공이 검은색 칸에 멈췄어도, 그것은 이미 일어난 일이기 때문에 열 번째 게임에서 공이 빨간색 칸에 멈출 확률은 여전히 2분의 1이다. 열 번째 게임을 앞두고 확률을 얘기한다면, 첫 번째부터 아홉 번째 게임은 이미 결과가 나왔으니까 확률을 1로 놓고 다시 계산해야 할 것이고, 그러면 결과는 50%가 된다. 꼭 열 번째 게임을 앞두고 빨간색이 적어도 한 번 나올 확률이 99.9%라고 외치고 싶다면, 그 말은 열 번째 게임에 해당하는 게 아니라 열 번째 게임부터 열아홉 번째 게임까지 게임

인문학이 들려주는 트레이딩 원리

열 개에 해당한다는 것을 유념해야겠다.

'도박사의 오류'는 서로 다른 두 사건을 억지로 연결해서 생긴 것이다.

상우 대신 필자가 그곳에 갔다면 어떤 결정을 내릴까. 처음부터 나는 그런 곳에 발을 들여놓지 않을 것이다. 만약 카지노에 입장하게 됐다면 음료수만 마시면서 내가 낸 입장료 본전을 뽑는 데 열을 올릴 것이다. 몰래 빈병을 준비해서 과일주스를 담아 와도 괜찮을까 모르겠다.

이야기를 다시 2008년 베이징 올림픽 야구 경기 때로 돌려 보자. 다행히 대표팀 감독이 끝까지 신뢰한 타자는 감독의 믿음을 저버리지 않았다.

그런데 그가 터뜨려 준 '결정적인 순간에 결정적인 한 방'은 '나올 때가 돼서' 나온 게 아니라 우연히 그 순간에 나왔을 뿐이었다. 준결승전이라는 중압감 속에서 투수는 긴장을 풀지 못해 실투를 하고 노련한 타자는 그걸 놓치지 않았을지도 모른다. 확률을 배제하고 심리적 측면만 고려한다면 말이다. 참고로 결정적인 순간에 결정적인 한 방을 터뜨린 선수는 우리가 잘 아는 이승엽 선수다.

야구 중계방송을 보면 해설자들이 가끔씩 "이 선수 이제 한 방 터뜨려 줄 때가 됐는데요."라고 하는데 사실 확률적인 면에서 보면 옳은 말은 아니다.

확률은 지난 일을 기억하지 못한다. 이제 때려 줄 때가 됐든 아니 됐든 타석에 들어선 타자가 안타를 칠 확률은 그가 기록한 타율 그 이상도 이하도 아니다.

이제 우리들 본업인 트레이딩 시스템이 설치된 컴퓨터 앞으로 돌아오자. 기본적 분석에 충실한 트레이더든 기술적 분석에 충실한 트레이더든 거래를 하다 보면 한 번쯤은 확률을 계산하기 마련이다. 하지만 확률은 확률일 뿐, 확률에서 확신을 넘어 결과를 맹신해 그 게임에 모든 것을 거는 일은 하지 않아야 가늘고 길게 갈 수 있지 않을까 생각한다.

쓸데없는 소리 한마디 하자면, 실제 카지노 룰렛에서 내가 돈을 딸 확률은 50%가 조금 못 된다. 애초에 규칙이 그렇단다. 그래서 48%쯤 될 것이다. 카지노는 52%의 승률을 가진다.

카지노라고 해서 고객들 돈을 강탈하듯 날로 먹는 건 아니다. 4%의 우위로 얻은 수익을 꾸준히 챙기는 것이다. 4%의 우위가 처음 게임 시작할 때는 별것 아닌 것처럼 보이지만, 결국에는 자본이 달리는 개인이 먼저 손을 털고 자리에서 일어나게 한다.

그래서 도박을 할 때는 한 번에 판돈을 모두 걸고 승부를 보는 게 손해를 덜 보는 것이라고 확률을 공부해 본 사람들은 말한다.

이런 점에서 트레이딩과 도박은 비슷하면서도 다르다.

2.2 2년차 징크스

프로야구에서 입단한 신인선수가 데뷔 첫해에 놀라운 성적을 보여 주다가 다음 해에는 그저 그런 성적을 내거나 심지어 평범한 선수로 선수인생을 마감해 팬들의 안타까움을 자아내는 경우가 있다. 한국에서 놀라운 기량을 선보인 선수가 해외로 진출한 다음 첫 시즌에서는 좋은 성적을 내다가 다음 해에는 기대에 못 미치는 모습을 보여 주는 경우도 본다.

남의 아픔을 놓고 입방아 찧기 좋아하는 사람들은 이것을 '2년차 징크스'라고 부른다.

인문학이 들려주는 트레이딩 원리

그 이유에 대해 사람들은 먼저 심리적 요인을 든다. 처음에는 눈도장을 받기 위해 이를 악물고 열심히 하다가 다음 시즌에는 긴장이 풀린다는 것이다. 아니면 첫해에 너무 많은 에너지를 쏟아부어서 다음 시즌에는 힘이 부치거나 부상에 시달린다.

또는 그 선수에 대한 정보 불균형을 '2년차 징크스'의 원인으로 꼽기도 한다. 처음에는 그 선수에 대해 아는 게 없어서 속수무책으로 당하지만 다음에는 그 선수의 강점과 약점이 파악된다는 것이다. 상대 선수는 그 선수의 약점을 줄기차게 파고들기 때문에 성적이 신통치 않다는 것이다.

통계학에서도 '2년차 징크스'가 생기는 이유를 설명해 준다. 2년차 징크스[1]는 일반적으로 어떤 값이든 어느 극단에 치우치지 않고 평균값을 중심으로 모인다는 통계적 사실은 외면하고 위에서 말한 심리적인 요인이나 정보의 습득과 같은 데서 이유를 찾는 오류에 불과하다고 한다.

통계학에는 '평균 회귀'라는 게 있는데, 한마디로 말해 결국은 평균값에 수렴한다는 소리다. 앞서 도박사의 오류를 말하기 위해 예를 든 룰렛에서도 게임을 계속하면 결국은 승률 50%로 수렴한다. 어느 한쪽이 연이어 나왔더라도 며칠이고 몇 달이고 룰렛 판을 돌리면 공이 검은 칸에서 멈추거나 빨간 칸에 멈출 확률이 반반이 된다는 소리다. 타율이 3할인 타자도 시즌 동안 계속 경기에 출전하다 보면 연이어 멀티 히트를 기록하더라도 방망이가 며칠씩 침묵하는 경우도 생겨 최종 성적은 그의 평균 타율에 근접한다.

2년차 징크스를 설명해 주는 평균 회귀는 영국의 유전학자 프랜시스

---

1) 이남식, 편향, 고양:옥당, 2013, 162쪽.

골턴(Francis Galton)[2]의 연구에서 그 개념이 처음 나왔다고 한다. 그는 1886년 부모의 키와 자녀의 키를 측정한 결과 사람들 키는 평균 신장 값으로 수렴한다는 사실을 발견하면서 평균 회귀 개념을 만들었다.

인터넷으로 프로야구 기사를 찾아 읽는다면, 댓글에서 'DTD'라는 말을 심심찮게 찾아볼 수 있을 것이다. 심지어 'DTD는 과학'이란 소리도 나온다. 이 말은 'Down team is down'의 줄임말로 '내려갈 팀은 결국 내려간다'는 소리란다. 이미 'DTD'로 낙인찍힌 야구팀이 정규 리그 중에 승승장구하면 다른 팀 팬들은 관련 기사에 댓글로 DTD를 운운하며 그 팀의 상승세를 깎아내리기 바쁘다. DTD는 단순한 비아냥에 그치지 않고 사실로 드러날 때가 많은데, 이것도 평균 회귀 현상 가운데 하나로 볼 수 있을 것이다.

한편 도박에서 '초심자의 행운(beginner's lucky)'이라는 말이 있다. 포커, 바카라, 블랙잭 등에 대해 아무것도 모르는 사람이 게임에 참가해 처음에는 승승장구하는 경우를 말한다. 오래전 한 인기 탤런트의 어머니가 심심풀이로 미국 라스베이거스 카지노에 들렀는데 거기서 잭팟을 터뜨렸다. 내가 아는 사람도 고스톱이 뭔지도 모르고서 처음 게임에 참여했는데 연신 판을 싹쓸이했다고 한다. '초심자의 행운'을 설명하는 좋은 예가 되겠다.

도박뿐 아니라 트레이딩에서도 초심자의 행운은 나타난다. 투자에 대해 제대로 공부하지 못한 채 무작정 시장에 뛰어들었는데 놀라운 수익을 내는 경우를 볼 수 있다. 그리고 그 초심자는 대부분 그게 자기 실력이라고 믿는다.

---

2) 강준만, 감정독재, 서울:인물과사상사, 2014, 234쪽.

하지만 '2년차 징크스'라는 말에서 살펴봤듯이 그걸 자기 실력으로 믿는 건 경계할 일이다. 평균 회귀에 따라 값비싼 수업료를 지불하며 원래 자기의 자리를 찾아갈 테니 말이다.

실제로 '초심자의 행운'을 자기 실력으로 믿고 도박판에 거액을 쏟아붓거나 무리하게 투자해 자기 인생을 망가뜨린 경우를 보기도 한다.

반면 처음부터 호되게 신고식을 치른 이들은 크게 낙담할 필요는 없다. 꾸준히 공부하고 훈련하다 보면 처음 손실을 만회하고 실력 있는 트레이더로 거듭날 테니까.

노자(老子)는 이런 말을 남겼다.

"천하 만물은 앞으로 나아가는 것이 있는가 하면 그 뒤를 따르는 것도 있다. 따뜻한 것이 있는가 하면 찬 것도 있다. 강한 것이 있는가 하면 약한 것도 있다. 솟아오르는 것이 있는가 하면 가라앉는 것도 있다. 그러므로 도를 터득한 사람은 극단과 방종과 지나친 것을 피한다."[3]

처음에 잘나간다고 자만하지 말고, 처음부터 실패를 거듭했다고 낙담하지 말고 꾸준히 실력을 연마하라고, 옛 성현들은 '2년차 징크스'라는 말로 우리를 격려하는 듯하다.

2.3 마천루의 저주

경제도 안 좋은데 누군가가 초고층 빌딩을 지어 올리면 사람들은 "마천

---

3) 노자, 정창영 옮김, 도덕경, 서울:시공사, 2000, 84쪽.

루의 저주(skyscraper curse)"⁴⁾를 들먹이며 쑥덕대기 바쁘다. 마천루라 불리는 초고층 건물이 완공되면 경제위기가 찾아온다는 애기를 덧붙이며 말이다. 실제로 1930년대 미국 뉴욕에 엠파이어스테이트 빌딩이 세워질 무렵 대공황이 발생한 것을 비롯해 초고층 건물이 완공될 무렵이면 세계적이든 한 국가 차원이든 경제위기가 이어졌다.

성경에 나오는 바벨탑 이야기처럼 마치 하늘에 도전하려는 인간에게 경고를 주는 듯한 느낌을 주는지 '마천루의 저주'는 사람들 사이에서 종종 회자된다.

한국도 예외는 아니다. 국내에서 제일 높은 건물이 그 위용을 드러낼 무렵 한국 경제는 암울한 상태였을 뿐 아니라 비관적인 전망 일색이었다.

'마천루의 저주'가 일어나는 이유는 간단하다. 물론 탐욕에 물든 인간을 벌하려는 신의 뜻은 아니고, 그저 호황과 불황을 오가는 경제 주기에서 불황 주기에 마천루가 완공되기 때문이다.

초고층 건물은 대개 경제가 호황일 때 계획되고 착공된다. 불황일 때 착공되는 경우는 아예 없다고 해도 틀린 말이 아닐 것이다. 경기가 매우 나쁠 때 '뉴딜 정책'이란 이름으로 대대적인 토목사업을 통해 경제를 일으키려는 시도는 있지만, 경제난을 타개하기 위해 마천루를 건설하는 경우는 아직 보지 못했다. 아마 토목사업은 국가가 주도하고 마천루는 기업이 계획하고 건설하기 때문이 아닐까 한다.

마천루, 바로 초고층 건물은 공장에서 물건 나오듯이 하루 만에 뚝딱

---

4) 강준만, 앞의 책, 235쪽.

　　　　　　　　　　　　　　인문학이 들려주는 트레이딩 원리

나올 수 없다. 기획에서 완공까지 최소 몇 년이 걸린다.

우리나라 경제를 보면 알 수 있듯이 잘나가던 경제도 침체되고, 침체된 경기는 다시 일어서기 마련이다. 경기가 좋을 때 기획된 마천루가 완공될 무렵에 우연히 경제 주기상 침체기에 빠져들면 호사가들이나 기삿거리 찾기에 혈안이 된 기자들은 자연스레 '마천루의 저주'를 언급하고는 한다.

한편 구약성경 '창세기'에 나오는 바벨탑 공사가 실제로 진행됐었다면, 바벨탑 건설 중단은 하느님이 노해서가 아니라 바벨탑을 건설하던 '신바빌로니아'에 무슨 일이 생겨서 그랬던 게 아닐까.

인부들이 갑자기 서로 다른 언어로 이야기하며 흩어졌다는 건 아마 서로 다른 지방에서 인부들이 강대국이었던 '신바빌로니아'로 몰려들었고, 무슨 이유에서인지 공사는 멈추고 각자 고향으로 돌아갔다는 걸 상징하지 않나 싶다. 그들이 건설하려는 것도 굳이 하늘 끝까지 닿겠다는 바벨탑일 필요는 없을 것이다.

현대로 치면 돈 많은 강대국 미국으로 전 세계 사람(물론 서로 다른 언어를 쓰는)들이 돈 벌려고 모여들었다가 다시 고국으로 돌아갔다는 소린데, 아마 그 나라에 전쟁이나 전염병, 그로 인한 경제난이 발생하지 않았을까. 한국사도 제대로 모르는 터에 고대 중동사에 대한 지식이 있을 리 없으니, 쓸데없는 얘기는 이쯤에서 줄일까 한다.

'마천루의 저주'는 그저 호황과 불황을 반복하는 경제에서 나타나는 현상일 뿐이고, 평균 회귀를 설명하는 예에 불과하다.

2.4 LTCM 몰락 - 중심극한

　서점과 도서관의 증권분야 서가(書架)를 가득 채우고 있는 투자기법을 소개하는 책들도 어떻게 보면 가격이 평균[5]으로 돌아가는 것을 보여 주는 것에 불과하다고 볼 수 있다.

　"그래서 뭐? 어쩌라고?"라고 말할 독자는 여기 없으리라 믿는다. 평균 회귀는 우리들의 주된 관심 영역인 금융시장과 트레이딩에서 매우 진지하게 생각해야 할 주제이기 때문이다.

　애널리스트든 트레이더든, 아니면 다른 누구든 시장에 관심을 갖고 있는 사람들 사이에는 두 가지 견해가 오랫동안 논쟁을 거듭하고 있다. '평균 회귀'를 적극 수용하는 견해와 '평균 회귀'에 큰 의미를 부여하지 않을 뿐 아니라 심지어 일부에서는 그걸 조롱거리로 삼는 견해가 그렇다.

　두 견해의 차이는 학술적인 논쟁이라기보다는 실제 트레이딩을 하거나 시장을 분석하는 시장 참여자들 간의 경험에서 비롯된 논쟁이다.

　'평균 회귀'를 신봉하거나 중시하는 쪽은 시장에서 가격이 급등하거나 급락할 때 그 반대 경우가 발생할 가능성을 늘 염두에 두고 그 가능성을 적극 활용한다. 가격이 급락하면 이젠 가격이 상승할 때라며 적극 투자에 나서는 변곡점을 노리는 트레이더들이 그렇고, 복잡한 수학계산을 통해 일정한 가격대와 평균치를 상정한 다음 정상 가격대에서 벗어나면 다시 정상 범주로 가격이 돌아올 것이라 예상하고 거래에 임하는 트레이더나 애널리스트들이 그렇다.

---

5)　이남식, 앞의 책, 164쪽.

예를 들어 볼린저 밴드 안에서 상승과 하락을 반복하고 있는 가격이 밴드 밖으로 이탈하면 가격이 다시 밴드 안으로 수렴할 것이라 예상하고 거래에 임하는 것이다. 시장가와 계산으로 나온 이론가 사이의 가격 차이를 이용해 거래하는 것도 '평균 회귀'에 큰 의미를 부여하는 거래 방법이다.

차트를 분석하는 데 쓰이는 보조지표 가운데 하나인 '스토캐스틱(stochastic)'은 시장에서 뚜렷한 추세를 찾아볼 수 없을 때, 즉 비추세 구간에서 효과가 있는 분석도구다. 스토캐스틱을 신봉하는 트레이더는 스스로 인식하고 있든 아니든 평균 회귀를 시장의 주요 성질로 보고 거래하는 셈이다.

평균 회귀를 시장 분석도구로 삼는 쪽들은 대개 작은 수익을 목표로 하고 작은 수익을 꾸준히 축적하는 기법을 사용한다. 병법《36계》에서 제12계 '순수견양(順手牽羊)'이 시장에 적용되고 있는 모습을 확인할 수 있는 것이다.

남이 끌고 가는 양 떼 속에 섞여 들어가서 슬쩍 한 마리 훔친다는 뜻을 지닌 "순수견양"[6]은 아주 사소한 기회도 놓치지 않고 자기 것으로 만드는 전략이다. '티끌 모아 태산'이라는 말을 증명해 보이려는 듯이 작은 이익이라도 외면하지 않고 챙기면 결국 큰 이익을 얻을 수 있다고 가르친다. 어떤 이는 '티끌 모아 티끌'이라는 말로 비아냥거리긴 해도, 드림팀으로 구성돼 많은 이들의 관심을 모은 미국 헤지펀드 운용사 롱텀캐피털매니지먼트(Long Term Capital Management), 바로 LTCM이 추구한 차익거래 역시 거래할 때마다 위험은 없지만 아주 적은 이익을 추구하는 전략

---

6) 장연 지음, 조준상 그림, 만화병법36계, 서울:김영사, 1999, 101쪽.

으로서 《36계》의 '순수견양'을 떠올리게 하는 거래기법이다.

FX마진이나 통화선물을 거래해 본 시장 참여자들은 공감하겠지만, 가격이 그동안의 가격대에서 크게 벗어났어도 대개는 이전 가격대로 돌아온다는 사실을 경험적으로 알고 있다. 한 시간 차트 이하 작은 차트에서는 그런 일이 매우 흔하다. 한번 큰 추세가 형성되면 그 추세에서 벗어나더라도 다시 그 추세를 따라가는 경우가 일반적이다.

그래서 추세와 반대로 시장에 진입했어도 손실을 어느 정도 복구할 기회가 적어도 한 번은 주어진다. 그 기회를 손실을 최소화해 시장에서 빠져나오는 지점으로 삼든지, 가격 흐름을 트레이더가 원하는 방향으로 움직이는 변곡점으로 볼지는 전적으로 트레이더 스스로 판단할 일이다.

통화관련 상품은 주식시장의 유가증권과는 달리 어느 통화의 절대적 가치를 평가하기보다는 비교통화—대개는 달러—와의 상대적 가치를 측정하기 때문에 어느 한 방향으로만 움직이는 일은 그리 많지 않다.

'유로/달러(EUR/USD)' 상품의 경우, 유로화 출범 후 달러에 대한 유로화 가치는 거시적으로는 늘 상승했다. 그래서 일단 '유로/달러'에서 손실을 보고 있더라도 계속 버티고 있으면 결국 이익을 낼 수 있었다. 손실을 메울 수 있을 만큼 자본금이 충분치 않아 중간에 마진콜을 당하는 경우는 예외로 하고 말이다.

하지만 2008년 금융위기 이후 금융환경이 달라졌다. 유로화는 주간 차트에서 고점을 낮춰 가더니 급기야 유로화 출범 초기 수준까지 가치가 내려갔다. 포지션 트레이딩처럼 장기 투자를 하는 트레이더가 평균 회귀만 믿고 하락한 유로화 가치가 원하는 수준만큼 회복되길 기다리고만 있었다면 엄청난 손실을 피하지 못했을 것이다.

인문학이 들려주는 트레이딩 원리

FX마진 유로/달러 주간 차트

그런데 평균 회귀에 따르면 현재 가격이 이전 가격대 또는 계산에서 얻은 이론 가격에서 벗어나더라도 결국 이론값으로 돌아오기는 하는데, 그 시기가 언제인지는 아무도 알 수 없다는 게 문제다. 그래서 트레이더가 '평균 회귀'를 주된 투자 전략으로 삼는다면 커다란 위험요소가 된다.

투자자가 손실을 보고 있을 때 '조금만 더' 하며 버티는 동안 가격은 그의 바람을 무시하며 투자자가 원하는 방향과 반대로 움직인다. 그리고 투자자의 심신을 잔뜩 갉아먹은 다음, 심하면 그의 계좌까지 심각하게 망가뜨린 다음에야 투자자들과 금융공학자들이 생각한 가격으로 돌아오곤 한다.

추세추종론자 가운데 한 사람인 제리 파커(Jerry Parker)는 평균 회귀를 "가장 치명적인 투자 전략"이라고 혹평[7]했는데, LTCM의 몰락은 그래서 우리에게 시사하는 바가 크다.

---

7) 마이클 코벨, 정명수 옮김, 터틀 트레이딩, 서울:위즈덤하우스, 2008, 253쪽.

조지 소로스도 시장이 균형을 향한다는 믿음이 지난 2008년 금융위기를 불렀다고 진단한 바 있다. 평균 회귀 개념이 금융위기를 불러온 파생상품을 비롯한 여러 투자에서 주요 원칙[8]으로 활용됐는데, 이것이 금융위기를 불렀다는 것이다.

그래서 그는 "시장이 자기정화 작용을 하고 균형을 향한다는 생각은 잘못된 것"[9]이라고 주장했다.

2.5 기저율 무시

얼마 전 일이다. 필자가 병원에서 소변검사를 받았는데 일주일 뒤 검사 결과는 '양성'이었다. 검사 결과가 '음성'으로 나올 것으로 알고 있었는데 뜻밖의 검사 결과에 당황했다. 병원 간호사는 "재검사하실래요?"라고 물었고, 나는 재검사에 응하고 다시 비싼 검사료를 지불해야 했다. '뭐, 이딴 병원이 다 있어!'라고 있는 대로 성질을 낸 다음 다른 병원에 가서 다시 검사를 받고 싶었지만, 그 병원 검사비가 저렴하다는 말을 들어서 어쩔 수 없이 그 병원에서 재검을 받아야 했다.

문제는 소변으로 검사하는 항목이 '마약 복용 여부'였다는 점이다. 검사 결과가 양성이라는 건 내가 최근에 마약을 했다는 소리고, 경찰조사를 받을 수도 있다는 뜻이었다.

---

8) 조지 소로스, 황숙혜 옮김, 금융시장의 새로운 패러다임, 서울:위즈덤하우스, 2008, 177쪽.
9) 위의 책, 47쪽.

인문학이 들려주는 트레이딩 원리

그런데 마약중독자가 제 발로 마약검사 받으러 병원을 찾을 리는 없지 않겠는가. 그래서 간호사는 나를 경찰에 신고하는 대신 검사 당시 내가 복용한 약에 대해 물으며 재검사를 권했고, 나는 시간과 비용을 아까워하며 그에 응했다. 그리고 재검사 결과는 당연히 '음성'이었다.

뜻밖의 '양성반응'에 기분 나쁘긴 했어도 충격에 빠지거나 간호사 눈치를 보며 병원에서 도망치지 않은 건 정확한 의미나 공식은 모르더라도 여러 책을 통해 '기저율 오류'나 '베이즈 정리(Bayes' theorem)' 같은 말을 들어 봤기 때문이다. 그런데 이 말을 안 들어 본 사람이 많이 있는 모양이다. 하긴 필자도 학교를 졸업하고 한참 지나 두툼한 통계학 교과서에서 이 말을 처음 구경했으니까.

한 30대 직장인은 간단한 수술을 받기 전에 혈액검사를 받았는데, 그가 받아 든 결과는 필자처럼 어이가 없게도 'HIV 양성'이었다. 평범한 직장인에게 AIDS라니, 그는 다시 검사를 받았지만 내 경우와는 달리 여전히 양성 판정을 받았고, 다시 보건환경연구원의 2차 검사를 기다리는 신세가 됐다. 검사 결과가 나오기까지 한 달 가까운 시간이 흘렀고, 검사 결과를 기다리는 동안 그는 심한 마음고생을 감내해야 했다.

물론 독자 여러분의 짐작대로 최종 검사 결과는 '음성'이었다. 그가 경험한, HIV에 감염되지 않았어도 검사에서 양성이 나오는 '검사상 위양성'은 해마다 수백 명에게서 일어난다고 한다.

필자와 그 직장인이 검사 결과에 불쾌해하거나 마음고생을 한 이유는 검사 결과를 미리 확신하고 있어서다. 대개의 경우 마약중독자가 제 발로 마약검사를 받으러 병원을 찾을 리 없고, 평범한 일상을 영위하는 직장인이 AIDS를 걱정할 리 없다. 그러니 상식과 다른 결과를 덤덤히 받아들일 수 있겠는가.

질병관리본부에 따르면 AIDS 검사에 사용되는 시약의 정확도는 약 97%[10]로, 이는 검사받았을 때 HIV 보균자라는 판정을 받으면 정말 그런 경우가 97%라는 소리다. 97% 정확도라면 평범한 사람들에겐 무척 신뢰할 만한 수치다. 기사에서 언급된 직장인이 검사 결과에 경악하는 게 이상할 게 없을 정도다.

문제는 우리나라에서 AIDS에 감염된 환자 수가 그리 많지 않다는 점이다. 통계청 자료에 따르면 2016년 현재 국내 HIV 감염자 수는 1,062명[11]으로 5,000만 명이라는 인구수를 감안하면 전체 인구의 약 0.002%에 불과하다. 그러니까 97% 정확도를 따지기 전에 우리나라 인구의 99.998%는 AIDS와 별 상관이 없다는 점에 주목해야 한다는 말이다. 97%의 정확도는 우리나라 국민 가운데 약 150만 명은 보균자가 아님에도 검사에서 양성이라는 오진을 받을 수 있다는 뜻이다. 마찬가지로 2016년 한국에서 마약류 관리에 관한 법률을 위반한 사람은 모두 9,990명인데, 마약제조와 운반책으로 검거된 사람까지 포함됐을 테니 실제 마약중독자 수는 이보다 적을 것이다. 그렇다면 위와 같은 예로 필자가 마약 양성 판정을 받았지만 진짜 마약중독자일 확률은 0.66% 이하다.

필자와 기사에 나온 직장인이 겪은 황당한 경험은 행동경제학을 다루는 책이라면 '기저율 오류'를 설명하는 예로 한 번쯤은 언급한다고 한다. '기저율(base rate)'은 기초가 되는 비율로 문제를 직관적으로 해결할 때

---

10) 에이즈인 줄 알고 3주 식음 전폐했는데…… 아니라고요?, 뉴시스, 기사입력 2017. 11. 26.

11) 국가통계 포털, http://kosis.kr/index/index.do

그 방법에 신뢰성을 부여한다. 그런데 한국에서 마약중독자 수, 에이즈 보균자 수처럼 기저율을 고려하지 않고 섣부른 판단을 내리면 "기저율 무시"[12]라는 오류를 범할 수 있다.

국내에서 발생한 외국인 범죄 소식은 용의자로 중국인을 지목할 때가 많고, 그에 따라 중국인들에 대한 편견을 품기도 한다. 또 연예인들의 성공담을 듣다 보면 한 번쯤은 꿈을 가수나 배우로 정하기도 한다. 하지만 우리나라에 거주하는 외국인 가운데 중국인 수가 가장 많다든지, 성공한 연예인보다 최저임금 수준의 수입도 올리지 못하는 연예인 수가 압도적이라는 사실을 무시하면 위와 같은 오류를 저지르게 된다.

가끔씩 경제단체나 기관에선 직장인들의 평균임금을 발표한다. 그 소식을 전하는 뉴스가 인터넷 기사로 뜨면 자신이 실제로 받는 소득과 기사에 실린 평균소득과의 큰 차이 때문에 넋두리성 댓글이 달리곤 한다. 아예 조사가 잘못됐다며 똑바로 하라는 악플도 주르륵 달리기도 한다. 21세기가 열린 지 한참이나 지난 지금, 설마하니 그 기관에서 불순한 목적을 가지고 거짓말을 하겠는가.

내가 받는 급여와 임금근로자 평균급여 사이에 차이가 큰 것은 고소득자의 수입이 자신의 것과 견주었을 때 엄청나게 높아서 평균급여가 높게 올라갔기 때문이다. 따라서 통계치를 의심하기 전에 고소득자와 그렇지 않은 사람들 간의 임금격차가 매우 심하다고 기사를 해석하는 게 나을 것이다.

조사기관의 불순한 의도를 의심해 볼 수도 있다. 그렇다고 그 기관에서

---

12) 조준현, 사람은 왜 대충 합리적인가, 서울:을유문화사, 2013, 74~75쪽.

숫자를 조작했다고 의심하는 건 아니다. 그저 조사대상을 자신들 입맛에 맞게 골랐을 가능성은 있다. 각 기업체에 설문조사를 했는데, 비교적 높은 수준의 급여를 제공하는 기업이나 고소득 임금근로자는 설문에 협조적이었고, 저소득층이라는 자기 처지를 밝히는 게 싫은 근로자나 임금을 짜게 주는 악덕기업주라는 비난을 듣고 싶지 않은 기업주는 설문에 응하지 않았을 수도 있다. 그러면 조사 결과는 당연히 소득이 높은 쪽 자료 위주로 나올 수밖에 없다.

통계수치 자체는 객관적이지만, 그 통계를 작성하려는 사람의 생각과 그걸 받아들이는 사람의 주관에 따라 그 수치는 다양한 의미로 해석된다.

우리가 관심을 가지고 있는 투자시장은 인간의 심리뿐 아니라 수학시간에 배운 확률과 통계의 향연이기도 하다. 퀀트(quant)라 불리는 계량분석가들이 내놓는 복잡한 수식뿐 아니라 일반 투자자들 역시 간단한 확률과 통계 공식을 사용해 시장을 분석하고 이해하려 한다. 솔깃해 보이는 통계치를 가지고 투자자들을 끌어모으는 사람이나 기관들도 있다. 일부러 조작한 경우가 아니더라도 가치중립적인 숫자가 인간의 눈과 머리를 거치면서 진실, 혹은 거짓으로 바뀔 수 있다.

통계가 말하는 숫자 자체는 거짓말을 하지 않지만 그걸 받아 든 인간이 어떻게 해석하느냐에 따라 진실을 왜곡하고 심지어 새빨간 거짓말을 하기도 한다. 이 세상에는 세 종류의 거짓말이 있는데, 하나는 '거짓말', 다른 하나는 '새빨간 거짓말', 마지막 하나는 '통계'라는 말이 괜히 나온 게 아니다.

3.

시장

3.1 사는 사람이 있어야 파는 사람이 있다

내일 코스피(KOSPI) 지수는 얼마일까. 아니면 원-달러 환율은 어떻게 될까. 뉴욕 증시는? 누가 필자에게 묻는다면 명쾌히 대답한다.

"지는 몰러유."

정확한 수치는 모르더라도 내일 선물지수가 오를까 내릴까. 꾸준히 차트를 들여다보고 관련 기사를 챙기며 시장을 바라보는 사람으로서 한마디 안 할 수 없다.

"지 가고 싶은 대로 가겠쥬."

앞으로 시장이 어떻게 될지, 꼭 집어서 시장으로 총칭되는 주가지수나 선물지수, 환율 가격이 얼마나 될 것인지 필자는 모른다. 그걸 알았다면 진작에 억만장자가 돼서 행여나 내가 일군 자산을 누군가에게 뺏길까 잠적한 뒤 유유자적하며 익명으로 트레이딩을 즐기고 있을 것이다.

인문학이 들려주는 트레이딩 원리

시장은 그저 가격이 오르내리고 결정된 가격에 따라 거래가 이뤄지는 곳처럼 보이겠지만 실상은 수많은 대중들이 모여 거대한 집단을 이룬 곳이다. 각양각색의 인간들이 모여든 곳이니 당연히 시장에는 인간들의 온갖 심리가 모여 있을 수밖에 없을 것이다.

우리가 학교에서 배웠듯이 시장은 수요와 공급으로 움직인다. 그러니까 시장에는 무언가를 사려는 사람과 팔려는 사람이 동시에 있어야 거래가 이뤄진다. 당연한 말이지만 시장에 사는 사람들만 가득하거나 팔려는 사람들만 있다면 시장은 기능을 멈추고 시장의 존재의의도 사라지게 될 것이다.

우리 어머니들께서는 가족들을 위해 시장에 장을 보러 가면 그냥 찬거리를 사시는 법이 없었다. 콩나물 한 주먹을 사더라도 될 수 있으면 더 싸게 사려고 상인들과 옥신각신하기 일쑤였다. 실랑이를 벌인 상인은 마지못해 값을 깎아 주거나 아니면 후한 시장 인심을 가격흥정 대신 내세우기도 했다. 아주 약삭빠른 상인은 흥정에 대비해 미리 값을 높게 부르기도 했다.

몇 년 전 해외에서 다른 사람의 카메라를 빌려 쓰는데 그만 플래시를 넣어 두는 케이스를 잃어버리고 말았다. 그걸 물어 주기 위해 가게에서 플래시 케이스를 사야 했는데, 장소가 베트남 호치민의 어느 시장이었다는 게 문제였다.

상점 주인은 베트남 물가를 모르는 내가 보기에도 터무니없는 가격을 불렀고, 당연히 그 값에 살 생각이 없는 나는 '노(no)'를 연발했다. 그리고 조금씩 값을 내려 부르는 상인 목소리와 연신 고개를 젓는 내 행동이 자그마한 상점을 채워 갔다. 나는 베트남어를 모르고, 주인은 한국어를 모르고, 영어는 둘 다 모르는 상태에서 말이다.

결국 나는 케이스를 구입하고 카메라 주인에게 주었는데, 현지 사정에 밝은 베트남 교민이자 카메라 주인은 내가 두 배나 비싼 값을 주고 구입했다고 말해 줬다. 바가지를 쓴 것이다.

이처럼 동남아시아나 중국에서는 상인들이 일단 값을 높게 부르고 흥정을 하곤 한다. 물건을 사려는 사람과 팔려는 사람 사이의 흥정 속에서 누가 이기느냐—대개는 상인들이겠지만—에 따라 가격이 결정된다. 한 가지 상품에 한 개의 가격만을 부여하는 '일물일가(一物一價)'에 친숙한 필자는 거기서 '호갱님' 소리 듣기 딱 알맞다.

어쨌든 물건을 사려는 사람은 될 수 있으면 값을 깎아서 사려고 하고 반대로 물건을 파는 상인은 될 수 있으면 가장 비싼 값에 팔고 싶어 하는 곳이 시장[1]이다.

그런데 시장[2]을 시장으로 보지 않고 '전능의 힘'으로 생각하는 사람이 있단다. 시장을 우리들 각자가 품은 꿈을 실현시킬 수 있는 자리로 볼 수는 있지만 무슨 근거로 시장을 전능하다고 믿는지는 잘 모르겠다.

반대로 '모든 악의 근원'으로 시장을 지목하는 사람들도 있다. 과거 사회주의 사회에서도 존재했던 시장이다. 제대로 된 시장이 없으면 암시장이 있었고, 북한에도 장마당이 있다. 인간의 온갖 심리가 모여 있는 곳이 시장인데 그곳을 모든 악의 근원으로 폄훼한다면 인간의 경제행위를 너무 폄훼하는 게 아닐까. 시장에선 인간의 심리와 감정이 한데 모여 있다

---

1) 칼 월렌람, 이지원 옮김, 주식투자의 군중심리, 서울:리더스북, 2008, 76쪽.
2) 조준현, 19금 경제학, 서울:인물과 사상사, 2009, 62쪽.

보니 추악한 면도 심심찮게 볼 수 있지만, 반대로 건강한 모습도 어렵지 않게 찾아볼 수 있지 않은가.

한편 시장, 특히 우리가 관심 갖고 있는 금융시장을 긴장과 흥분으로 가득 찬 세계로 알고 있는 사람도 있다. 이 말에 뜨끔하지 않은가. 아니라고? 우리 한번 솔직해지자. 필자를 포함한 많은 사람들이 한때나마 시장을 대박을 터뜨리는 곳으로 여기지 않았는가 말이다.

인기리에 방영된 드라마 〈응답하라 1988〉 말고, 그 드라마가 주목했던 1980년대 말로 눈을 돌려 보자. 그동안 한국 증시가 보여 준 모습을 돌이켜 보면, 증시가 호황을 넘어 과열되는 모습을 보이자 대부분의 시장 참여자들은 시장을 따라 흥분하기 시작했다. 사람들은 시장을 수요와 공급에 의해 가격이 결정되는 합리적인 곳이 아니라 일확천금을 꿈꾸게 해 주는 투기장으로, 날마다 황금알을 낳아 주는 거위로 생각하기 시작했다.

당시엔 '여의도에선 강아지도 10만 원권 수표를 물고 다닌다'는 말이 나돌았다. 그때 기준으로 한국에서 증시가 호황이었을 때 이를 빗대어 나온 말이었다. 개가 수표를 물고 다닌다는 말이 나올 정도로 흥청망청거리는 곳에서 건전한 사고와 합리적 의심을 할 수 있는 사람이 얼마나 될까. 당시 사람들에게 증권시장은 시장 이상의 존재였다.

그리고 시장이 크게 활기를 띠면 오늘 비싼 가격을 주고서라도 상품, 바로 주식을 구입하지 않으면 두 번 다시 살 기회를 갖지 못할 것 같은 조바심에 사로잡힌 개미 투자자들을 우리는 숱하게 보아 왔다. 부끄럽지만 필자 역시 그런 면에서 자유롭지 못하다. 하지만 냉정을 잃지 않는 독자 여러분들은 결코 시장을 아드레날린 분출 장소로 여기지 않는다고? 여러분을 감히 과소평가해서 미안하다.

시장을 움직이는 심리를 탐욕과 공포라고 본다면 그 심리를 반영한 게 바로 수요와 공급이며, 가격은 수요와 공급에 의해 결정된다. 학교 수업시간에 '수요곡선'과 '공급곡선'을 교과서에서 봤을 것이고, 두 곡선이 만나는 점에서 가격이 형성된다는 말을 선생님에게 배웠을 것이다.

교과서에도 나오는 기초적인 내용을 우리는 잊고 시장에 진입할 때가 종종 있는 듯하다. 그러니 시장을 시장으로 보지 않고 도박장으로 착각하는 사람이 있지 않겠는가.

문제해결의 실마리는 의외로 단순한 곳에 있다. 고리타분하다고 여겼던 학교 교과서, 그것을 가르치는 선생님의 말을 다시금 음미해 볼 필요가 있다.

우리는 명심해야 한다. 쓸데없이 객기 부리다 호된 대가를 치를 수도 있다는 것을.

3.2 시장의 특성

"용병의 형세는 물과 같은 형태를 띠어야 한다. 물이 흘러감은 높은 곳을 피하여 아래로 달려간다." -《손자병법》'허실 편'[3]에서

그런데 물과 같은 부드러움을 강조하는 것은 손자(孫子)뿐만이 아니다. 태공망(太公望) 역시 《육도삼략》'군참 편'을 통해 '부드러움'이 지닌 힘을 설명하고 있다. 태공망(실제로는 그의 이름을 빌려 쓴 무명의 저자)

---

3) 손자, 김원중 옮김, 손자병법, 파주:글항아리, 2011, 174쪽.

은 "부드러움이 딱딱함을 이기고, 약한 것이 강한 것을 이긴다."며 유연함을 강조했다. 그렇다고 언제나 부드러움만을 강조한 것은 아니다.《육도삼략》은 부드러움을 인덕, 딱딱함은 재앙이라고 말했지만 부드러움이 필요할 때에는 부드러움을 베풀고, 딱딱함이 필요할 때에는 딱딱함을 시행하며, 약함이 필요할 때에는 약함을 보여 주고, 강함이 필요할 때에는 강함을 써야 한다고 주장했다. 전쟁터에서 장수는 딱딱함과 부드러움, 강함과 약함을 적절하게 섞어 가며 때와 상황에 따라 움직여야 한다는 것이다.

부드러움과 강함을 적절히 구사하는 것은 비단 전쟁터에서만 유효한 것이 아닐 것이다.

《육도삼략》은 "나라에 부드러움과 나약함만 있다면 그 나라는 반드시 약해지며, 딱딱함과 강함만 있다면 그 나라는 반드시 멸망한다."[4]는 말도 덧붙였다. 문약(文弱)했던 중국 송(宋)나라와 무력을 중시한 고대 그리스의 스파르타를 떠올리면 그리 이해 못할 일은 아니다.

부드러움이 가지고 있는 힘은 노자(老子)도 말한 바 있다. 그는 "세상에서 가장 부드러운 것이 가장 단단한 것을 녹이고 부술 수 있다. 형태가 없는 것은 틈이 없는 곳으로 뚫고 들어갈 수 있다. 이로써 나는 억지로 하지 아니하는 것이 얼마나 위력이 있는지를 안다."[5]고 했다. 물은 매우 부드럽고 연약하지만 바위를 뚫고, 거센 불길도 잠재우며 도시 하나도 집어삼킨다.

---

4) 태공망, 황석공 지음, 유이환 옮김, 육도삼략, 서울:홍익출판사, 1999, 228~231쪽.
5) 노자, 정창영 옮김, 도덕경, 서울:시공사, 2000, 124쪽.

물 흘러가듯 흘러가는 게 세상이다. 어떤 위정자들이 자기 뜻대로 움직이려 해도 억지로 돌아가지 않는다. 시장도 그렇다. 우리 마음대로 할 수 없고, 제 가고 싶은 대로 가는 게 시장이다.

주식시장에서 작전세력이 인위적으로 주가를 조작하지만 그들이 그렇게 할 수 있는 것은 일부 종목이지 시장이 아니다. 하루 거래량이 4조 달러[6]에 이르는 외환시장에서 작전세력이 시장을 조작한다는 것은 어림 반 푼어치 없는 일이다. 외환시장에는 현물거래 외에도 'FX마진거래'와 '통화선물'을 비롯한 여러 파생상품시장이 있고, FX마진거래와 파생상품 거래량이 전체 시장에서 비중이 그리 크지 않다 하더라도 제각각 움직이진 않는다. 이번엔 시장 참여자 수를 무시할 수 없기 때문이다.

FX마진시장에서는 해외 브로커들이 고객들을 상대로 가끔씩 장난을 친다는 말이 한때 나돌았고, 지난 2008년 금융위기가 닥치기 직전에 해외 투기세력이 역외차액결제선물환(NDF) 시장을 통해 한국 정부와 맞섰다는 뉴스가 있었지만, 그들이 가격 자체를 조작할 순 없었다.

시장은 인간의 탐욕과 공포에서 나온 수요와 공급에 따라 움직일 뿐이다. 그런 시장을 예상하려 한다는 게 어떤 의미에서는 무의미해 보일 수도 있다. 시장은 물이 흐르는 방향으로 흘러가는데 말이다.

깊은 산속 상류에서 바다를 눈앞에 둔 하류까지 강이 흐를 때, 강물은 늘 도도하게만 흘러가지는 않는다. 소용돌이가 치기도 하고 일시적으로 물이 역류하기도 한다. 하지만 강물은 상류에서 하류로, 위에서 아래로 흘러간다. 이와 마찬가지로 시장도 일정 범위를 벗어나 극단적으로 움직

---

6) BIS(Bank for International Settlement, www.bis.org)

이더라도 시간이 지나면 스스로 바로잡는다.[7]

　시장을 움직이는 힘은 가격이다. 가격은 무엇으로 움직일까. 교과서에서는 수요와 공급이라고 가르친다. 그리고 최소한 우리들의 시장에서 수요와 공급은 인간의 탐욕과 공포로부터 큰 영향을 받는다고 본다. 굳이 케케묵은 먼지를 마셔 가며 옛날 신문을 뒤적일 것도 없이, 시장에 인간들의 탐욕이 득실거리면 가격은 올라가고 공포가 시장을 짓누르면 가격은 내려간다는 건 경험적으로 알고 있을 것이다. 금융투자시장은 인간의 심리가 많이 반영돼 있다.

　'시장은 수요와 공급에 의해 움직인다'는 말은 시장은 외부의 영향에 의하지 않고 그 자체로 돌아간다는 소리이기도 하다. 예를 들어 2008년 세계 경제는 '금융위기' 때문에 곤두박질쳤다. 그 후로 국제 경제, 그리고 한국 경제는 오랫동안 수렁에서 헤어나지 못했다.

　하지만 시장, 우리들의 관심분야인 '금융시장'은 달랐다. 금융위기 순간에는 금융시장이 위기의 근원지였기에 바닥으로 수직 낙하했지만 곧 위기 이전으로 회복됐다. 금융위기 다음 해인 2009년에는 여전히 경제가 공황상태였음에도 주가는 상승했다.

　'2017년 한국 경제'를 '이보다 더 좋을 수 없다'느니, '단군 이래 호황'이라느니라는 말로 평가하는 이는 아무도 없었다. 더구나 북핵 위기는 더욱 높아져 한반도 무력충돌을 걱정할 지경이었지만 주식시장에서 코스피(KOSPI)는 사상 처음으로 2,500선을 돌파했고, 원-달러 환율도 1,100원대에서 안정적으로 움직였다.

---

7)　김정환, 차트의 기술, 고양:이레미디어, 2006, 376쪽.

이렇듯 시장은 그 자체로 움직인다.

얘기를 금융위기 당시로 돌려 보면 각종 지수가 곤두박질쳤다 해도, 실은 시장 강세론자와 약세론자 간의 대결에서 그저 약세론자가 승리한 것에 불과한 것인지도 모른다.

그래서 어떤 사람들은 이곳에서 자기 욕심을 채우기도 하고, 누구는 공포감을 이기지 못하고 시장에서 도망치기도 한다.[8]

3.3 시장에 맞서지 말라

누구나 한 번쯤 들어 봤음 직한 말이 있다.

"시장은 항상 옳다."

추세추종론자인 제리 파커(Jerry Parker)는 "시장은 결코 틀리지 않다."[9]라고 말한 바 있다.

한편 헤지펀드 매니저 조지 소로스(George Soros)는 《금융시장의 새로운 패러다임》이란 책에서 '시장은 항상 옳다'는 말을 "환상"[10]이라고 평가 절하했다. 오히려 그는 "시장은 항상 옳은 것이 아니라 언제나 틀리다."라고까지 말했다. 시장은 잘못을 스스로 바로잡을 수 있고, 오류를 진실처럼 보이게도 하기에 항상 옳게 보인다는 것이다.

---

8)   이상건, 부자들의 개인 도서관, 서울:랜덤하우스중앙, 2005, 73쪽.
9)   마이클 코벨, 이광희 옮김, 추세추종전략, 서울:더난출판, 2005, 121쪽.
10)   조지 소로스, 황숙혜 옮김, 금융시장의 새로운 패러다임, 서울:위즈덤하우스, 2008, 118쪽.

인문학이 들려주는 트레이딩 원리

카지노에서 두 사람이 포커를 한다. 한 사람은 이미 '트리플'을 완성하고 더 나아가 '풀 하우스'를 만들어 가는 참이고, 상대방은 고작 '원 페어'에 불과했다. 계속 게임을 하면 누가 이길까. '산전수전' 다 겪은 여러분은 코웃음 치며 말할지 모른다. 포커에서는 돈 많은 사람이 이긴다고. 자신이 아무리 강한 패를 쥐고 있어도 상대가 판을 매우 크게 키우면 그만이다. 판돈이 부족하면 그 판은 포기할 수밖에 없을 것이다.

카지노에서 게임을 할 때 고객을 상대로 딜러가 이길 확률은 플레이어에 비해 크게 높지 않다. 앞서 언급했듯이 룰렛 같은 경우 딜러, 즉 카지노가 승리할 확률은 52% 남짓이라고 한다. 그러면 플레이어, 즉 고객이 이길 확률은 자그마치 48%나 된다는 소리다. 그리고 최후에 웃는 자는 카지노다. 게임을 계속 진행하다 보면 4%의 우위가 고객보다 자금이 월등히 많은 카지노에 승리를 안겨 주기 때문이다.

시장과 시장 참여자들 가운데 자본금이 풍부한 쪽은 어디일까. 당연히 시장이다. 시장에 맞서면 결국 손해를 보는 쪽은 시장 참여자일 수밖에 없을 것이다. 파커의 말처럼 시장이 항상 옳든, 소로스의 언급처럼 언제나 틀리든, 투자자들에게 시장은 모범답안과 같은 존재다. 학생이 시험을 치른 다음 온갖 이유를 대며 그의 오답도 정답으로 인정해 달라고 선생에게 아무리 떼를 써도 채점결과는 번복되지 않는다.

한편 우리가 시장에 참여하는 이유는 무엇인가. 수익을 얻기 위해서인가, 시장을 분석하는 자기 능력을 자랑하기 위해서인가.

시장이 틀렸고 자기 분석이 옳다며 시장에 반하는 거래를 했는데, 시장이 틀렸고 그의 분석이 옳았다고 밝혀져도 자기 계좌는 이미 마진콜을 당하고 주머니는 빈털터리가 된다면 그런 게 무슨 소용이 있을까.

소로스의 말처럼 시장은 늘 틀릴지라도 자본이 빈약한 우리들은 돈으로 밀어붙이는 시장에 순응할 수밖에 없을 것이다.

이건 단순히 개미 투자자들만의 비애가 아니다. 중앙은행 역시 시장 앞에선 판돈이 부족한 게임 플레이어에 지나지 않는다.

2008년 여름 우리 정부는 환율을 방어하겠다고 공공연하게 밝히고 실제 행동에 옮겼다. 그래서 성공했는가. 외국 외환딜러들의 배만 불려 주지 않았는가. 일본의 아베 행정부는 미국의 눈 밖에 나지 않는 범위에서 엔화 약세를 유도하기 위해 오랜 시간 노력하고 있다. 그 노력 덕에 현재 달러/엔 가격은 세 자릿수를 기록하고 있지만 두 자릿수, 그러니까 엔화 강세로 돌아갈 위험이 늘 존재한다.

경제학자 존 메이너드 케인스(John Maynard Keynes)는 시장은 우리가 감당할 수 없을 만큼 오랫동안 비합리적으로 움직일 수 있다[11]고 했다. 갖고 있는 패가 형편없더라도 시장은 '시간'과 자본이라는 판돈을 마음껏 걸 수 있지만 아쉽게도 우리들에겐 그렇게 충분한 판돈이 없다. 여기서도 파커가 왜 '평균 회귀'를 혹평했는지 곱씹어볼 필요가 있다. 이러니 우리는 시장에 맞서지 말라는 격언을 외면할 수 있겠는가.

노자는 "자연을 정복하여 욕심대로 이용해 보려는 행위는 결코 성공을 거두지 못한다."[12]라고 가르쳤다. 인간이 인간의 잣대로 자연을 재단하려다 어떤 재앙을 맞이하고 있는지는 우리 모두 알고 있다. 인간의 손이 닿으면 닿을수록 망가지는 게 자연이다.

---

11) 로저 로웬스타인, 이승욱 옮김, 천재들의 실패, 서울:동방미디어, 2001, 189쪽에서 재인용.
12) 노자, 앞의 책, 84쪽.

그렇다면 시장은 어떠할까. 조지 소로스는 "세상이 움직이는 이치는 조작의 대상이 아니라 우리가 이해해야 할 문제"라고 말하며 제 마음대로 시장을 해석하고 움직이려는 시도에 대해 경고했다.[13] 시장은 늘 틀리다고 스스로 말했음에도 말이다. 그럼에도 일부 투자자들은 제멋대로 시장을 재단하고 자기가 마련한 틀에 따라 시장을 움직이게 하려는 시도를 가끔씩 한다. 시장을 정복하려다 정복당할 거라는 걸 그 순간에는 망각하는 모양이다. 솔직히 필자라고 해서 이 말에서 전적으로 자유로운 건 아니다.

한편 벤저민 그레이엄(Benjamin Graham)은 "시장은 스승이 아니라 하인이다. 시장이 멍청한 짓을 벌일 때가 시장을 이용할 기회"[14]라고 말했다. 우리가 막연히 두려워하기만 할 대상은 아니라는 것이다.

경제학 책을 펼쳐 보면 '효율적 시장가설'이란 말이 나온다. 시장을 분석할 때 기본 전제로 삼는 것인데, 이 가설은 시장 가격에는 모든 정보가 반영돼 있어서 누구도 초과 수익을 낼 수 없다고 설명한다.

하지만 우리는 경험적으로 가설은 가설일 뿐이고, 이론과 실제는 다른 법이라는 걸 안다. 어찌 복잡하기 짝이 없는 세상이 학교에서 배운 알량한 지식과 이론대로만 움직이겠는가. 그래서 〈무한상사〉에 재직 중인 유재석 부장은 '예능하고 사회는 다르다'고 직원들에게 일갈하지 않았나.

---

13) 조지 소로스, 앞의 책, 99쪽.
14) 대니얼 피컷; 코리 렌, 이건 편역, 워런 버핏 라이브, 서울:에프엔미디어, 2019, 192쪽에서 재인용.

4.

무위자연

4.1 산은 산이요, 물은 물이로다

내가 눈으로 직접 확인하진 못했지만 인터넷에서 떠돌던 이야기다. 오래전 어느 식당 한편에는 다음과 같은 심오한 말이 적혀 있었다고 한다.

"산은 산이요, 물은 셀프로다."

독자 여러분도 잘 알다시피 오래전 성철 스님의 신년법어를 패러디한 것이다. 수많은 패러디를 낳은 성철 스님의 말씀은 고대 인도와 옛 중국에서 전해지는 이야기에서 가져온 것이다.

아주 오랜 옛날 어느 스님이 말하길, 젊었을 적 산을 보니 산이었고 물을 보니 물이었다. 그가 참선을 시작하고 깨달음에 들어선 다음에 산을 보니 산이 아니었고, 물은 물이 아니었다. 다시 세월이 흐르고 노승이 되어 쉴 곳을 찾고 나서 산과 물을 다시 보니 산은 산일 뿐이고, 물은 물일

인문학이 들려주는 트레이딩 원리

뿐이었다[1]는 고사에서 '산은 산이요, 물은 물이로다'라는 말이 나왔다.

산이 산처럼 보이고 물이 물처럼 보이기 위해선 어느 순간 산이 산처럼 보이지 않고 물이 물처럼 보이지 않는 혼돈, 이른바 슬럼프와 고통 따위를 겪을 수밖에 없다는 말이 아닐까.

거창하게 '깨달음'을 들먹이지 않더라도 우리가 무언가에 익숙해지고 그것을 능숙하게 다루기 위해선 많은 연습과 시행착오를 겪어야 한다는 것을 경험으로 안다. 학문이나 예술은 물론이고 운동이나 우리 일상에서 그 예를 어렵지 않게 찾아볼 수 있다. 잘나가던 운동선수, 예술가들은 어느 때가 되면 부진을 겪고 슬럼프에 빠지곤 한다. 그 고난을 극복하고서야 한 단계 성장한 모습을 사람들에게 보인다.

트레이더 역시 수많은 시행착오와 슬럼프와 손실이라는 아픔을 겪어야 하며 훈련으로 단련돼야 한다는 말에 이의를 제기할 독자는 없을 거라 생각한다.

처음부터 줄곧 승승장구하는 트레이더는 거의 없다. 트레이더들은 거래에서 실패를 거듭하고, 때로는 슬럼프를 겪고 이를 극복하는 과정에서 산이 산처럼 안 보이고 물이 물처럼 안 보이는 혼돈을 겪는다. 그 과정을 극복한 다음에서야 비로소 산이 산처럼 보이고 물이 물처럼 보이는 단계에 이르게 된다. 이는 비단 트레이더에게만 해당되는 사항은 아닐 것이다.

시장에서 수익을 내는 방법은 무척 간단하다. 콩나물을 사고파는 동네

---

1) 《오등회원》 권17 〈청원유신선사〉, 왕보, 김갑수 옮김, 장자를 읽다, 서울:바다, 2007, 344쪽에서 재인용.

시장이든 주식을 거래하는 증권시장이든 거래는 싸게 사서 비싸게 파는 것이다. 산은 산이고 물은 물인 것이다.

문제는 지금 가격이 싼 건지 혹은 적절한 것인지, 아니면 비싼지 알 수 없다는 점이다. 심지어 한없이 비싸 보이는 가격도 저렴해 보이는 경우가 생긴다. 그래서 실제 거래에선 가격이 비쌀 때 사서 쌀 때 팔고는 거래를 후회하는 경우를 종종 겪는다.

추세추종론자들은 시장에서 비싼 가격은 없다고 말한다. 시장에 진입하기 적당한 가격이 있을 뿐이라는 것이다. 그래서 그들은 평범한 개미들이 가격이 너무 상승했다고 꺼리는 종목도 거리낌 없이 매수하면서 손실을 입기도 하고 큰 수익을 거두기도 한다.

그런 모습을 옆에서 지켜보고 있자면 초등학생들도 이해하는 '비싸다'와 '싸다'의 뜻도 제대로 알 수 없게 되는 혼란에 빠지고 만다. 이래저래 트레이딩은 힘들다.

초보 투자자들은 큰 손실을 여러 번 입으면서 부족한 자기 실력을 인정한 뒤 이 책 저 책 사서 공부하기 시작하고, 세미나나 유료 강좌를 들으며 실력을 연마하기 시작한다. 문제는 공부한 만큼 곧바로 수익이 나지 않는다는 점이다. 도리어 배운 대로 했더니 손실이 발생하기도 한다. 비싸다고 생각했던 가격은 지나고 보니 싼 것이었고, 싸다고 생각한 가격은 사실 터무니없이 비싼 값이었다. 당연히 시장 참여자는 혼란스럽고 자기가 배운 지식을 의심한다.

그래서 그동안의 지식을 무시하고 자신의 직감만 믿고 매매를 하면 그의 계좌는 더 망가질 뿐이다.

그런 혼돈을 한바탕 치른 다음에야 조금씩 시장이 눈에 들어올 것이다.

인문학이 들려주는 트레이딩 원리

해탈의 경지에 이르지는 못하더라도 적어도 조금씩 산이 산으로 보이고 물이 물처럼 보이기 시작하는 것이다.

필자가 애써 출처를 찾아 가며 소개하지 않아도 모두가 알고 있는 말이 있다.

"공부에는 왕도가 없다."

공부 잘하는 데에는 지름길이 없고, 그저 주어진 단계를 다 밟고 지나가야 한다. 트레이딩도 마찬가지라는 건 독자 여러분도 동의할 것이다.

산은 산이고 물은 물일 뿐이다. 산이 산처럼 안 보이고 물이 물처럼 안 보이는 것은 보는 사람이 산을 산으로 보고 물을 물로 보기 위한 통과의례를 겪고 있는 것이리라. 그 혼돈과 시행착오를 극복해 내는 것은 오롯이 그의 몫이지 누가 해결해 줄 수 있는 게 아니다.

시장이 어디로 갈지 예측하는 건 매우 어렵다. 오히려 시장의 방향을 예측한다는 건 무의미해 보이기까지 하다. 대신 시장이 사람들의 탐욕과 공포에 따라 물 흐르듯 움직인다는 것을 안다. 그리고 시장은 늘 옳다는 것도 알고 있다. 시장이 비합리적으로 움직인다면 그것은 시장 참여자들의 비합리적인 요소가 일시적으로 시장에 반영된 것이지 시장 자체가 물길을 거스르며 움직인다는 소리는 아니다.

옛 성현들은 부드러움을 강조하면서 부드러움과 강함을 적절히 구사할 것을 당부했다. 그렇다면 시장 참여자들은 그저 그 흐름에 몸을 맡기는 게 낫지 않을까.

시장은 도도히 흘러가기만 하는 강물이 아니다. 소용돌이치며 모든 걸 휩쓸고 내려가는 강물 앞에서는 강물에 뛰어드는 어리석음 대신 정신을 바짝 차리면서 강물을 주시하고, 유유히 흘러가는 강물 위에서는 작은 배를 타며 조용히 낚시를 즐기는 자세가 필요하지 않을까. 폭우가 내리고 천둥 같은 소리를 내며 흐르는 강물에 그물을 던질 필요가 없고, 호수처럼 조용히 흐르는 강물을 무서워하며 낚시를 포기할 필요도 없을 것이다.

노자(老子)는 "늘 이름이 없으며, 계곡 시냇물이 강과 바다로 가는 것과 같다."[2]라는 말로 도(道)를 설명한다.

그리고 장자(莊子)가 보는 자연은 특별히 하는 것도 없지만 하지 못하는 것도 없고 인간은 그곳에서 일부분으로서 존재하고 함께 흘러간다. 이처럼 그는 자연과 인간이 연속되어 있다고 보기 때문에 자연과 인간을 분리하지 않는다.[3]

이를 시장에 적용해 보면, 시장과 시장 참여자는 별개로 존재하는 게 아니라는 것쯤으로 받아들일 수 있지 않을까. 시장 참여자, 바로 투자자들 각자의 행동이 모여 시장의 힘과 움직일 방향을 결정하고, 시장 움직임은 투자자들의 판단에 직접적인 영향을 끼친다.

가장 좋은 것을 물과 같다고 했다. 누구와도 다투지 않으며 무엇을 억지로 하는 법 없이 만물을 이롭게 해서다. 그래서 도를 터득한 사람은 물처럼 낮은 곳에 몸을 두고 물이 그러하듯 다투거나 경쟁하지 않는다[4]고 한다. 시장 역시 그러할 것이고 시장 참여자 역시 그래야 하지 않을까.

---

2) 김광하, 노자 도덕경, 서울:너울북, 2005, 202쪽.
3) 정용선, 장자의 해체적 사유, 서울:사회평론, 2009, 28~31쪽.
4) 노자, 정창영 옮김, 도덕경, 서울:시공사, 2000, 28쪽.

인문학이 들려주는 트레이딩 원리

4.2 추세추종

독자 여러분들이 학생이었을 때 적어도 한 번쯤은 하고 있는 공부에 회의를 느꼈을지 모르겠다. 그리고 잠시나마 공부를 등한시했을지도. 필자는 당시 몸은 책상 앞에 앉아 있지만 머릿속은 엉뚱한 곳에서 뛰놀고 있던 적이 많았다.

그런 모습을 보면서 부모님, 선생님들은 한마디씩 하셨다.

"공부에는 때가 있다."

하루가 다르게 딱딱하게 굳어져 가는 내 머리를 보면 공부에도 때가 있는 것 같긴 하다. 늦은 나이에 새롭게 배움을 시작하면 어린 학생들보다 몇 배의 노력을 기울여야 할 때면, 그말이 더욱 실감난다.

비단 공부뿐 아니다. '결혼은 타이밍'이라는 말에서 알 수 있듯이 결혼도 두 사람이 동시에 상대방과 결혼하고 싶은 '때'를 만나야 한다. 당연히 큰일을 도모할 때도 때를 잘 만나야 한다.

영화나 가요는 물론 문학에서도 '때'를 잘 만나야 하는 모양이다. 이제 J. R. R. 톨킨이 쓴 《반지의 제왕》을 모르는 이는 없을 것이다. 영화로도 제작돼 큰 인기를 끌었으니 말이다. 그런데 이 책은 이미 오래전에 국내에 번역돼 소개됐다는 사실을 아는가. 당시에는 큰 인기를 끌지 못했지만 문학과 영화, 게임에서 '판타지 문화'가 유행을 끌자 비로소 톨킨의 작품은 J. K. 롤링의 《해리 포터》 시리즈와 함께 큰 인기를 끌었다.

'판타지'라는 유행을 제대로 타지 못했다면 '판타지'를 소재로 한 여러 작품들이 인기는 고사하고 독자와 관객들에게 제대로 소개나 됐을까 싶다.

영사기에 걸리는 영화에도 유행이 있다. 한동안 이른바 '조폭'을 소재로 한 영화들이 인기를 끌더니, 남북 문제를 다루는 영화들이 당시 시대적 흐름에 맞춰 쏟아져 나왔다. 남북 화해 분위기가 급속히 냉각된 시기에는 남북 협력을 다룬 영화는 물론이고 남북 대립을 다룬 영화들도 흥행에서 좋은 성적을 내지 못했다. 또 큰 자본을 들인 사극과 시대극이 관객들을 끌어모으기도 하는데, 현대극 요소를 가미하거나 판타지 요소를 강조하는 이른바 '퓨전 사극'이 유행인 시기에 과거와 같은 정통 사극을 고집한다면, 제작자는 제작비 회수에 많은 고민을 해야 할 듯싶다.

이러니 "때를 아는 자가 준걸"[5]이라는 말이 고리타분한 고전 속에서만 처박혀 있는 말이 아니라 '귀차니즘'에 빠진 현대인들을 다그치는 살아 있는 가르침임을 느끼게 된다.

'때'를 강조하는 말은 《육도삼략》에서도 찾아볼 수 있는데, "빨래는 해가 머리 위에 뜬 한낮에 말려야 한다."[6]며 시기의 중요성을 강조한다.

많은 사람들이 좋아하는 야구는 흐름이 중요한 경기이다. 한 번 흐름을 타면 그 팀은 거침없이 나아가며 경기를 주도하고 나아가 정규리그까지 지배한다.

경기에서 한 팀이 기세를 타고 경기 흐름을 주도할 치라면 주도권을 넘겨주지 않으려고 상대편 코치진의 머릿속은 분주해진다. 괜히 잘 던지는 투수를 교체하기도 하고, 대타를 기용하기도 한다. 고전적인 수법으로 감독이 별것 아닌 것을 트집 잡아 심판진에게 항의해 시간을 끌며 경기 흐름을 끊기도 한다.

5) 장연 지음, 조준상 그림, 만화 병법36계, 서울:김영사, 1999, 41쪽.
6) 태공망, 황석공 지음, 유이환 옮김, 육도삼략, 서울:홍익출판사, 1999, 58쪽.

축구 경기도 다르지 않다. 오래전 대한민국 국가 대표팀이 해외 원정경기에서 패하면, 불공정한 심판 판정이 패인으로 거론되곤 했다. 상대 팀이 기세를 올리기 시작하면 한국 팀이 반칙으로 흐름을 끊으려 하는데, 심판은 어드밴티지를 적용해 휘슬을 불지 않고 경기를 진행하고, 한국 팀이 흐름을 타려고 하면 심판이 상대가 파울을 범할 때마다 경기를 중단시켜 경기 맥을 끊어 놓는다는 것이다.

시합에서 경기 주도권으로 나타나는 기세는 실력 못지않게 승패를 좌우한다.

싸움에선 용맹함이 전부는 아니다. 야구나 축구처럼 흐름을 잘 타야 한다. 폭풍우가 세차게 몰아치면 폭풍우가 잠잠해질 때까지 기다렸다가 피해 복구에 나서고, 지진이 발생하면 일단 실내에서 몸을 보호한 뒤 지진이 멈췄을 때 밖으로 대피하는 것처럼, 상대방의 기세가 강하면 자기 힘은 아끼면서 상대방의 기운이 한풀 꺾일 때까지 기다려야 하고 때가 왔으면 바다를 뒤엎을 기세로 달려가야 한다.

"전략을 잘 쓰는 자는 기다릴 때와 공격할 때를 잘 아는 자"[7]라는 말처럼 트레이딩 역시 '때'를 잘 만나야 하고, 차트의 흐름을 잘 타야 하지 않을까. 그런데 안타깝게도 필자는 생각과 행동이 굼떠서 '때'를 잘 타지 못해 문제다.

일단 흐름을 타면 손자의 말처럼 "한껏 움츠려 있다가 일단 움직이면 단숨에 높은 곳까지 올라야"[8] 한다. "물 들어올 때 노를 저어라."라는 우

---

7) 장연, 앞의 책, 41쪽.
8) 위의 책, 41쪽.

리 옛말을 다시 한 번 음미해 보자. 우리는 자연스럽게 차트의 흐름, 추세를 거스르지 말고 잘 따라야 한다는 결론을 얻을 것이다. 이 추세에 따라 거래하는 방법이 '추세추종 전략'이다.

시장 참여자들에게 '추세추종 전략'은 무척 귀에 익은 전략이다. 이것은 윌리엄 더니건(William Dunnigan)과 리처드 돈치안(Richard Donchian) 등이 고안하고 리처드 데니스(Richard Dennis)가 완성한 투자 기법으로 글로벌 선물시장에서 효과를 입증해 보였고, 헤지펀드에서 즐겨 사용하는 거래방법 가운데 하나다.[9]

'추세추종 전략'은 단순하다. "손실은 최소화하고, 이익은 최대한 굴리는 것"[10]이다. 손실을 최소화하기 위해선 손해 보는 포지션을 과감히 청산하는 '손절매'를 철저히 하고, 이익이 나고 있는 거래는 조급히 청산하지 않고 이익을 최대로 낼 때까지 보유해야 한다. 상승 추세가 한창인데 적은 이익에 만족하고 매수한 종목을 일찍 청산할 필요는 없을 뿐 아니라, 그런 매매형태는 수익과 손실을 관리하는 면에서도 바람직하지 못하다.

추세추종 트레이더들은 기계적으로 매매를 하는데, 오로지 정해진 규칙에만 의지해 거래한다. 이러한 기계적인 거래 시스템[11]을 만들어 놓으면 마음 편히 시장에서 거래할 수 있다.

추세추종 전략에 의한 거래방법은 그리 어렵지 않다. '신고가 돌파시스템'과 'N최고가 돌파시스템'을 비롯한 여러 가지 전략이 있지만 큰 틀에서

---

9) 박미영, 한국주식매매에 추세추종전략의 적용과 자금관리가 매매에 미치는 영향, 국민대학교 석사학위논문, 2012, 1쪽.
10) 최승욱, 최승욱's 부자들의 배팅투자법, 서울:다산북스, 2007, 209쪽.
11) 마이클 코벨, 이광희 옮김, 추세추종전략, 서울:더난출판, 2005, 38쪽.

인문학이 들려주는 트레이딩 원리

보면 방법은 같다. '신고가 돌파시스템'은 전체 시간 동안 최고가, 즉 신고가(新高價)를 기록하거나 최고가와 같은 가격으로 그날 거래를 마치면 다음 날 시가로 시장에 진입하는데, 가장 순수한 형태의 추세추종 진입이다.[12] 'N최고가 돌파시스템'은 전체 거래기간이 아닌 정해진 기간 동안의 최고가를 기준으로 한다.

돈치안은 추세추종 전략을 통해 시장에서 좋은 성적을 거둔 트레이더 가운데 한 명이다. '추세추종 거래의 아버지'로도 불리는 그는 1950년대부터 1970년대까지 놀라운 거래실적을 올렸다고 한다.

그의 제자 가운데 한 명인 바버라 딕슨(Barbara Dickson)은 "가격 움직임을 예상하려는 어떠한 시도도 하지 않는다."라는 말로 추세추종 거래의 핵심을 설명한다. 추세추종 전략을 따르는 트레이더는[13] 시장 진입과 철수 조건만 생각하고 투자 결정을 내릴 때 감정적 판단을 배제한다.

추세에 따라 거래하는 트레이더들이 감안하는 요소는 그저 '가격' 하나다. 시장 가격은 객관적인 자료[14]라는 이유에서다. 추세추종론자 가운데 한 명인 윌리엄 에크하르트(William Eckhart)[15]는 "순수하게 가격을 따르는 트레이딩은 북극점과 유사하다."며 가격을 따라가는 것보다 더 좋은 전략은 없다고 강조했다. 그래서 그와 리처드 데니스는 '터틀(turtle)'이라고 이름 붙인 교육생들을 가르쳤는데, 그들이 시장에 진입하고 철수할 조건은 열심히 계산해도 〈월스트리트저널〉과 같은 경제신문은 읽지 못하

---

12) 박미영, 앞의 글, 8쪽.
13) 마이클 코벨, 정명수 옮김, 터틀 트레이딩, 서울:위즈덤하우스, 2008, 92~93쪽.
14) 마이클 코벨, 이광희 옮김, 앞의 책, 46쪽.
15) 마이클 코벨, 정명수 옮김, 앞의 책, 121쪽.

게 했다.[16] 워런 버핏처럼 기본적 분석에 몰두하는 사람들과는 대비되는 면이다.

추세추종론자들이 시장에 대해 어떤 예측도 하지 않는 까닭은 간단하다. 시장이 언제 어떻게 변할지 아무도 모르기 때문이다. 한국에서는 내일 코스피 지수나 코스피 선물지수를 기가 막히게 알아맞힌다는 소리를 듣는 사람들이 가끔 나오긴 하는데, 그런 사람들은 대개 경찰서에서 대중들에게 마지막 근황을 알린다.

추세추종론자들은 트레이더의 경험과 과거의 기록이 아니라 현재 가격이 추세를 만들고 미래를 예측한다고 본다. 그저 추세만 좇아서 거래하는 트레이더는 자신이 옳다고 생각하지 않으며, 자신이 정한 손절매 규칙을 발동할 때가 되면 손실이 발생한 거래를 청산하고 다음 거래로 넘어갈 뿐이다.[17]

대신 추세추종론자에게는 규칙 준수가 매우 중요하다. 트레이더의 감정 등을 개입시켜 그 규칙을 어기면 어찌할 수 없을 정도로 계좌를 망가뜨릴 수도 있기 때문이다.[18] 그런 의미에서 '추세추종 전략'은 '시스템 트레이딩'과 크게 다를 바 없다.

과연 추세추종 전략이 정말 효과적일까. 판단은 여러분의 몫이다. 그런데 실제 추세추종 전략을 코스피(KOSPI)에 포함되는 개별주식 매매에 적용해 보니, 성과가 있었다는 연구 결과[19]는 있다.

---

16) 위의 책, 167쪽.
17) 위의 책, 92~93쪽.
18) 마이클 코벨, 이광희 옮김, 앞의 책, 39쪽.
19) 박미영, 앞의 글, 36쪽.

인문학이 들려주는 트레이딩 원리

'추세추종 전략'이 우리에게 주는 가르침은 단순하다. 누군가의 말처럼 원칙을 세우고, 원칙을 지키는 일이다. 그리고 시장에 대해 자만하지 않는 것이다.

한편 그저 가격 흐름에 따라 거래하는 추세추종론자들에게 가격이 너무 올랐다든지 오를 만큼 올랐다고 말하는 것은 적절하지 않다. 그들은 신이 아닌 만큼 누구도 가격이 너무 올랐는지 혹은 너무 떨어졌는지 알 수 없으며, 알 필요도 없다고 말한다.

지금은 '코스피'라는 말로 바뀐 한국의 종합주가지수는 오랫동안 일정한 범위 안에서 상승과 하락을 반복했다. 종합주가지수가 1,000을 넘으면 언론은 떠들썩했고, 사람들은 이제 새로운 시대가 시작됐다며 흥분했지만, 얼마 뒤 주가지수는 1,000 이하로 떨어지는 일이 반복됐다. 그러다가 2000년대 후반에 코스피라고 이름을 바꾼 뒤, 1,000을 돌파하더니 순식간에 2,000을 넘어섰다. 그 후로 코스피는 2,000을 중심선으로 오르내리다가 2017년에 2,500선을 돌파하곤 다음 해엔 2,000대까지 밀렸다. 2008년 금융위기가 몰아쳤을 때 주가는 곤두박질쳤지만 1,000 이하로 내려가지는 않았다. 시장을 비관적으로 본 사람들도 최저치를 1,500대로 내다봤다. 오랫동안 언론에서 떠들어대던 새로운 시대가 시작된 것이다.

만약에 주가가 1,000을 돌파했을 때 '가격이 너무 올랐다'는 이유로 매수를 주저했다면 어떤 결과를 얻었을까. 이렇듯 시장 참여자들이 '가격이 너무 높다, 이제 떨어질 때가 됐다'고 말하는 것은 적절치 않다. 그럼에도 우리는 가격을 예측하는 데 많은 노력을 기울이기는 한다. 하지만 예측은 예측에 그쳐야지 그것을 절대시하면 안 될 것이다.

이런 까닭으로 추세추종론자는 가격이 오르면 사고, 떨어질 때 팔면 그

뿐이라고 말한다. 그렇다고 해서 초보자들처럼 추격매수해서 상투를 잡으라는 소리는 아닐 것이다. 추세추종론자들은 시장 진입과 철수 계획을 세워 놓고 그 계획을 철저히 지키며 매매할 뿐이다.

요즘은 개미 투자자들도 공부와 연구를 하며 거래를 하기 때문에 과거와 같이 호락호락한 상대는 아니다. 하지만 시장에는 아직 수업료도 내지 않은 초심자들이 계속 입장한다. 야생에서 사자, 하이에나와 같은 육식동물들이 병들었거나 갓 태어난 초식동물을 사냥감으로 삼듯이, 시장에 갓 들어온 이들도 누군가의 먹잇감, 물량받이가 될 것이다. 하지만 누군가의 먹잇감이 됐다고 해서 낙담할 것까진 없을 것이다. 처음 시련을 잘 넘기면 그 비용과 아픔을 수업료로 여길 테니까.

4.3 위험 없이 수익 없다

인터넷을 이용해 PC방에서 컴퓨터로 게임하고, 심지어 스마트폰으로 게임에 몰두하는 지금과는 달리 인터넷이란 말조차 몰랐던 시절, 친구들과 대낮부터 모이면 하라는 공부는 안 하고 당구장에 가거나 학생회실에서 함께 기타 치며 노래를 부르곤 했다. 가끔씩은 컴퓨터 게임이 아니라 여러 사람이 모여서 진행하는 진짜 게임을 하기도 했는데, 어떻게 하는지 모른다고 발을 빼는 녀석이 있으면 꼭 이 말을 했다.

"맞으면서 배우면 돼."

게임에서 지는 사람에게는 늘 벌칙이 따랐는데, 벌칙은 대개 진 사람을 가운데에 놓고 그의 등을 가볍게 두들겨 주는 것이었다. '가볍게'의 기준이 너무 상대적이라는 게 문제긴 했다. 그렇게 몇 번 벌칙을 받다 보면 자연스레 게임 규칙과 요령도 알게 되고, 그다음엔 게임을 즐겼다. 맞으면서 게임 규칙을 배우는 건 일종의 통과의례가 아니었나 싶다. 필자는 그런 통과의례가 싫어서 게임할 땐 멀찍이 떨어져 있었다.

이름이 어떻게 불리든 '맞으면서 배우는' 과정은 어디에서나 나타난다. 하다못해 다 큰 어른들만 드나드는 시장에서도 그런 통과의례가 존재하는데, 어떤 사람들은 그걸 '수업료'라고 부르기도 한다.

처음부터 완벽하게 준비를 하고 일을 진행하기란 현실적으로 어렵다. 또 철저히 준비했다고 해도 일이 뜻한 대로 움직이는 경우보다 예상치 못한 곳으로 흘러가는 경우가 더 많다. 인간의 심리가 모두 모인 시장에서 개개인의 생각을 모두 파악해 최적화한 결론을 내기가 그리 쉬운가.

손절매를 예로 들어 보자. 100만 원에 산 주식을 80만 원에 팔아 손실을 확정 짓는 손절매가 중요하다는 것은 우리 모두 안다. 시장에 들어오기 전에 이 책 저 책 기웃거렸다면 누구나 손절매의 중요성을 강조한다는 걸 잘 알아차렸을 것이다. 그리고 자신이 배운 바를 실천에 옮기기도 할 것이다.

그런데 손절매를 한 다음에 자기가 원하는 대로 가격이 움직이는 것을 몇 번 목격하다 보면 자기가 정한 손절매 원칙에 회의를 품기 마련이고, 손절매 크기에 대해 다시 생각하게 된다. 손절매 크기를 늘렸더니 애초 의도와는 달리 손실만 커지는 것을 지켜보면서 손절매 자체에 대해 회의가 들기도 한다.

배운 대로 거래에 임했음에도 불구하고 수익은 고사하고 손실만 커지는 당혹스러운 상황에 부딪히기도 한다. 앞서 말했듯이 '산은 산이고 물은 물'이라고 알고 있는데 막상 시장에 들어가 보니 '산은 산이 아니고 물은 물이 아닌' 상황에 직면하는 것이다.

다른 일도 마찬가지지만 트레이딩에도 어떤 식으로든 진입장벽이 존재하고 위험도 따른다. 실수하기도, 실패를 맛보기도 한다. 문제는 그런 시련과 맞닥뜨렸을 때 그것을 극복하고 질적인 성장을 이뤄 내느냐, 그대로 주저앉느냐이다. 아픈 만큼 성숙해지는지, 아니면 그냥 아픔이 치명상이 되는지의 문제인 것이다.

시련은 비단 개인뿐 아니라 여느 민족과 국가에도 찾아온다. 고대 로마 역시 예외가 아니었는데, 유럽과 중동 일부를 제패하기까지 로마 역사는 실패와 좌절의 기록이었다. 하지만 로마 사람들은 좌절하며 주저앉지 않았다. 그들은 실패를 선선히 인정하고 그것을 통해 잘못된 점을 바로잡으려는 용기를 잃지 않았다.[20]

영화 〈밀리언 달러 베이비〉(클린트 이스트우드 감독, 2004)에서 배우 모건 프리먼은 "복싱은 고통스럽지만 많은 것을 가르쳐 주지. 고통을 즐기면 거짓말처럼 신비한 힘이 생긴단 말이야!"라고 말한다. 그가 말하는 신비한 힘이 바로 우리들 각자가 꿈꾸고 목표한 곳을 향해 묵묵히 발걸음할 수 있게 해 주는 힘이 아닐까. 용광로에서 나온 철은 망치로 두들겨 맞아야 비로소 단단한 강철이 된다는 사실을 떠올려 보자.

중국 명나라 때 사람인 홍자성(洪自誠)이 쓴 《채근담》에서도 "역경과 곤궁은 곧 호걸을 단련하는 용광로요 망치다. 그 단련을 받으면 몸과 마

---

20) 시오노 나나미, 한성례 옮김, 또 하나의 로마인 이야기, 서울:부엔리브로, 2007, 23쪽.

인문학이 들려주는 트레이딩 원리

음이 함께 유익하고, 그 단련을 받지 않으면 몸과 마음이 모두 손해"[21]라는 말이 나온다. 마찬가지로 트레이딩을 하는 과정에서 우리들이 겪는 시련과 아픔은 우리를 단련시킨다.

여러분이 시장에 몸담고 있다면 그 순간에는 고통스럽더라도 손실도 성공의 일부라는 사실을 받아들여야 한다. '추세추종 전략'에 따라 거래하는 '던 캐피털 매니지먼트'라는 회사는 이 전략 덕분에 큰 수익을 내기도 했지만 많은 손실도 입어야 했다. 하지만 그 손실 때문에 회사나 돈을 맡긴 투자자들이 심각하게 고민한 적은 없었다고 한다.[22] 수익을 얻기 위해서는 손실이라는 아픔을 감수해야 한다는 것을 모두 공감해서일 것이다.

'뱅커스 트러스트 코퍼레이션' 회장 찰스 샌포드(Charles Steadman Sanford Jr.)는 "모든 사업가는 궁극적으로 위험을 산정하는 일에 종사하고 있다."[23]라고 말한 바 있다. 위험을 부담하지 않는 사업이 없듯 시장에서 벌이는 우리들 활동에도 위험이 따른다. 그래서 '고통 없이 수익 없다(no pain, no gain)'는 말을 허투루 흘려들을 수 없는 것이다.

그런데 시장에 참여한 사람 가운데는 위험을 전혀 무릅쓰지 않으려는 이들을 심심찮게 볼 수 있다. 그러나 위험을 조금도 지지 않으려다 훨씬 더 큰 위험과 손실을 맞닥뜨린다는 점은 굳이 어느 대가의 말을 인용하지 않더라도 우리 대부분이 경험으로 알고 있다.

투자의 기본 전제는 '손실'이라는 위험을 감수해야 한다는 점인데, 위험

---

21)   홍자성, 조성하 옮김, 채근담, 서울:소담출판사, 2003, 105쪽.
22)   마이클 코벨, 이광희 옮김, 앞의 책, 75쪽.
23)   위의 책, 321쪽.

을 부담하지 않는 투자는 있을 수 없다. 시장은 '고통 없이 수익 없다'는 혹독한 규칙을 참여자들에게 요구할 뿐이다.

그럼에도 불구하고 어떤 이들은 자기 돈을 남에게 굴리게 하면서 자기 손해는 한 푼도 보지 않으려 한다. 그래서 자기가 투자한 금액에서 조금이라도 손실이 발생하면 돈을 불려 주겠다는 사람에게 길길이 화를 내며 변상을 요구하는 경우도 봤다. 그들은 '투자'라는 게 무엇인지 모르고 투자에 나선 것 같다. 단기적으로는 그 모습이 합리적일지 모르지만 장기적으로는 도리어 투자에서 손실을 입는 일이다.

굳이 원금이 보장되는 투자를 하고 싶다면 갖고 있는 투자에 쓸 자금을 모두 밭에 파묻어야 하는데, 그렇게 해도 물가 상승에 따른 화폐가치 하락이라는 위험을 피할 순 없다.

전 세계를 공황으로 밀어 넣은 2008년 금융위기를 부른 미국의 '서브프라임 모기지' 사태도 위험을 '0'으로 만든 구조화 채권에서 비롯됐다. 위험을 피하려다 더 큰 위험과 맞닥뜨린 것이다. 이렇듯 손해 볼 가능성이 전혀 없는 투자는 이 세상에 없다.

심지어 파생상품시장에서 사용하는 차익거래도 이론상 위험을 볼 가능성은 없지만, 필자의 고물 컴퓨터처럼 마우스를 클릭하는 순간 시스템이 일시적으로 먹통이 된다든가, 인터넷 접속에 말썽이 생긴다든가, 갑자기 늘어난 거래량 때문에 주문 체결이 지연된다든가 하면 무위험 거래가 큰 손실로 이어질 수 있다.

평범한 사람들이라면 일부러 위험을 부담하고 그에 따른 고통을 감내하고 싶지는 않을 것이다. 인터넷에서 떠도는 '어려운 길은 길이 아니다'라든가, '즐길 수 없으면 피하라'는 비아냥거림이 괜히 호응을 얻는 건 아

　　　　　　　　　　　　　　　인문학이 들려주는 트레이딩 원리

닐 테다.

그러나 소설 《태백산맥》에서 한 승려는 "육신의 아픔이나 고통은 피하려고 하면 점점 커지는 법"이라며 "그 고비를 넘기면 평안이 온다."[24]며 주인공 김범우를 위로했고, 《장자》에 등장하는 자여[25]는 소극적으로 고통을 받아들이는 게 아니라 적극적으로 받아들임으로써 고통을 극복하는 모습을 보여 준다.

시장에서도 위험과 고통은 시장에 들어온 이상 어쩔 수 없이 감내해야 할 부분이다. 즐기고 싶은 마음이 조금도 없는데 피할 수도 없다면 그냥 감내할 수밖에 없다. "왕관을 쓰려는 자, 그 무게를 견뎌라"라는 세간의 말이 무엇을 뜻하는지 우리 모두 생각해 봐야겠다.

시장 참여자들이 처음 시장에 진입했을 때 입은 손실을 '수업료'라고 말하는 이유는 무엇일까. 돈이 남아돌아 그까짓 손실쯤은 별것 아니라고 생각해서 그렇게 말하는 사람은 없을 것이다. 손실을 수업료라고 하는 것은 사업을 하는 데 비용이 드는 것처럼 손실도 트레이딩에서 어쩔 수 없이 감당해야 할 부분이기 때문이다. 위험을 부담하지 않으면 그에 따르는 수익 역시 없을 것이다.

'위험 없이 수익 없다'는 말은 손실에 대한 고통에만 적용되는 말이 아니다. 트레이딩이 안정화되고 자본도 점점 불어나면 안정적인 계좌운용을 위해 투자 비율이나 목표 수익률을 줄이는 경향이 있다. 그런데 추세에 따라 거래하는 트레이더는 이런 운용방식에 부정적이다. '두려움'이라

---

24) 조정래, 태백산맥2, 서울:해냄, 2002(3판, 10쇄), 229쪽.
25) 정용선, 앞의 책, 350쪽.

는 인간의 본성을 경계하며 말이다.

사실 '두려움'은 '탐욕'과 함께 시장을 돌아가게 만드는 인간의 본성이다. 그래서 그들은 이 두려움을 극복하기 위해 투자금을 돈으로 보지 말고 인터넷이나 모바일 게임을 할 때 사용하는 게임 머니처럼 생각하라고 주문한다. 그리고 정해진 규칙에 따라 게임을 하면 그만이다.

자본금이 늘어 가면서 투자금도 덩달아 커지고, 아울러 위험부담도 커지는 것을 무심히 지켜보는 일 역시 상당한 고통을 요구한다.

이 글을 쓰고 있는 필자는 수익보다 '관리'를 중시하고 강조한다. 1,000만 원으로 거래하든, 10억 원으로 거래하든 1%는 똑같이 1%다. 하지만 위험관리, 더 나아가 자본관리 측면에서 자본을 단순히 게임 머니로만 볼 수 있을까.

게임 머니를 모두 날리면 다시 충전하면 되고 파생시장에서 마진콜 (Margin Call)을 당하면 투자금을 보충하면 될 것이다. 그런데 어떤 사람이 마진콜을 당하고 다음 거래를 위해 망가진 계좌에 추가금을 무심히 입금할 수 있을까. 그저 게임 머니를 잃은 것처럼 마음이 덤덤할 수 있을까 말이다. 더구나 그 투자금이 그의 전 재산이나 다름없다면 어떻게 할 것인가. 앞서 말했듯이 트레이딩 성패는 내가 피땀 흘려 모은 자산의 운명을 결정하는 일이 아닌가.

필자와 같은 생각을 갖고 있는 사람은 우리 주변에서뿐 아니라 뜻밖에도 추세추종론자 가운데에서도 찾아볼 수 있는데, 바로 제리 파커다. 데니스에게서 '터틀'로 훈련받으면서 추세추종 전략을 익힌 파커[26]는 레버

---

26) 마이클 코벨, 정명수 옮김, 앞의 책, 216쪽.

인문학이 들려주는 트레이딩 원리

리지를 덜 사용하는 것이 중요하다는 결론을 내렸다. 그는 거래 규모가 커질수록 수익도 커지지만 계좌가 위험에 빠질 가능성도 높아진다는 점을 진지하게 고민했다.

그래서 그는 그가 '터틀'로서 익히고 훈련한 트레이딩 방식을 평범한 일반 투자자들이 이해하고 받아들일 수 있는 수준으로 바꿨다. 모든 투자자들이 절대 수익, 짜릿함을 맛보는 경이적인 수익을 원하는 것은 아니다. 그가 직접 만나 본 투자자들은 수익이 크지 않더라도 꾸준히 이익이 나는 것을 선호한다는 사실을 발견했다. 이는 우리나라 연기금을 굴리는 기관들이 주로 투자하는 곳이 어디인지 살펴보면 쉽게 수긍할 수 있는 바다.

아픈 만큼 성숙해진다는 말처럼 시장에서 큰 수익을 얻고 나아가 큰 성공을 거두려면 공포에 가까운 고통과 마주하게 되고, 이것을 담담히 받아들여야 하는 게 현실이다. 우리가 앞에서 마주한 경구들은 시장이 아닌 우리들이 발을 딛고 있는 생활공간에서도 유효하다.

어려운 길은 길이 아니라는 재치 있는 구절을 인정하지 못하는 게 아니다. 즐길 수 없으면 피해야 하는 것도 소중한 생활의 지혜일 수 있다.

하지만 시장이라는 곳에 발을 디딘 이상, 그리고 큰 수익과 성공이라는 왕관을 원하는 이상 우리는 왕관의 무게를 기꺼이 견뎌 낼 각오가 있어야 하지 않을까.

그렇다면 그 무게를 견디기 위한 고통을 감내해야 할 것이고, 어려운 길이면 길이 아니더라도 기꺼이 그 길 위에 서고, 피할 수 없는 고통을 즐기진 못하더라도 견뎌 내야 한다는 결론을 얻는다.

4.4 졸속 트레이딩

한국 사람이라면 언론을 통해 지겹게 들어 봤음 직한 단어 가운데 하나가 '졸속(拙速)'일 것이다. '졸속 공사', '졸속 행정', '졸속 처리' 등 무슨 일만 터졌다 하면 '졸속'이라는 말을 접두사처럼 사고 원인 앞에 붙인다. '졸속'으로 처리된 일은 '부실'을 낳고 '부실시공'은 대형 사고를 부른다. 영화 〈터널〉(김성훈 감독, 2016)에서 그린 사고는 '졸속'으로 완성한 '부실시공'에서 비롯됐다. 영화 속 뉴스 앵커는 부실시공으로 터널이 무너졌다고 보도하고, 느리게나마 꾸준히 진행되던 구조작업이 암초를 맞닥뜨린 것도 설계 도면을 무시한 졸속 공사 덕분이었다. 이야기의 시작과 전개가 한국 사람들에게 자연스럽게 다가설 수 있었던 데에는 한국 사회의 민낯이 고스란히 드러나서가 아닐까.

물론 '졸속'과 '부실'은 엄연히 다른 말이다. 사전에서 '졸속'은 '어설프고 빠름, 또는 그런 태도'라고 풀이되고 있는데 한국에서 '졸속'은 종종 '부실'로 이어지곤 한다.

한국 사람에겐 끔찍한 기억만을 안겨 주는 '졸속'이라는 말은 《손자병법》에서 나왔다. 그것도 긍정적 의미로 말이다. 《손자병법》 '작전 편'에서는 "용병법에서 '어설프지만 속전속결해야 한다'는 말을 듣기는 했어도 교묘하게 질질 끌어야 한다는 말은 보지 못했다."[27]라고 말한다. 여기에서 '어설프지만 속전속결로 해야 한다'는 말로 '졸속(拙速)'이란 단어를 썼다. 손자는 전쟁을 '졸속'으로 치를 것을 주문한 것이다. 물론 전쟁 준비까

---

27) 손자, 김원중 옮김, 손자병법, 파주:글항아리, 2011, 72쪽.

지 졸속으로 하라는 말은 아니다. 준비는 철저히 하되, 일단 전쟁을 시작하면 빨리 마무리하라는 뜻이리라.

그리고 우리가 어떤 일을 꾸려 가다 보면 준비를 완벽하게 하지 못하는 경우가 종종 있다. 결국 준비를 철저히 해야겠지만 준비가 조금 부족해도 이때다 싶으면 바로 실행에 옮겨 원하는 목표를 이뤄 내야 함을 졸속이란 말은 우리에게 말해 준다.

셰익스피어(William Shakespeare)가 '지옥의 귀신'이라 부를 만큼 전쟁은 끔찍한 사건이다. 그래서 '무능함이 큰 죄가 되지 않는 평화로운 시기'와는 다르게 일을 처리할 수밖에 없다. 졸속은 이와 같은 비정상적인 상황에서 빛을 발한다.

프로야구에서 정규리그가 끝나면 이른바 '가을야구'를 한다. 가을야구행 열차에 오른 팀 팬은 물론이고 남의 잔치를 구경만 하는 팬들도 가을야구, 즉 포스트 시즌 경기를 관심 있게 보면서 저마다 자기가 응원하는 팀이 거둔 성적에 대해 평가하며 내년을 기약하기도 한다.

'포스트 시즌'이나 '월드 베이스볼 클래식' 같은 단기간에 우승자를 가리는 대회에서는 이기는 것이 무엇보다 중요하고 경기 내용은 부차적이기 마련이다. 축구에서 침대축구를 하든 말든, 야구에서 선발투수를 중간에 기용하든 말든, 투수 등판 간격을 무시하든 말든 무슨 상관이겠는가. 일단 이기고 봐야 하는데, 정규시즌에서 볼 수 있는 정상적인 팀 운용을 고집할 순 없을 것이다.

이런 대회에서 퍼펙트 게임이나 노히트 노런, 그도 아니면 완봉승으로 경기를 이기면 더할 나위 없겠지만, 일단은 경기에서 이기는 게 우선이다. 노히트 노런, 연속 삼진, 사이클 히트와 같은 선수 개인의 기록에 욕심을 내다가 오히려 다 잡을 경기를 놓칠 수 있고, 그것 때문에 포스트 시즌이나 국제대회를 망칠 수도 있다. 또 다음 경기를 위해 아직 힘이 남아 있는 투수를 과감히 교체할 수도 있다. 벼랑 끝에 몰렸다면 몇 점을 내주고, 경기 내용이 만족스럽지 않더라도 일단은 경기에서 이기고 봐야 한다. 상대에게 한 점도 주지 않으려다 대량 실점하는 것보단 몇 점 주고 경기에서 승리하는 게 낫다. 손자가 말한 졸속이란 바로 이런 게 아닐까.

그렇다면 '트레이딩'은 이 책을 읽고 있는 독자들에겐 평범한 일상일까, 전쟁과 같은 비정상적인 상황일까. '트레이딩'은 졸속으로 처리할 성질의 것일까, 정교한 기교가 우아하게 춤추는 자태일까. 각자가 한번은 생각해 볼 일이다. 어떻게 트레이딩을 받아들이느냐에 따라 트레이딩 방법은 다르게 표현될 테니 말이다.

같은 주식투자라도 영화 〈돈〉(박누리 감독, 2019)에 등장하는 증권맨들에겐 졸속으로 차익을 실현해 일단은 성과를 내야 하는 치열한 전쟁터일 테고, 평범한 생활인에게는 여유자금을 적금 붓듯이 우량주에 투자해 지금 당장 손실을 보더라도 먼 훗날을 내다보며 우직하게 기다리는, 씨를 뿌린 경작지일 것이다.

오래된 증시 격언 가운데 '무릎에서 사서 어깨에 팔라'는 말이 있다. 손자가 말한 '졸속'의 의미를 여기서도 찾을 수 있지 않을까 한다. 완벽한 승리, 발바닥에서 사서 머리끝에서 파는 일은 누구나 한 번은 꿈꿔 봤음 직한 드라마틱한 거래다. 하지만 그렇게 거래하기는 상당히 어려울 뿐 아니라, 자칫하다간 도리어 수익이 나는 거래를 손실로 망치기 쉽다. '조금만 더' 하다가 도리어 큰 손실을 입는 경우를 주변에서 심심찮게 봐 오지 않았는가.

인문학이 들려주는 트레이딩 원리

시장에서 거래가 활발히 이뤄지고 있는 지금, 객장 전광판이나 모니터에서 반짝이는 가격이 머리인지 어깨인지, 아니면 무릎인지는 시간이 한참 지나기 전까지는 알 수 없다. 게다가 산이 산처럼 안 보이고 물이 물처럼 안 보이는 처지라면 이 가격이 얼마나 적정한 가격인지 알 턱이 없다. 늘 들어 왔듯이, 추세를 확인한 후 진입해서 추세가 바뀐 것을 확인한 뒤 시장에서 나오는 수밖에 없을 것이다. 탐욕에 빠져 '조금만 더'를 속으로 외치다가 시장에서 철수할 시기를 놓치거나, 아직 추세가 살아 있음에도 빨리 이익을 실현하려는 조급함에 서둘러 포지션을 청산하는 게 아니고선 말이다.

수익이 났든 손실이 발생했든 자신이 정한 원칙에 따라 시장에 진입하고 나오면 그만이다. 발 빠른 대응보단 한발 늦지만 이게 더 안전하다고 경험 많은 트레이더들은 말한다. 손자의 '졸속'은 여기서 가치를 발휘한다.

사족으로 프로야구 포스트 시즌 경기 때 있었던 예외적인 경기를 말할까 한다. 언젠가 가을야구에서 경기를 정규리그 치르듯 진행한 팀이 있었다. 플레이오프였는지 준플레이오프였는지는 기억이 나지 않는다. 그 팀은 다름 아닌 '롯데 자이언츠'였고, 그때 감독은 미국 메이저리그 출신인 제리 로이스터였다. 당시 롯데는 그해 우승은 고사하고 한국 시리즈에도 진출하지 못했다. 원칙만을 고집하는 그의 성격이 가을야구에서도 나타난 건 아니었다. 어차피 팀이 한국 시리즈에서 우승하는 것은 고사하고 한국 시리즈에 진출할 가능성도 그리 높지 않다면, 무리하게 선수를 기용하다 탈이 나서 내년 시즌을 망치는 일은 피하는 게 낫다는 판단을 내린 까닭이었다. '내일이 없는 야구'로 팬들에게 희망고문만 안겨 주고 내년 농사까지 망치느니, 내년을 기약하는 냉정한 현실을 선택한 것이었다.

또 《채근담》에는 "군자는 능숙하기보다는 차라리 소박한 편이 낫고, 치밀하기보다는 차라리 소탈한 편이 낫다."[28]라는 말이 나온다. 우리는 군자(君子)가 아니니 소탈하게 지낼 필요는 없겠지만, 트레이딩을 할 때 '소탈한 트레이딩'을 《손자병법》의 '졸속'과 함께 곰곰이 생각해 봐야겠다.

우리 속담에 있는 '제 꾀에 제가 넘어간다'는 말처럼 몇몇 트레이더들은 최대의 수익을 위해 잔꾀를 부리다 수익이 나고 있는 거래를 손실로 마무리하곤 하는데, 완벽한 수익을 기록하지 못하더라도 거칠고 순박한 수익을 추구해, 수익이 나고 있는 포지션을 손실로 청산하는 일은 지양해야 하지 않을까. 이것은 필자 스스로에게 하는 말이기도 하다.

헤지펀드 운용자인 조지 소로스는 거래에서 손자가 말한 '졸속'을 적극적으로 활용한 바 있다. 헝가리 출신의 유대인이 고대 중국 철학자 손자의 사상에 심취해 그의 가르침에 따랐는지는 알 수 없지만(아마 아닐 것이다. 소로스는 칼 포퍼에게 사사받았다고 말했으니까), 당시에는 지금과는 달리 그의 자본규모가 빈약했다. 그는 그리 많지 않은 자본을 운용해야 했기에 포지션을 보유하는 시간을 될 수 있으면 짧게 가져가는 방식을 사용해 포지션이 위험에 노출되는 시간을 가급적 줄였다. 또 거래에서 얻은 이익은 곧바로 실현했다.

그는 매우 유연하게 판단하고 움직였다. 어느 정도 수익을 확신한다 싶으면 '투자 먼저 조사는 나중'이라는 말로 직원들에게 서두르지 말고 신속

---

28) 홍자성, 앞의 책, 11쪽.

하게 움직일 것을 주문했다. 아침 10시에 내린 결정을 불과 15분 뒤에 뒤집는 경우도 있었고, 한 시간도 안 돼 결정을 아예 백지화하기도 했다.[29]

손자는 전쟁은 졸속으로 해야 한다고 주장했다. 졸속으로 처리하려면 화려한 기술을 수십 가지씩 준비해서 적과 상대할 순 없을 것이다. 개개의 거래를 하는 순간에는 책에 나와 있는 모든 기법을 총동원하여 모든 거래에서 승리하려다 거래를 망치지 말고, 확실하게 연마한 기법으로 시장을 상대해야 할 것이다. 그리고 트레이딩 전체를 놓고 볼 때는 자금계획 등을 체계적으로 세워 긴 호흡으로 시장을 바라볼 필요가 있겠다.

전쟁터에서 최일선에 선 병사들은 소총이라는 단순한 도구를 가지고 '전투'에 임하지만 한발 물러선 사령관은 각종 첨단무기와 보급, 정보 등으로 '전쟁'을 승리로 이끄는 모습을 참고할 필요가 있다.

쿵후로 유명한 영화배우 이소룡(Bruce Lee)도 "1만 가지 종류의 발차기를 연습한 사람은 두렵지 않다, 하나의 발차기 동작을 1만 번 연습한 사람이 무서울 뿐"[30]이라고 말한 바 있다.

우리는 최일선에 선 소총을 든 병사들인가, 아니면 전선에서 멀리 떨어진 곳에서 전략을 세우는 사령관인가.

29) 마이클 카우프만, 김정주 옮김, SOROS, 서울:Best In Korea 출판부, 2002, 199~200쪽.
30) 요헨 마이; 다니엘 레티히, 오공훈 옮김, 현실주의자의 심리학 산책, 서울:지식 갤러리, 2012, 426쪽.

4.5 위험관리, 자본관리의 중요성

인적이 거의 없는 산속에 자리 잡은 근사한 별장. 그림 속에서 볼 법한 이곳에서 도박이 한창이다. 종목이 뭐냐고? 그게 무슨 상관인가. 어찌 됐든 지금 큰 판이 벌어졌고, 민택이라는 사람이 크게 베팅하자 우리 대신 모나코 카지노를 방문한 상우는 깊은 고민에 빠졌다는 것이다.

판을 크게 키운 도박꾼 민택이는 그리 좋은 패를 갖고 있지 않으면서 돈으로 상대방을 밀어붙이려는 듯했다. 상우는 자신이 쥐고 있는 패가 더 강한 것 같아서 상대가 판을 키울 때마다 따라갔지만 이제 결단을 내려야 할 때가 오고 말았다. 지금 갖고 있는 돈이 간당간당해진 것이다. 민택이는 다시 판을 키웠다. 따라가려면 수중에 남은 돈을 한 푼도 남김없이 걸어야 한다. 바로 '올인(all-in)'을 해야 한다는 소리다. 겁 없이 따라온 상우를 마뜩잖게 생각한 민택이는 상우에게 남아 있는 돈을 보고 판을 키운 게 분명했다.

상우에게 또 다른 문제는 지금 이 판에 너무 많은 돈을 집어넣었다는 것이다. 수중의 돈을 몽땅 털어 넣었다가 빈털터리 신세가 되는 '오링'이 무서워 지금 포기하면, 상우의 돈은 사분의 일 토막이 난다. 따라갈 것인가, 포기할 것인가.

도박을 소재로 한 영화나 만화에서는 '오링'을 각오하고 돈을 걸었다가 그 판에서 승리하는 모습을 그려 극적 효과를 노리거나, 한편으로는 판에 들어간 금액을 생각하는 대신 적은 액수지만 남아 있는 판돈을 지키기 위해 과감히 물러나 다음 게임을 기약하고, 결국 승리하는 모습을 묘사하기도 한다.

인문학이 들려주는 트레이딩 원리

전자의 경우는 운이 따르는 경우니까 그렇다 치고, 후자의 경우에 대해선 우리 모두 생각해 볼 필요가 있다.

눈물을 머금고 다음을 위해 큰 손해를 감수한 도박꾼의 판단이 최선이었는지, 합리적이었는지, 아니면 새가슴을 지닌 소심한 이의 행동이었는지는 제쳐 놓고, 일단 그는 이른바 '매몰비용'은 생각지 않았다는 점에 주목해야겠다.

어차피 회수할 수 없는 돈을 경제학에서는 '매몰비용'이라고 부른다. 영화 〈봄날은 간다〉(허진호 감독, 2001)에서 '떠난 여자와 버스는 잡는 게 아니'라던 할머니의 충고처럼 바로 도박판에선 떠난 여자나 다름없는, 이미 테이블 위에 올려진 돈은 매몰비용으로 보고 남아 있는 판돈만 생각하는 것이 합리적이라고 경제학자들은 말한다. 따져 봐야 죽은 자식 나이를 세는 것밖에 되지 않기 때문이다.

도박에서 눈물을 머금고 큰돈이 들어간 판을 포기하는 행동은 시장에서는 '손절매'라는 이름으로 찾아볼 수 있다. 알다시피 손절매는 손해를 감수하고 갖고 있는 포지션을 정리하는 것이다. 지금 정리하면 손해 볼 것이라는 것을 뻔히 알면서 보유한 주식을 팔거나 갖고 있는 선물 포지션을 정리하는 이유는 수많은 책과 트레이더들이 말해 왔듯이 더 큰 손해를 막기 위해 현시점에서 손실을 확정하는 것이다. 위에서 상우가 남아 있는 판돈을 지키기 위해 이미 들어간 돈, 바로 매몰비용을 포기하는 것처럼 말이다.

우리는 가끔씩 개인 투자자가 주식 현물시장이나 파생상품시장에서 이른바 '대박'이라 불리는 큰 성공을 거뒀다는 이야기를 듣는다. 그리고 그들의 성공담은 인터넷 커뮤니티를 통해 퍼져 가기도 하고, 책으로도 나와 다른 사람들에게 '나도 할 수 있다'는 자신감을 불어넣어 준다. 전설적인 헤지펀드 운용자인 조지 소로스 역시 1992년 '검은 수요일'에서 엄청난 수익을 거둔 뒤 세상 사람들에게 이름을 알렸다.

큰 성공을 거둔 다음 그들은 어떻게 됐을까. 전형적인 옛날이야기처럼 '그 후 행복하게 잘 살았답니다'와 같은 해피엔딩을 맞이했을까. 소로스처럼 시장에서 여전히 활동하는 경우도 있지만, 뜻밖에도 나락으로 떨어진 경우가 훨씬 더 많다고 한다. 마치 로또에 당첨되거나, 카지노에서 잭팟을 터뜨린 사람들 대개는 이후 불행한 삶을 살더라는 세간의 이야기처럼 말이다.

시장에서 이뤄지는 트레이딩은 도박과 비슷한 면이 있긴 해도 도박 그 자체는 아닌데, 도박처럼 대하는 이들이 많은 모양이다.

소수의 인물들을 제외하고 투자자들 대개가 한두 번 큰 성공을 거둔 뒤 시장에서 소리 없이 사라지는 이유는 무엇일까. 주위들은 풍문으로는 '이만하면 됐다'면서 현실에 만족해 은퇴 후 생활을 즐기는 경우도 있지만, 대개는 욕심 때문에 다음 거래에서 큰 손실을 내고 조용히 시장에서 물러났다고 한다.

거래를 할 때 손실이 발생하는 것은 어쩔 수 없는 일이라 그것을 사업상 비용으로 여기기도 하고 수업료라고 생각하며 쓰린 속을 달래기도 한다. 큰 이익이 발생하는가 하면 큰 손실이 생기기도 하는 게 트레이딩이다. 이는 비단 개미 투자자들만 겪는 것이 아니다.

1987년 미국 증시는 줄곧 약세장이었는데 급기야 10월 19일에는 '검은 월요일'이라고 불릴 정도로 주가가 폭락했고 그해 12월이 돼서야 시장은 추세전환에 성공했다. 개인이든 기관이든 시장 참여자들에겐 끔찍한 한

인문학이 들려주는 트레이딩 원리

해일 수밖에 없었을 것이다.

추세추종론자들도 예외는 아니었는데, 12월 반등이 없었다면 그들은 치명상을 입었을 것이다. 그리고 반등이라는 기회를 잘 잡은 이들은 1987년에 살아남았다. 소로스[31]도 약세장에서 맥을 추지 못했지만 결국 15%에 가까운 성장을 이뤘다고 한다.

소로스와 추세추종론자들의 예에서 보듯이 큰 손실이 시장에서 퇴출되는 원인이긴 해도 그 자체가 시장에서 나오는 충분조건은 아닌 것이다.

여기서 강조하고 싶은 것은 '위험관리의 중요성'이다. 더 나아가 주어진 자본을 어떻게 지키고 불리냐는 '자본관리의 중요성'이다.

정상에 오르는 것보다 지키는 게 어렵다는 건 상식에 속한다. 기업에서는 창업보다 수성이 어렵고, 한 가문을 세우고 번창시키는 것보다 그걸 지키는 게 어렵다. 스포츠 세계에서도 정상에 도전하는 게 챔피언 자리를 지키는 것보다 쉽다.

투자의 세계라고 다를 게 있을까. 큰 수익을 기록하며 세간의 주목을 받은 인물은 많지만 계속 승자의 자리에 앉아 있는 사람은 별로 없는 걸 보면 우리가 내릴 수 있는 답은 뻔하지 않겠는가.

각각의 거래에서 수익을 얻기 위해 사람들은 '기법'을 찾는 데 온 힘을 기울인다. 하지만 쌓아 놓은 성과물을 지키기 위해선 관리가 더욱 중요하다. 아무리 마법의 탄환 같은 '거래기법'(그게 정말 있는지는 차치하고)을 동원해 수익을 내더라도 제대로 '관리'를 못해 애써 쌓은 성과물을 모두 잃으면(무리하게 투자하든, 술로 탕진하든) 무슨 소용이 있겠냔 말이

---

31) 마이클 카우프만, 앞의 책, 274쪽.

다. 그래서 필자는 '기법'보다 '관리'를 강조한다.

4.6 이대도강

　지난 2016년 한국 프로야구 팀 가운데 한 팀은 프로야구 팬들에게서 많은 관심을 받았다. 그것이 좋은 의미든 나쁜 의미든 말이다. 그 관심은 비단 그 팀 팬들만의 관심이 아닌 전체 야구팬들한테서 비롯됐는데, 그 이유는 감독의 투수 운용 때문이었다.

　승리투수 요건인 5회도 못 채우고 마운드에서 내려오는 선발투수, 제대로 쉬지 못하고 경기가 있는 날이면 늘 출전하는 중간 계투진은 시즌 내내 팬들의 안타까움을 샀을 뿐 아니라 감독은 팬들에게 비난과 격려를 동시에 받았다.

　나는 야구 담당 기자도, 야구 전문 글쟁이도 아니기에 그의 투수 운용 방식에 대해 뭐라고 할 처지가 못 된다. 대신 시즌 동안 제기되었던 야구 팬들의 비판을 여기에 소개하자면, '모든 경기를 한국 시리즈 치르듯 한다'였다.

　투수에게는 이른바 등판간격이라는 게 있다. 월급쟁이들이나 자영업자들처럼 날마다 출근해서 컴퓨터 키보드를 두드리거나 닭을 튀기는 게 아니라, 투수는 한 번 마운드에 올라가 공을 뿌리면 며칠 동안 휴식 기간을 갖는다. 그런데 그 팀 감독이 보여 준 투수 운용 방식은 닷새 간격으로 출전하는 선발투수 대신 날마다 출전할 수 있는 중간 계투진에 초점을 맞춰 이길 만한 흐름에 투수들을 집중 투입하는 것이라고 한다.

이기는 경기에서는 승리를 지키기 위해 믿을 만한 투수들을 모두 투입하고, 지고 있는 경기에는 혹시 역전할 수 있기 때문에 역시 믿을 만한 투수들을 모두 투입해, 모든 경기가 총력전이 된다는 것이다.

이를 놓고 감독을 지지하는 팬들은 '경기마다 최선을 다하고 총력전을 펼치는 게 잘못된 일인가', '포기는 배추 셀 때나 쓰는 말'이라며 포기를 모르는 자세가 욕먹을 행동이냐고 감독을 옹호했다.

위와 같은 항변은 타당해 보인다. 그런데 이제는 세월이 바뀌었다. 지금은 이른바 '쌍팔년도 시절'이 아니다. 앞서 말한 '패러다임' 변환이 야구계에서도 이뤄진 것이다. 한국 시리즈는 최대 일곱 경기로 한 해 우승자를 가리지만, 정규리그는 약 반년 동안 팀당 150경기 가까운 시합을 치르는 장기전이다. 단기전과 장기전에 대응하는 방식이 달라야 한다는 것은 이제 상식에 속한다.

그래서 다른 팀 감독들은 그런 투수 운용 방식을 사용하지 않는다고 한다. 무리를 하면 언젠간 그 대가를 치른다는 것을 그동안의 경험을 통해 알기 때문이다. 패러다임 변환이 있기 전인 지난 20세기까지만 해도 무리하게 팀을 꾸려 간 결과, 선수들은 매우 젊은 나이에 선수생활을 접어야 했다. 논란을 부른 감독 자신부터 선수 시절 어깨를 혹사한 탓에 이른 나이에 현역 선수생활을 마쳐야 했다.

할 줄 아는 것이라곤 운동밖에 모르는 선수들이 서른 안팎의 나이에 은퇴해 바깥세상에 발을 디뎠다. 그들이 '약육강식의 세계'에서 할 수 있는 게 무엇이겠는가.

야구 얘기를 했으니 이번엔 축구 얘기를 해 볼까 한다.

한국 축구팀은 월드컵 본선에 가면 주눅 든 모습을 보이기 일쑤였다.

2002년 월드컵에서는 4강까지 올라갔지만 그때를 제외하면 16강에 오른 게 최고 성적이다. 월드컵 본선 예선 경기를 보도할 때면 등장하는 게 예선 조별 경기 전략이다. 대개의 경우 각 조에 배정되는 국가는 한국보다 무척 잘하는 국가, 한국보다 잘하는 국가, 한국과 실력이 비슷한 국가들이다. 그래서 전략은 늘 대동소이한데, 아주 잘하는 팀에 대해선 비기고, 잘하는 팀에게는 이기고, 한국보다 조금 잘하거나 비슷한 팀에 대해선 반드시 이기는 '2승 1무' 전략이다. 하지만 이 전략은 이른바 방송용이고, 실제로는 아주 잘하는 팀에겐 지고 한국보다 잘하는 팀에게는 비기는 '1승 1무 1패' 전략을 구사한다.

이런 전략을 고전에서도 어렵지 않게 찾아볼 수 있는데, 병법《36계》에서는 여기에 '이대도강(李代桃僵)'이라고 이름 붙였다. '오얏나무가 복숭아나무를 대신해서 죽음을 당한다'는 이 말은 어쩔 수 없이 손해를 볼 수밖에 없을 때, 부분적인 손실을 감수하면서 전체적인 승리를 도모[32]하는 전략을 말한다. 몇몇 전투에서 지더라도 궁극적으로는 전쟁에서 승리하는 전략이다. 전쟁에서 승리하기 위해 지엽적인 면, 자잘한 전투에서는 패배를 과감히 수용하는 것이다.

프로야구 정규리그에서 여러 팀이 쓰는 전술은 지고 있는 경기에는 추격조를 투입해 투수 전력을 아끼고, 이기는 경기에는 필승조를 투입해 승리를 지켜 내서 결국에는 가을야구를 할 수 있는 5강 이상의 성적을 거두는 것이다. 힘을 써야 할 데와 안 써도 되는 데를 가리지 않고 힘을 마구 쓰다간 정작 중요한 때 힘이 빠져서 실력을 제대로 내지 못하는 법이라고

---

[32] 장연, 앞의 책, 86쪽.

'이대도강'은 우리에게 말하고 있는 것이다.

트레이딩 역시 장기전이다. 카지노의 도박처럼 단번에 끝낼 성질의 것이 아니다. 정규 시즌 모두를 가을야구하듯이 운용할 수 없는 것처럼 트레이딩을 카지노에서 하룻밤 도박하듯이 할 순 없는 노릇이다. 시장에 들어서기 전에 자금운용 계획과 위험관리 방식을 정하고, 시장에 들어간 다음엔 그것들을 철저히 지키기 위해 노력해야 하지 않겠는가. 페넌트 레이스를 치르다 보면 이기는 경기도 있고 지는 경기도 있듯이, 트레이딩을 하면 수익을 거둘 때도 있고 손실을 입을 때도 있다. 모든 거래에서 수익을 거둘 순 없다.

따라서 수익과 손실 잘 '관리'하는 것이 트레이딩 '비법'을 연구하는 것보다 더 중요하다. 수익이 났을 때는 수익을 극대화하는 데 노력하고, 손실이 났을 때는 손실을 최소화하는 데 애써야 함은 우리 모두 알고 있는 바다. 그래서 다음 거래에 쓸 자본을 지켜 기회가 왔을 때 그저 손가락 빨며 구경만 하는 비극은 피해야 하지 않을까.

손실은 어떻게 최소화하는가. 우리 모두 잘 알고 있다. 손절매를 잘 지키고 무리하게 거래하지 않으면 된다. 그래서 다음 기회가 왔을 때 기회를 놓치지 않게끔 계좌를 보호하면 된다. 유방과 항우가 중원을 놓고 서로 다툴 때 유방이 걸핏하면 전투에 패해 도망치면서도 자신의 핵심전력만큼은 소중히 지킨 것처럼 말이다.

문제는 우리 모두 잘 알고 있고 방법도 간단하지만, 그것을 실천하기가 무척 어렵다는 점이다.

아주 오랜 옛날 노자는 "휘어져야 뻗어 나가고 비어 있어야 채워진다."[33]고 말했다. 떠난 여자와 버스만 붙잡지 않는 게 아니다. 지고 있는 경기도 그렇고, 손실을 보고 있는 포지션도 그렇다. 게임을 할 때마다 포기를 모르고 전력을 다하는 모습은 아름답고 용기 있게 보이겠지만 그건 영화 속 장면에 불과할 것이다.

우리는 몇몇 게임만 하고 그치는 무슨 수익률 대회에 참가한 게 아니다. 한정된 자원과 체력을 가지고 우리 인생과 맞먹는 긴 여정을 걷고 있다는 걸 유념해야 한다.

말은 쉽지만 행동으로 옮기긴 어렵다는 거 잘 안다. 하지만 어쩌겠는가, 힘들어도 해야 할 일인 것을.

4.7 시스템에 의한 투자

고대 문명국가의 특징은 무엇이든 체계화하고 문서화하는 데서 찾아볼 수 있다. 고대 이집트 문명이 현대 문명의 뿌리가 될 수 있었던 것도 그들의 조직과 활동을 체계화했을 뿐 아니라 그것을 꼼꼼하게 기록하고 보관해서였다.

그리고 고대 로마도 예외는 아니었다. 특히 로마를 지탱한 기둥 가운데 하나인 군대에서 그 특징을 쉽게 찾아볼 수 있는데, 《로마인 이야기》[34]를 쓴 시오노 나나미(塩野七生)는 로마인들이 조직화에 유난스러웠던 까

---

33) 김광하, 앞의 책, 145쪽.
34) 시오노 나나미, 김석희 옮김, 로마인 이야기 2, 한니발 전쟁, 파주:한길사, 1995, 112쪽.

인문학이 들려주는 트레이딩 원리

닭은 군대를 구성하는 사람들이 해마다 바뀌었기 때문이라고 했다.

도시국가 수준이었던 당시 로마는 시민들이 돌아가면서 병역의무를 지는 징병제를 택했는데, 지금 군대처럼 부대에 선임과 후임이 있고 인원 교체가 조금씩 그리고 자주 이뤄지는 게 아니라 병력 교대가 지휘관부터 병사들까지 한꺼번에 이뤄졌다고 한다. 그래서 그해에 입대한 사람에 따라 군사력이 좌우되는 것을 막기 위해 로마인들은 자세한 부분까지 미리 결정하고 제도화했다고 한다. 그들은 군복무를 마친 사람들의 기억보다는 옆에 있는 설명서를 더 소중히 여긴 것 같다.

로마시대를 살았던 역사가 티투스 리비우스(Titus Livius)는 《즐겁게 돌아가는 길》이라는 책을 쓰면서, 만약 로마군과 알렉산드로스 대왕의 군대가 싸우면 누가 이길까라는 문제를 냈다. 그는 마지막에 웃는 쪽은 "조직력에서 우수한 로마군일 것"이라는 결론을 내렸는데, "로마에서는 전사한 사람의 죽음이 곧바로 국가 손실로 이어지지 않는다."는 이유에서다.[35]

기원전 216년 제2차 포에니 전쟁 중 벌어진 칸나이 전투에서 로마군은 한니발이 이끄는 카르타고군에 궤멸당했다. 하지만 전쟁의 승자는 로마였다. 게다가 로마에는 한니발처럼 걸출한 전쟁 천재가 없었음에도 말이다. 이는 개인의 천재적 능력과 평범한 사람들이 만들어 낸 시스템과의 대결에서 시스템이 승리를 거둬서가 아닐까.

그래서 리비우스의 결론을 그저 번영하는 로마에 살고 있는 로마인의 허세로만 볼 수 없는 노릇이다.

조직은 구성원 개개인의 능력과 성품에 의지하지 않고 규칙에 따라 움

---

35) 시오노 나나미, 한성례 옮김, 앞의 책, 112쪽에서 재인용.

직여야 한다는 생각은 이미 오래전부터 철학자들에 의해 제기됐다. '법가
사상'을 주창한 한비(韓非)는 "도와 법은 완벽하나, 지혜나 재능은 실패의
원인"[36]이라며 법과 제도를 외면한 채 개인의 능력에만 의존하는 일을
경계했다.

　아울러 그는 인간은 선하게 태어났다는 '성선설'을 바탕으로 한 '왕도정
치'를 비판하면서, 왕도정치를 이상으로 삼은 공자와 맹자의 사상은 그저
'환상'에 불과하다고 주장했다. 그것은 '화살을 만들기 위해 저절로 곧은
나무를 기다리는 것'에 불과하다는 것이다.

　그래서 한비는 주관적, 사적인 덕을 배제하고 객관성을 갖는 '법(法)'으
로 통치할 것을 강조했는데, 공정한 법의 시행을 통해서만 통치의 객관성
이 확보될 수 있다[37]고 주장했다.

　역사를 간단히 훑어보면 한 나라를 현명한 군주가 통치할 때와 폭군이
다스릴 때, 백성들의 생활은 천양지차였다는 것을 확인할 수 있다. 누가
만인지상의 자리에 오르느냐에 따라 백성들의 삶의 질이 달라진 것이다.
그런데 법에 의해 통치한다면 누가 왕이 되든 간에 국가는 최상의 상태,
언제나 태평성세를 누리진 못하더라도 그럭저럭 잘 돌아갈 것이다.

　워런 버핏(Warren Buffett)은 바보라도 운영할 수 있는 회사에 투자한
다고 했다. 개개인의 역량에 좌우되는 기업보다 시스템에 따라 움직이는
기업을 더 높이 평가한 것이다.

　이제 우리들 관심사로 눈을 돌려 보자. 미국의 '비농업부문 고용지수

---

36)　윤찬원, 한비자-덕치에서 법치로, 서울:살림출판사, 2005, 195쪽.
37)　위의 책, 83쪽.

　인문학이 들려주는 트레이딩 원리

동일본 대지진 당시 달러/엔 차트

(Non-Farm Payrolls)'나 연방공개시장위원회에서 기준금리를 발표할 때면, 통화관련 상품 차트는 요동친다. 그뿐 아니라 지난 2010년 유럽에서 각 은행에 대한 스트레스 테스트 결과를 발표했을 당시나 2011년 동일본 대지진 때에도 통화관련 상품 가격이 각 통화 특징에 따라 급등하거나 폭락했다.

이때 포지션을 갖고 있었다면 '어, 어' 하는 사이에 계좌가 수익과 손실 사이에서 널뛰기하는 것을, 운이 나빴다면 손실이 눈덩이처럼 불어나 심지어는 마진콜에 이르는 것을 경험했을 것이다.

시장에서 거래를 하다 보면 갑자기 가격이 요동칠 때가 있다. 시장 참여자들이 원하는 방향으로 크게 움직이면 좋겠지만 대개는 그렇지 않아서 손실은 순식간에 불어난다.

어떻게 해야 할까. 당연히 손절매를 해서 남아 있는 자본이라도 지켜야 한다. 그럼 언제 손절매할 것인가. 여기엔 수능시험 문제 정답처럼 똑 부러진 답은 없다. 우리들이 살고 있는 인생에 정답은 없듯이 말이다. 시장에 참여하는 사람마다 투자성향이 다르고, 갖고 있는 자본규모가 다른데 일률적으로 손절매 크기를 정할 순 없을 것이다.

늘 트레이딩을 잘할 수 있을까. 개인의 능력만으로 수익을 내느냐 마느냐가 아니라 언제나 최선의 거래를 할 수 있을까. 조직운영뿐 아니라 시장에서도 개인의 지혜나 재능에만 의존하면 한비의 말처럼 실패가 많을 것이다. 그러면 한비의 말과 위에서 언급한 사례에서 어떤 실마리를 찾을 수 있지 않을까. 이제 우리는 인간이 아닌 시스템에 의한 투자를 진지하게 생각지 않을 수 없다.

트레이딩은 예측하는 게 아니라 상황에 대응하는 것이라는 말을 종종 듣는다. 병원 응급실을 책임지는 의사[38]는 환자의 상태를 예측해 치료 여부를 결정하는 대신 환자에게 닥친 문제를 하나씩 해결하며 환자를 관리하는 식으로 말이다. 여기에 개인의 예측 따위가 끼어들 여지는 별로 없을 것이다.

트레이딩에서 심리적 요인을 강조한 알렉산더 엘더(Alexander Elder)[39]는 "시장 진입 이유를 지표에서 찾는다면 시장에서 철수할 때에도 지표에 의지하라."고 말했다. 시장 진입 신호에 따라 진입하고 트레이더 본인의 '느낌'과는 상관없이 시장 철수 신호가 나오면 기계적으로 포지션을 정리하라는 것이다.

옛 로마인들과 한비의 가르침을 생각한다면 트레이딩은 예측이 아닌 대응이고, 개인의 감정과 상관없이 신호에 따른 진입과 철수는 미리 정해

---

38) 알렉산더 엘더, 정인지 옮김, 주식시장에서 살아남는 심리투자법칙, 서울:국일증권 경제연구소, 2004, 142쪽.
39) 위의 책, 480쪽.

인문학이 들려주는 트레이딩 원리

놓은 규칙에 따라야 하지 않을까. 이것이 바로 시스템에 의한 매매, 더 나아가 자본관리를 위한 계좌운용이다.

인간의 감정을 배제하고 그저 미리 정해 놓은 규칙에 따라 거래하는 이유는 무엇인가. 그건 바로 트레이딩을 하는 인간이 불완전하기 때문이다. 인간은 단지 시장을 제대로 판단하지 못하는 것에 그치지 않고 감정에 의한 매매로 트레이딩을 망쳐 놓기도 한다.

시장 참여자들은 태생적으로 손실 앞에 초연하고, 손실이 난 포지션을 무덤덤하게 손절매해 불필요한 손실을 만들지 않는 존재가 아니다. 모니터 앞에 앉으면 늘 안절부절못하고, 손실이 쌓이면 그것이 수익으로 바뀌길 바라다가 도리어 손실을 키우는 게 시장 참여자들이다. 알렉산더 엘더가 지적했듯이 거래라는 큰 흐름 속에서 가장 약한 고리[40]가 바로 시장 참여자 자신이다.

《로마인 이야기》의 저자 시오노 나나미는 인간이 따라야 할 규범을 유대인은 종교에서, 그리스인은 철학에서, 로마인은 법률에서 찾았다고 했다. 고대 로마인들이 선택한 법률은[41] 민족과 문화, 종교가 각기 다른 사람들이 공생할 수 있게 한 강력한 수단이었다.

시장 참여자들 역시 상황에 따라 생각이 다르므로, 변화무쌍한 시장에 대응하기 위해선 거래 시스템 마련과 그것을 우직하게 지키려는 의지가 있어야 한다고 본다.

'시스템에 의한 투자'는 '매매에서 투자자 자신을 떼어 놓는 것'이라고

---

40) 위의 책, 93쪽.
41) 시오노 나나미, 한성례 옮김, 앞의 책, 285쪽.

한다. 또 윌리엄 블레이크(William Blake)라는 사람은 "나만의 시스템을 만들지 않으면 다른 사람 시스템의 노예가 될 것이다."[42]라고 주장했다.

그런데 간혹 리딩(leading)에 따라 거래하며 자기 투자금을 타인의 입에 맡기는 경우를 본다. 투자를 할 때 자기 의견만 고집하지 않고 타인에게 조언을 청하는 건 잘못된 일이 아니다. 하지만 거기에 전적으로 의존하는 건 생각해 볼 일이다.

그리고 시스템에 의한 투자를 하라는 것이 자동 매매 시스템과 같은 로봇(robot)을 이용하라는 의미는 아니다. 리딩이 개인 투자자들의 자본을 전적으로 책임져 줄 수 없듯이, 자동 매매 시스템 역시 투자자들을 전적으로 지켜 주지 못한다. FX마진시장에는 많은 자동 매매 시스템이 있지만 사용자에게 화수분 같은 시스템이 있는가. 안타깝게도 투자 결정은 전체 시스템에서 가장 약한 존재인 투자자 자신의 몫으로 남는다.

4.8 야구와 트레이딩

야구에 관심이 없는 사람이더라도 '이승엽', '추신수', '이대호'와 같은 야구선수들 이름은 들어 봤을 것이고, 그들이 강타자라는 것쯤은 알고 있을 것이다. 이들이 타석에 들어섰을 때 안타나 홈런을 칠 확률은 30% 안팎이고, 야구에서는 이것을 타율이 3할대라고 말한다. 열 번 타석에 들어서면 세 번은 안타를 치지만 일곱 번은 아웃돼 벤치로 돌아간다는

---

42) 마이클 코벨, 이광희 옮김, 앞의 책, 60쪽.

소리다.

홈런왕으로 야구사에 이름을 남긴 베이브 루스(Babe Ruth) 역시 3할대 타율을 기록으로 남겼고 아울러 가장 많은 삼진 아웃도 기록했다는 건 널리 알려진 사실이다. 홈런을 치고 관중들의 환호성을 받기보다 1루를 향해 뛰어 보지도 못하고 선수들이 대기하며 경기를 지켜보는 더그아웃을 향해 터벅터벅 걸어갈 때가 훨씬 더 많았단 소리다.

이들은 타석에 들어서면 호쾌한 홈런보다 아웃될 가능성이 두 배 이상 높은데도 어떻게 강타자라는 이름과 함께 야구팬들에게서 큰 인기를 얻는 것일까. 그와 반대로 투수는 어느 강타자와 상대할지라도 그를 아웃시킬 확률이 70%나 된다. 또 30%의 확률로 타자가 안타를 치더라도 그 선수나 선행 주자가 반드시 득점을 올리는 것은 아니므로 타자가 안타를 친 순간 투수가 실점할 가능성은 더 낮아진다.

팽팽한 투수전이 전개되고 있는 야구경기를 지켜보자. 양 팀 타자들은 간신히 안타를 치고 나가더라도 후속타 불발로 그냥 공수교대하기 일쑤다. 마지막 9회, 그때까지 잘 던지던 투수가 실투를 해 공이 가운데로 몰렸고 그때까지 무안타였던 타율 2할 5푼의 타자는 그걸 놓치지 않아 홈런을 쳤다. 투수는 한 번 실수를 하긴 했지만 후속 타자를 잘 처리해 경기를 마쳤다. 그리고 결과는? 한 팀은 1대 0으로 승리를 챙겼고, 타자 한 명에게 홈런을 맞은 투수는 패전의 멍에를 썼다. 타율이 2할 5푼에 불과한 타자가 안타 칠 확률은 25%이고 반대로 투수가 그 타자를 아웃시킬 확률은 75%였지만 승리는 25%의 가능성으로 안타를 친 팀이 가져갔다.

아무리 타자가 안타를 많이 치고, 투수가 아무리 두들겨 맞아도 승리는 점수를 많이 낸 쪽이다. 팀 타율이 1할대이든 3할대이든 상대방보다 점수를 한 점이라도 더 많이 내면 그만이란 소리다. 그렇다면 트레이딩은 어떨까?

백 번의 거래에서 아흔아홉 번 수익을 내도 마지막 백 번째 거래에서 손실을 입으면 퇴출될 수 있는 곳이 시장이라는 말을 우리는 지겹게 들어보지 않았는가. 야구에서 타율이 어쨌든, 시장에서 승률이 어쨌든 점수를 내고 수익을 내면 그만 아니겠는가. 타율이나 승률은 앞일을 예측할 때 도움을 줄 수는 있어도 그게 절대적인 판단기준이 될 순 없다.

추세추종론자이자 '터틀'이라고 이름 붙인 교육생들을 트레이더로 훈련시킨 리처드 데니스는 야구에서 트레이딩의 특성을 찾았다. 그는 종종 야구연감을 뒤적이면서 야구와 투자 사이의 공통점을 발견하고 거래 방식에 응용했다.

그가 야구연감을 살펴보며 발견한 점은 타점을 많이 올린 선수는 홈런도 많이 친다는 점이었다. 그래서 시장에 갓 발을 디딘 이들에게 거래할 때 승률에 집착하는 대신 수익을 낼 때 최대한 수익을 거두는 데 집중하도록 했다. 평범한 트레이더가 승률을 관리하며 '오늘은 이만하면 됐다'면서 작은 이익에 만족한 채 하루를 마무리하는 것과는 크게 다른 방식이다.

베이브 루스가 많은 홈런을 쳐 내기 위해 홈런 친 횟수보다 훨씬 더 많은 삼진 아웃을 감수했듯이, 데니스의 거래는 초대형 홈런 몇 방과 그것을 위한 여러 번의 삼진 아웃을 반복했다.[43]

카지노를 드나드는 도박사들도 게임을 할 때, 잃을 때는 조금씩 잃지만

---

43) 마이클 코벨, 정명수 옮김, 앞의 책, 32쪽.

인문학이 들려주는 트레이딩 원리

딸 때는 왕창 따려고 한다. 데니스는 터틀들에게 추세추종 기법을 훈련시키면서 카지노 도박사[44]의 게임방법을 거래에 응용하도록 했다.

트레이더가 거래를 할 때 승률이 30% 정도라는 건 열 번 거래하면 일곱 번은 손실을 입은 채 손절매로 포지션을 정리한다는 소리다. 수익을 내기보다는 손절매가 일상인 거래를 묵묵히 견뎌 내는 것은 그다지 마음 편한 일은 아닐 것이다. 야구에선 그냥 순간의 창피함과 자괴감을 견디면 그만이겠지만, 트레이딩에서는 자본이 쉬지 않고 줄어드는 모습을 두 눈으로 생생히 지켜봐야 하니 말이다.

돈 잃고 속 좋은 사람 없는 건 비단 도박판에서만 볼 수 있는 광경이 아니다. 따라서 리처드 데니스와 그의 터틀들을 위시한 추세추종론자들에겐 뛰어난 시장 예측 능력이나 분석력이 필요하진 않지만 손실이 주는 고통을 견딜 수 있는 능력이 무척 필요하다. 그것이 선천적으로 타고나든 훈련으로 단련되든 간에 말이다.

그리고 '오마하의 현인'으로 불리는 워런 버핏도 야구경기에서 트레이딩 원리를 찾았다. 그가 종종 언급하는 보스턴 레드삭스의 전설적인 강타자 테드 윌리엄스는 현역시절 스트라이크 존을 야구공 크기에 따라 잘게 나누고서, 자기가 가장 선호하는 곳을 정했다. 그는 스트라이크 존에 공이 들어온다고 무작정 방망이를 휘두르지 않고, 그가 선호하는 구역에 들어오는 공만 쳤다. 그가 정한 규칙이 늘 성공한 것은 아니었지만 테드 윌리엄스는 묵묵히 그만의 규칙을 따랐다.[45]

---

44) 위의 책, 118쪽.
45) 제임스 몬티어, 차예지 옮김, 워런 버핏처럼 투자심리 읽는 법, 서울:부크홀릭, 2011, 213쪽.

데니스도 "최선의 규칙을 만든 다음 묵묵히 그것을 따른다면 누구나 위대한 트레이더가 될 수 있다."[46]라는 말로 윌리엄스와 비슷한 생각을 내비쳤다.

투자성향이 정반대에 가까운 리처드 데니스와 워런 버핏이 각자 야구에서 투자원리를 찾은 것을 보면 야구장과 시장에는 비슷한 면이 꽤 있는 듯하다. 사실 이 글을 독자 여러분이 읽고 있는 이유 가운데 하나가 '고수는 서로 통한다'는 말처럼 각 분야에서 트레이딩의 원리를 찾자는 것 아닌가. 야구에서 트레이딩 원리를 발견하는 건 새삼스러운 일이 아닐 것이다.

월 스트리트(Wall Street)에서 활동하는 유능한 트레이더들의 성적표는 승률 30% 남짓이라고 한다. 최고 수준의 트레이더도 거래할 때 수익을 낼 확률이 겨우 40%라고 한다. 백수의 왕이라 불리는 사자가 사냥에 나섰을 때 성공할 가능성도 30% 정도다.

성공할 확률보다 실패할 확률이 훨씬 더 큼에도 야구선수는 야구팬의 인기와 다음 해 크게 오른 연봉을 얻고, 트레이더는 유능하다는 평가와 함께 막대한 인센티브를 챙기며, 사자를 비롯한 맹수들은 그날 끼니를 해결한다. 이는 높은 성공률을 갖고 있어서가 아니라 거듭되는 실패에 물러서지 않고 성공을 향한 노력을 멈추지 않았기 때문이 아닐까.

야구 해설가로 유명한 하일성은 프로야구 중계방송 해설자로 나설 때면 종종 "야구, 몰라요."라고 말하곤 했다. 5분 뒤에 무슨 일이 생길지 아무도 모르는 곳은 비단 군대와 야구만이 아니다. 트레이딩도 그렇다.

---

46) 마이클 코벨, 정명수 옮김, 앞의 책, 258쪽.

인문학이 들려주는 트레이딩 원리

4.9 병사는 밥통으로 싸운다

오래전 학창시절 얘기를 잠깐 하자면, 필자가 다녔던 학교는 내 기억으로론 한 달에 한 번은 며칠씩 야외 수련회를 가곤 했는데, 학교 선생들과 학생들은 그걸 '훈련'이라고 불렀다.

수련회 준비에 며칠을 보내고, 며칠 동안 계속되는 수련회에서 산속을 쏘다니며 노숙하다 보면 한 달이 훌쩍 가고, 계절이 바뀌고 어느새 한 해의 마지막을 맞이했다.

열흘 가까이 산속에서 텐트를 치고 밤을 보내는 일도 여러 번 있었는데, 하루 일과를 마치고 텐트에서 밤을 보낼 때 몇몇 학생들은 담임 몰래 모여서 포커를 했다. 이제 와서 생각해 보니 학교 주변에 사는 주민들이 우리 학교를 괜히 '당나라 부대'라고 한 게 아니었다.

포커에서 돈을 따는 사람은 정해져 있었는데, 그 사람의 비결은 먼저 자기보다 학년이 낮거나 비슷한 학생들하고 게임을 하고, 그다음은 돈을 걸 때마다 무지막지하게 걸어 어중간한 패를 들고 있는 사람은 그 판을 포기하게 하는 것이었다. 다시 말해 '레이스'를 할 때마다 판돈으로 밀어붙이는 것이다. 그리고 애초에 두둑한 밑천으로 참여한 터라 연신 게임에 지더라도 끝까지 버틸 수 있었다. 여기에 쓸데없는 얘기 한마디 더 하자면, 필자가 다닌 학교를 선생님들은 '사자 대대(獅子大隊)'라고 치켜세웠고, 우리 학생들은 그냥 '산적 대대(山賊大隊)'라고 불렀다.

사기 도박판을 꾸미는 이른바 '타짜'가 아닌 이상, 평범한 사람들의 포커에서 승자는 판돈이 풍부한 사람이라고 한다. 아무리 게임 기술이 좋아도 밑천이 변변찮으면 게임에서 먼저 손을 털기 마련이란다. 카지노에 들어섰을 때 승자는 자본이 무한대에 가까운 딜러(카지노 측)로 이미 정해져 있다는 사실을 떠올리면 이해 못할 바는 아니다.

두둑한 밑천은 비단 포커에서만 힘을 발휘하는 게 아니고, 아이들 구슬치기(지금도 아이들이 골목길에서 하는지 모르겠다), 우리들 관심사인 시장, 심지어 전쟁에서도 큰 힘을 발휘한다. 오죽하면 나폴레옹(Napoléon Bonaparte)은 "병사는 밥통으로 싸운다."라고 일갈했을까.

두둑한 밑천을 강조한 사람은 포커판의 학교 선배와 전쟁터의 나폴레옹뿐 아니라 고대 로마에도 있었다. 그동안 고대 로마는 '병참으로 이긴다'는 평가를 받았는데, 여기서 '병참'은 단지 군수품 보급만을 말하는 게 아니라 인간이 해야 할 모든 '기술'을 뜻한다. 그래서 당시 '병참'을 뜻하는 라틴어는 오늘날 '아트(art)'의 어원인 '아르스(ars)'[47]였는데, 로마군은 전투에서 승리하기 위해 모든 것을 쏟아붓는 총력전을 펼친 셈이다.

로마군의 전쟁방식을 시장에 가져온다면, 비법에 가까운 투자기법은 그저 전술이라는 지엽적인 문제로 한정될 뿐이며, 여기에 덧붙여 풍부한 자본, 경제 전반에 대한 지식과 통찰력, 사람 사는 곳에 대한 건강한 사고방식도 트레이딩 성패에 영향을 끼친다고 볼 수 있다.

미국 드라마 〈왕좌의 게임〉에는 '대너리스'라는 왕가의 자손이 등장한다. '미친 왕'이란 별명을 가진 아버지가 살해되자 공주인 대너리스는 오빠와 함께 '칠왕국'에서 탈출한다. 야만족 지도자의 아내가 된 대너리스는 죽은 남편을 대신해 부족을 이끌고 점차 세력을 키워 간다. '노예 병사

---

47) 시오노 나나미, 김석희 옮김, 로마인이야기 13, 최후의 노력, 파주:한길사, 2005, 181쪽.

인문학이 들려주는 트레이딩 원리

전쟁기념관 탱크 앞을 지나가는 경찰들 - 전쟁은 총력전이다.

단', '차남 용병단'을 차례로 흡수한 그녀는 기마민족을 통솔하고, 해적왕
국에서 탈출한 남매와 그들의 군사를 받아들이고, 마침내 왕좌를 되찾기
위한 장정에 오른다.

대너리스는 단숨에 칠왕국을 공략할 수 있었지만 계속 사막 대륙에 남
았다. 그리고 묵묵히 힘을 키우는 데 몰두했다.

'칠왕국'을 시장, '대너리스 공주'를 시장 참여자로 본다면, 대너리스는
충분한 자본과 기술이 모인 다음에서야 시장에 진입한 셈이 된다. 자본
이 승리를 결정한다는 것을 몸소 실천한 셈이다.

정신교육을 강조하여 병사들의 사기를 높이는 것에는 한계가 있다. 나
폴레옹의 말처럼 배를 든든히 해야 싸울 수 있다. 배를 채운다는 건 단순
히 군량미가 충분하다는 게 아니라 로마처럼 무기와 같은 군수물자, 더
나아가 후방의 경제적 지원까지 뜻할 것이다.

제2차 세계대전의 한 축을 담당했던 '태평양 전쟁'을 돌이켜 보자. 일본 가미카제 특공대가 폭탄을 안고 미 군함에 뛰어들 만큼 일본군의 정신력은 강했고 그것은 상대에게 공포를 부르기 충분할 정도였다. 전선(戰線)이 점점 일본 본토를 조여 오자 그들은 '옥쇄(玉碎)'를 다짐하며 싸움에 임했다.

그런데 전함 미주리호에서 항복문서를 받아 낸 승자는 강한 정신력으로 무장한 일본군이었는가, 풍부한 자원을 바탕으로 물량공세에 나선 미군이었는가.

《손자병법》에서도 든든한 밑천은 강조되는데, '군쟁 편'에서는 "군대에 군수물자가 없으면 망하고 군량미가 없으면 망하고 비축된 물자가 없으면 망한다."[48]고 말한다.

중국 대륙을 놓고 유비, 손권과 함께 자웅을 겨루던 조조 역시 《손자병법》에 식량 보급을 강조하는 주석을 달 정도였다. 보급에 문제가 생기면 그 부대는 어려움에 빠질 수밖에 없다. 군인들 중에는 영화 속 '람보'처럼 인간병기 같은 병사도 있겠지만 대부분은 우리들처럼 평범한 사람들이 아닌가.

그리고 전쟁에 필요한 자본은 물질적인 면과 정신적인 면을 모두 아우른다. 《육도삼략》은 물질적인 면으로 평화 시에 비축한 식량과 군수물자, 산업의 발전을 꼽았고, 정신적인 면으로는 무엇보다 민심을 강조했다.[49] '로마군은 병참으로 싸운다'는 말을 고대 중국의 병법서에서도 확

---

48) 손자, 앞의 책, 186쪽.
49) 태공망; 황석공, 앞의 책, 31쪽.

　　　　　　　　　　　　　인문학이 들려주는 트레이딩 원리

인할 수 있는 부분이다.

이는 현대 기업과 우리들의 세계인 시장에서도 마찬가지다. 사업을 하려면 일단 자본이 있어야 한다. 트레이딩 역시 자본이 없으면 불가능하다. 선물시장의 경우 개시증거금이 없으면 입장조차 허락되지 않는다. 게임에 참가하려면 외부에서 투자를 받든 집문서를 저당 잡히든 일단 거래에 필요한 자본을 마련해야 한다. 시장이라는 전쟁터에서 손자와 나폴레옹이 강조한 군량미는 바로 투자자금이기 때문이다.

그리고 병사는 밥통으로 싸우고, 로마군은 병참으로 이긴다는 말처럼 자금이 넉넉해야 시장에서 유리한 고지를 점할 수 있다. '돈이 돈을 번다'는 잔인하고 씁쓸한 현실을 다시금 인정하지 않을 수 없다.

그렇다고 자본이 빈약한 현실 앞에서 낙심할 것까진 없겠다. 상대적으로 빈약한 자본과 기술에서 나름의 가치를 만들어 가면 되니 말이다. 독일 히틀러에게 맞서고 유고슬라비아—지금은 해체돼 사라졌다—를 건국한 티토는 독일군을 상대로 소수의 병력을 가지고 게릴라전으로 대응했다. 전력상 열세였던 마오쩌둥 역시 일대 회전(會戰)으로 일본군과 장제스(蔣介石)의 국민당군을 상대하진 않았다.

이렇듯 나폴레옹이 강조한 풍부한 물자는 절대적인 양이 아니라 상대적인 크기임을 짐작할 수 있다.

5.

기본적 분석과
기술적 분석

5.1 기본적 분석의 중요성

지난 2016년 여름 영국 국민들은 국민투표를 통해 유럽연합(EU)에서 떠나기로 결정했다. 예상치 못한 국민투표 결과에 영국인들을 포함한 전 세계 사람들은 경악했고, 영국의 파운드화는 미 달러에 대해 약세로 돌아섰다. 투표를 통해 국민의 뜻을 확인한 영국 정부는 EU와 영국의 EU 탈퇴를 뜻하는 '브렉시트(Brexit)' 협상을 시작했다.

그 당시 영국이 유럽과 이혼할 것이라고 예상한 사람은 별로 없었다. 그저 유럽연합 내에서 자기 목소리를 높이기 위한 수단 정도로 보는 게 대체적인 시각이었다. 영국 국민들 사이에 찬반 의견이 팽팽하게 맞섰어도 영국인 스스로도 유럽연합을 정말 탈퇴하리라 생각하진 못했을 것이다.

EU 탈퇴를 결정한 영국 국민투표 발표 당시 파운드/달러 차트

투표 결과가 나오기 직전까지 차트는 우리에게 무엇을 말해 주었을까.
영국인들이 어떤 선택을 하리라고 어떤 암시를 줬는가.

미국에서는 2016년 가을 대통령 선거를 치렀다. 누가 당선될 것인지를
놓고, 미국 대통령 선거제도가 지닌 맹점을 지적하며 공화당 대선 후보인
도널드 트럼프(Donald John Trump)와 민주당 대선 후보인 힐러리 클린
턴(Hillary Rodham Clinton)이 백중세라고 보는 이들도 있었지만, 대개
는 여론조사를 근거로 클린턴 후보의 우세를 점쳤다.

게다가 선거운동 기간 동안 트럼프에겐 악재가 끊이지 않았다. 후보들
간의 TV 토론에서 그는 헛발질에 가까울 만큼 실망스러운 모습을 보였
고, 과거 그에 대한 성추문이 폭로되기도 했다. 여성을 성적 대상으로 보
고, 인종차별적 시각을 굳이 숨기려 하지 않고, 환경오염 따위는 과감히
무시하는 그의 생각과 행동이 고스란히 대중들에게 노출돼 상대편 후보
인 클린턴의 승리를 점치는 분위기였다.

하지만 뚜껑을 열어 보니 미국의 제45대 대통령은 예상을 뒤엎고 부동

산 재벌이자 미국 정가의 주변인인 도널드 트럼프로 정해졌다. 뜻밖의 결과에 전 세계가 충격에 빠졌다고 해도 지나친 말이 아니었을 정도였는데, 프랑스나 독일 같은 곳에서는 트럼프 '대통령'에게 보낼 축하인사마저 미처 준비하지 못했을 정도였다.

브렉시트 때와 마찬가지로 트럼프의 대통령 선거 승리에 대해서도 차트는 우리에게 아무런 말도 해 주지 않았다. 차트를 아무리 현미경 들여다보듯 분석한들 영국인들의 선택이 무엇일지, 미국인들이 무엇을 바라고 있는지 알 수 없었단 소리다. 그저 차트는 그 사건이 발생하고 나서 그것이 시장에 어떤 영향을 끼쳤는지는 충실히 보여 줄 뿐이었다.

이른바 '기술자'라고 불리는 기술적 분석 신봉자들은 '차트에 모든 것이 담겨 있다'고 주장한다. 하지만 위에서 말한 내용들을 차트가 담아냈을까.

꼭 시장을 들먹이지 않더라도 어디서든 '기본'에 대한 중요성은 강조된다. 과거 사법시험을 통과한 이들과 대학입시에서 수석을 차지한 수험생들은 합격비결로 '기본에 충실했다'는 말을 빼놓지 않았다. 시인 칼릴 지브란(Kahlil Gibran)도 "건축물에서 가장 견실한 돌은 토대의 맨 밑에 놓인 돌"이라며 두드러지게 눈에 띄지 않더라도 '기본'에 대한 중요성을 강조했다.

시장과 주변 환경을 살펴보는 기본적 분석 역시 그러할 것이다. 우스갯소리 같지만 '기본적 분석'이니까 기본적으로 해야 하는 것 아니겠는가.

'제2차 포에니 전쟁'에서 로마를 괴롭힌 한니발은 비단 전투와 전술에만 능한 장수는 아니었다. 그는 시대를 같이했던 사람들과는 달리 정보의 중요성을 깨닫고 있었다. 그는 갈리아 사람들이 알프스산맥을 넘는 요령을 파악하고 그 방법을 자신의 부대에 응용했다. 그의 전술은 지역 정보를 기초로 한 것이었다.

한니발이 '정보', 바로 기본적 분석을 소홀히 했다면, 로마인들의 허를 찌른 그의 행군은 빛을 보지 못했을 것이고 전쟁은 로마의 승리로 싱겁게 끝났을지도 모를 일이다.

그리고 손자(孫子)도 전투에서 이기는 전술을 논하기 전에 '오사칠계 (五事七計)'[1]를 거론하며 전쟁에 앞서 자신이 처한 상황을 냉정히 따져 볼 것을 주문했다.

한편 기술적 분석 가운데 하나인 추세추종 기법을 신봉하는 에드 세이 코타(Edward Arthur Seykota)는 "기본적 분석은 세상일이 어떻게 돌아가는지를 파악하는 데는 유용할 수 있지만 언제 얼마나 매매해야 하는지에 대해서는 말해 주지 않는다."[2]고 말했다.

기술적 분석을 신봉하는 사람들은 뉴스 내용이 이미 가격에 반영돼 있어 뉴스를 비롯한 기본적 분석이 큰 의미를 갖는 건 아니라고 말한다. 결국은 차트에 나타난 패턴에 따라 가격이 움직인다는 것이다. 가격에 모든 정보가 반영돼 있다는 것이 기술적 분석의 기본전제이기도 하다.

터틀 교육생 출신인 제리 파커는 기회가 있을 때마다 트레이더는 자신이 거래하는 시장에 대한 전문적 지식을 갖출 필요도, 자연과학과 정치 분야에 대한 권위자일 필요도, 어떤 특정한 사건이 특정 시장에 경제적으로 미칠 충격파가 무엇인지 세세히 알아야 할 이유도 없다[3]고 강조하곤

---

1) 손자, 김원중 옮김, 손자병법, 파주:글항아리, 2011, 40~51쪽.
2) 마이클 코벨, 이광희 옮김, 추세추종전략, 서울:더난출판, 2005, 271쪽.
3) 마이클 코벨, 정명수 옮김, 터틀 트레이딩, 서울:위즈덤하우스, 2008, 248쪽.

했다.

하지만 우리는 기술적 분석의 치명적인 약점인 '후진성'을 무시할 수 없을 것이다.

현재 시장상황을 모니터로 보면서 마우스를 누를지 여부를 결정하는 순간에는 세이코타의 말처럼 기본적 분석이 별 도움이 되지 못할 것이다. 아무리 실시간으로 뉴스가 트레이더에게 전달된다고 해도 뉴스는 일어난 일을 알려 주지, 일어나지 않은 일을 예상해 일러 주지 않으니 말이다. 또 아무리 자세하게 작성된 기업보고서도 주가가 언제 오를지를 말해 주지는 않는다.

시장 참여자들은 사람이지 거래하는 기계가 아니다. 기계는 다음 결과가 어떻게 되든 정해진 공정에 따라 움직이면 그만이지만, 사람은 그럴 수 없다. 더구나 트레이딩이 한 가정이나 기업을 책임지고 있다면 더더욱 그럴 수 없을 것이다. 추세추종론자인 세이코타 역시 인정했듯이 기본적 분석은 시장과 세계가 어떻게 움직이는지 이해하는 데 필요한 작업이다. 시쳇말로 '지금 뭐 하자는 수작'인지는 알아야 할 것 아닌가.

브렉시트에 대해 전혀 알지 못하고 오로지 차트만 보고 파운드를 거래했다면, 폭풍전야의 고요함을 눈치채기 어려웠을 것이고, 눈앞에 펼쳐진 고요함만 보고 요트를 끌고 바다를 항해하는 우를 범했을지 모를 일이다.

기관투자자로 일하는 한 트레이더는 '기본적 분석'과 관련해 '정보 습득'을 트레이딩에 필요한 주요 요소로 꼽았다. 비록 여건상 다른 이들, 즉 고급정보를 주고받는 그룹보다 늦게 뉴스와 정보를 받는다 하더라도, 무슨 상황이 무슨 이유로 벌어졌는지 알아야 시장을 이해할 수 있고 앞으로 비

인문학이 들려주는 트레이딩 원리

숫한 상황이 일어났을 때 적절하게 대응할 수 있다는 근거에서다. 같은 이유로 거래를 마치면 다시 한 번 시장을 돌아볼 것을 투자자들에게 권유한다.

로마제국 최초의 황제 아우구스투스[4]가 공화제인 로마를 제정인 로마제국으로 바꿔 가는 과정은 철저히 당시 법률을 따랐다고 한다. 그가 행한 정책들은 하나씩 살펴보면 문제 될 게 없었지만, 그것을 서로 연결해 가면 공화국에서 로마제국으로 가는 조치들이었다. 만약 누군가 나무가 아닌 숲 전체를 바라보는 통찰력을 지녔다면 아우구스투스의 계략을 간파하고 로마인들에게 알렸을지 모를 일이다. 로마인들이 공화정이냐 제정이냐를 선택하는 문제는 그다음으로 치고서 말이다.

시장에서 매매에 여념이 없다 보면 그 순간에는 전체적인 숲을 보지 못하는 경우가 많다. 매매 당시 논리와 합리적 판단으로 거래 방향을 잡았지만 나중에 거래를 복기해 보면 시장 방향과 전혀 다른 방향으로 갈 수도 있다는 말이다. 매 순간순간마다 합리적인 판단과 결정을 내렸지만 지나고 보면 거래에서 큰 실수를 저지를 수도 있다. 마치 아우구스투스가 공화정에 적합한 정책들을 내놓았지만 시간이 지나고 보니 공화정이 제정(帝政)으로 바뀌는 과정을 이행하고 있었다는 것을 확인하는 것처럼 말이다.

기업가치, 거시경제, 경제 뉴스 따위는 지금 당장의 시장 흐름과 무관해 보이더라도 전체적인 흐름을 이해하는 데 많은 도움을 준다. 잠시 시

---

4) 시오노 나나미, 김석희 옮김, 로마인 이야기 6, 팍스 로마나, 파주:한길사, 1997, 48~49쪽.

장이 휴식을 취하는 것처럼 조용할 때, 이것이 새로운 도약을 위해 힘을 비축하는 것인지 그동안의 기세가 다해 가는 것인지 이해하는 데 도움이 된다. 물론 그것이 투자자들이 결정을 내릴 때 선입견으로 작용할 수도 있겠지만 말이다.

워런 버핏이 기술적 분석을 바탕으로 투자를 했던가. 필자는 과문한 탓에 그가 최적의 진입과 청산시점을 잡느라 고심을 거듭하고 차트에 나타난 패턴을 연구한다는 말은 못 들어 봤다.

그래서인지 기본적 분석을 중시하고, 그만큼 기술적 분석을 폄훼하는 한 트레이더는 '기술적 분석은 보조일 뿐'이라고 말한다.

하지만 기본적 분석과 기술적 분석은 서로 배타적인 관계가 아니다. 트레이딩 성향에 따라 기본적 분석과 기술적 분석 어느 한쪽을 우선적으로 따를 수는 있지만 어느 한쪽을 물리칠 수는 없을 것이다.

필자는 차트를 가지고 거래하는 차티스트, 바로 '기술자'이지만 기본적 분석을 절대 무시하지 않는다. 시장 참여자들에게 기본적 분석과 기술적 분석 모두 중요하다고 생각하기 때문이다. 어느 한쪽만 중시하고 다른 한쪽은 등한시하는 것은 적절치 못하다는 게 필자의 견해다. 여기서도 조화와 균형이 필요한 것이다. 그래서 필자가 생산하는 보고서는 기술적 분석 결과와 기본적 분석 결과를 모두 포함한다.

2019년 달러는 연초부터 강세를 띠기 시작했다. 그리고 우리가 자고 있는 동안 달러화 가치가 상승하면 다음 날 아침 외환 시황을 전하는 기사에는 '미중 무역협상 가능성을 낙관적으로 보았기 때문'이라는 글귀가 적혔다. 어쩌다 달러가 다른 비교통화에 대해 약세를 띠면 다음과 같은 분석기사가 실리곤 했다. "미중 무역협상에 대한 기대감이 위험자산 선호현상을 불렀고, 달러 약세를 이끌었다."

비슷한 시기에 한 가지 재료를 가지고 어떤 날은 달러 강세의 이유로, 어떤 날에는 달러 약세 근거로 사용한 것이다.

2019년 1~3월 EUR/USD 4시간 차트

2019년 4월 미국 연방공개시장위원회(FOMC)는 기준금리를 동결했다. 외환시장에서 기준금리 관련 뉴스는 매우 영향력이 큰 재료인데, 기준금리 동결은 대개 해당 통화의 약세로 이어지곤 한다. 기준금리 동결을 예상한 시장에서는 금리 발표 전부터 달러가 약세를 띠었다. 막상 '기준금리 동결'이라는 시장의 기대와 부합하는 결과가 나오자 달러는 급등하기 시작했다. 시장은 금리 동결을 예상했어도 내심 '금리 인하'를 기대했는데, 막상 금리가 동결되자, 이것이 금리 인상과 같은 효과를 낸 것이었다.

또 2019년 9월 미국 공개시장위원회는 기준금리를 0.25% 인하했다. 시장에서는 금리 인하 가능성을 반반으로 보고 있었다. 기준금리는 인하됐지만 앞으로 일 년간 추가 인하가 없을 것이라고 파악한 시장은 달러를 매수하기 시작해 달러화 가치가 상승했다. 기준금리 인하에도 불구하고 말이다.

이처럼 시장심리에 따라 같은 재료를 놓고 시장은 상반된 움직임을 보인다. 2019년 들어 외환시장에 나타난 분위기다. 기본적 분석을 제대로 하지 않으면 추세에 역행해 진입할 수 있단 뜻이다.

그만큼 2019년은 시장 관계자들에게 이해하기 어려운 해였는지 모르지만, 한 가지 현상을 놓고 정반대 해석과 반응이 가능하다는 점도 알려주었다. 이렇듯 경제상황에 대한 이해가 자의적일 수 있다는 점에서 기본적 분석 역시 맹점을 지니고 있다.

기술적 분석을 신봉하는 사람들도 실은 '기본적 분석'을 무작정 외면하지 않는다. 그들이 미처 인식하지 못한 '기본적 분석' 결과가 있는데 그것은 '내일도 시장은 열린다'는 사실이다. 지난 2001년 9·11 테러 직후 모든 이들의 '기본적 분석'은 바로 '내일 시장이 열릴까'였지 않았나.

5.2 하늘 아래 새로운 것 없다

특종에 목말라 앞뒤 재지 않고 취재현장을 헤집고 돌아다니는 새내기 기자들에게 선임 기자들은 심드렁하게 말한다.

"하늘 아래 새로운 거 있다더냐."

굳이 '역사는 반복된다'는 역사학자 아널드 토인비(Arnold Joseph Toynbee)의 말을 떠올리지 않더라도 평범한 우리들은 세상은 돌고 돈다는 것을 경험적으로 안다. 우리 인간은 한 치 앞도 내다보지 못하는 미물이지만 한 번 일어났던 일은 또 일어날 가능성이 있다고 생각할 줄은 안다.

우리가 쓰는 '차트(chart)'는 병원에 입원한 환자의 진료기록이 아니라 기술적 분석에 중요한 자료인 가격 움직임을 기록한 도표다. 가격은 시장 참여자들의 매매에 의해 결정되므로 차트는 시장 참여자들의 심리와 행동에 대한 기록이기도 하다. 기술적 분석가[5], 바로 차티스트는 거래에서 어떤 패턴들이 반복됨을 발견하고, 이를 인간 행동과 깊은 관련이 있다고 본다.

'기술적 분석'은 간단히 말해 가격 흐름을 도표로 나타낸 '차트'를 분석하는 것이다. 차트에는 모든 정보가 담겨 있으므로 차트 속에 정답이 있다는 생각에 바탕을 둔다. 기술적 분석은 과거에서 현재까지의 가격 변화, 추세나 패턴, 보조지표의 움직임 등을 분석해 앞으로의 가격 변동을 예측한다. 차트에는 수요와 공급으로 표출되는 심리가 반영돼 있다고 보기에, 기술적 분석은 '시장심리'에 바탕을 둔다[6]고 말하기도 한다.

역사를 공부하는 이유로 역사라는 큰 물결 속에는 어떤 규칙에 따른 움직임이 있기 때문에 그 패턴을 알기 위해서[7]라고 말하는 이들을 볼 수 있다. 기술적 분석을 신봉하는 사람들도 차트에서 찾아볼 수 있는 어떤 규칙적인 움직임에서 앞으로의 움직임을 가늠할 수 있다고 믿는다. 그래서 기술자로 불리는 이들은 과거 거래에서 드러난 가격 흐름이 미래에도

---

5) 김정환, 차트의 기술, 고양:이레미디어, 2006, 33쪽.
6) KR선물, FX 마진거래를 위한 TECHNICAL/FUNDAMENTAL GUIDE 및 HTS MANUAL. 서울:KR선물, 2009, 4쪽.
7) 정진홍, 인문의 숲에서 경영을 만나다 2, 파주:21세기북스, 2008, 143쪽.

나타난다고 보고 그 모습을 연구한다. 그래서 과거 차트에서 나타났던 패턴이 다시 등장했다고 판단하면 그 패턴이 재현될 것을 예상하며 거래에 임한다.

정밀한 분석을 위해 게임 이론이나 확률론 등 많은 과학적인 방법을 동원하기도 하지만 기술적 분석이 완벽한 것은 아니다. 아무리 정교한 수학적 모델을 차트에 들이댄다고 해도, 다양한 인간들의 심리가 반영된 시장을 단지 몇몇 수학공식으로 명쾌히 정의한다는 것은 기술적 분석가의 오만함이 아닐까. 게다가 인간은 늘 합리적으로 움직이는 존재가 아니기에 예측하기가 쉽지 않고, 논리적으로 설명할 수 없는 행동을 보이기도 한다. 앞서 언급한 브렉시트나 LCTM의 몰락은 차트에서 예측할 수 없다.

추세추종론자들은 '기본적 분석'에 비판적이다. 그들은 거기서 나올 수 있는 건 아무것도 없고 가격이라는 본질에 집중해야 한다고 말한다.[8] 예를 들어, KOSPI200 선물지수를 거래하기 위해 그 지수에 포함된 200개 기업을 일일이 분석하는 건 불가능에 가깝다. 원유선물을 거래할 때 원유와 관련한 모든 기본적 분석—국제정세, 산유국 내부 정치, 경제적 상황을 포함해서—을 완벽히 할 순 없고, 그럴 필요도 없다는 것이다.

기술적 분석을 신봉하는 사람들은 '차트는 모든 것을 반영한다'는 믿음을 갖고 있다. 차트는 인간의 심리가 반영된 수요와 공급이 시장에 어떻게 나타났는지를 보여 준 결과이기 때문이다. 이유야 어찌 됐든 그 결과가 모두 가격, 바로 차트에 반영된다고 보는 것이다. 가격에 반영되는 요인은 이미 알려진 재료뿐 아니라 시장 참여자들에 대한 주관적인 요인,

---

8) 마이클 코벨, 정명수 옮김, 앞의 책, 95쪽.

인문학이 들려주는 트레이딩 원리

심지어 전혀 예측할 수 없는 천재지변까지도 포함된다고 기술적 분석가들, 이른바 '기술자'들은 말한다.

기술자들은 미래를 예측하는 데 굳이 그 이유까지 알 필요는 없다고 생각한다. 그래서 차트만 보고 거래하는 이들 중에는 경제에 관심을 두지 않고, 오로지 차트에만 집중하는 이들도 많다. 특히 단타매매하는 트레이더들은 기본적 분석을 할 짬이 나지 않는다고 할 정도다.

이는 기술적 분석보다 기본적 분석을 중시하는 이들이 가격이 그렇게 움직인 원인을 반드시 찾아봐야 한다고 강조하는 것과는 대비되는 면이다.

• 기술적 분석의 장단점

많은 논란 속에서도 기술적 분석은 폭넓은 지지를 받으며 시장 분석도구로 쓰이고 있다. 시장을 분석하는 게 주 업무인 애널리스트도 시장 주변 상황뿐 아니라 기술적 분석도 사용하여 보고서를 생산하고, 헤지펀드 운용자인 조지 소로스 역시 추세추종의 중요성을 언급한 바 있을 정도다.

기술적 분석이 시장 참여자들에게 광범위한 지지를 받는 이유로 먼저 적용의 유연성을 들 수 있다. 이는 기술적 분석의 가장 큰 장점으로 평가받고 있는데, 기술적 분석 방식은 어느 시장에나 적용할 수 있다는 점이다. 주식시장이든 통화시장이든 원자재시장이든 트레이더가 사용하는 기술적 분석은 서로 다르지 않다. 어느 시간대의 차트를 사용하든 적용방식은 기본적으로 같다. 주간 차트나 일간 차트처럼 긴 시간대 차트뿐 아니라 5분 차트, 1분 차트처럼 짧은 시간대 차트에서도 똑같은 잣대를 들이댈 수 있다.

물론 상품에는 각각의 특징이 있다. 예를 들어 외환시장의 '유로/달러(EUR/USD)' 상품은 패턴이 비교적 쉽게 눈에 보이고 패턴에 따라 움직이는 데 비해, 파운드는 휘발성이 커서 차트에서 속임수가 많고 '파운드/엔(GBP/JPY)' 통화쌍은 변동성이 큰 편이다.

원유선물이나 옥수수선물 같은 원자재 상품은 통화나 주가지수 상품에 비해 투기적 수요보다는 실수요에 의해 움직이는 경우가 많기 때문에, 거래량이 상대적으로 적고 차트 모양도 매끄럽지 못해 기술적 분석에 어려움이 많다.

그렇다 해도 진입하려는 시장과 거래하려는 상품을 달리할 때마다 기술적 분석을 새롭게 배우진 않는다.

차트는 여러 정보를 시각화할 수 있어서 기술적 분석을 통해 투자에 필요한 정보를 한눈에 볼 수 있다. 시장에 떠도는 소문이나 시장 참여자들의 투자심리 같은 것들도 차트에 반영되는데, 시장 참여자들의 심리를 반영한 '공포지수(VIX)'는 시장 분위기를 이해하는 데 참고가 된다.

시장 참여자들은 대개 정보에 민감하다. 시장에 막 들어선 참여자들은 기본적 분석, 기술적 분석에 서투른 대신 속 깊은 곳에서 흘러나온 정보에 목말라한다. 하지만 평범한 투자자가 기업 내부의 은밀한 정보를 얻기란 매우 어렵다. 설령 '천기누설'이라고 할 만한 정보를 손에 넣었다 하더라도 내가 알 무렵에는 이미 다른 이들한테도 그 정보가 전해졌을 테다. 해외 선물시장에 상장된 상품들, 원유, 농산물, 통화상품의 경우 그와 관련된 은밀한 정보를 그때그때 얻을 수 있는 이들이 얼마나 될까.

만약에 미국 연방준비제도 이사장이 다음 달 금리 인상을 밀어붙이기로 작정했을 때, 사적인 대화나 비공개 회의를 통해 그의 속마음을 읽을 기회를 얻을 사람이 지구상에 몇 사람이나 될까. 테러단체 알 카에다나 테러리스트 오사마 빈 라덴의 자금을 맡아 운용하지 않는 이상 9·11 테러 계획을 미리 알아내 거래에 활용할 사람은 또 얼마나 되겠는가 말이다.

그에 비해 기술적 분석은 누구에게나 공평하게 똑같은 자료를 제공한다. 더구나 인터넷과 같은 정보통신기술의 발달로 이젠 시장 참여자 모두에게 실시간으로 생생한 차트가 전달된다. 내밀한 정보일수록 기관 투자자들이 상대적으로 쉽게 얻을 수 있지만, 기술적 분석 대상인 차트는 평범한 개인 투자자들도 어렵지 않게 구할 수 있다.

하지만 기술적 분석에 대한 회의적인 시각도 만만치 않은데, 차트에 대한 분석이 지나치게 자의적이란 지적이 대표적이다. 그래서 기술적 분석은 트레이더의 편견과 희망이 가득 담긴 자기성취적 예언이라는 비아냥을 듣기도 한다.

기술적 분석을 비판하는 사람들은 차트에 어떤 패턴이 보이면 시장 참여자들이 은연중에 그 패턴을 완성시켜 간다고 주장한다.

실제로 그런 일은 종종 일어난다. 예를 들어 대표적인 추세전환 패턴 가운데 하나인 '머리어깨형 패턴'이 나타나기 시작했다고 하자. 아직 이 패턴이 완성되진 않았지만 어느 정도 만들어지고 있으면 평범한 투자자들은(개인 투자자든 기관 투자자든) 이 패턴이 완성될 것으로 보고 패턴이 완성되는 쪽으로 상품을 사고판다. 그리고 패턴이 완성되면 이젠 매도에 나선다.

이는 거래 참여자의 수가 많을수록 빈번하게 일어나는데, 그렇게 생각하는 사람이 그만큼 많아져서다. 외환시장에서 유로화상품이 다른 통화상품에 비해 패턴이 깔끔하고 해석하기 쉬운 것도 참여자 수와 거래량이 제일 많아서이고 파운드화가 변동성이 큰 이유도 상대적으로 거래량이 적어서이다.

이런 이유로 투자 초보자들은 대형주 위주로 투자하고 거래량이 많은 상품을 거래하라는 조언을 받는다. 수많은 사람들이 그렇게 생각하고 거래하는데, 그 흐름을 거스르며 거래하는 건 불 속에 뛰어드는 불나방과도 같지 않겠는가.

출근길 지하철역을 떠올려 보자. 수많은 사람들이 지하철에서 내려 개찰구나 환승구간으로 향할 때, 그 흐름과 반대방향으로 움직이는 게 얼마나 힘든지 말이다.

그래서 거래량이 많은, 이를테면 유로화 거래에서는 이른바 작전세력도 투자자들을 속이기 매우 어렵다. 그리고 주식시장에서 이른바 작전세력은 주가조작에 나설 때 먹잇감이 쉽게 접근하게 하려고 인위적으로 패턴을 만들어 간다. 자기들끼리 주식을 사고파는데, 소기의 목적을 달성하기 위해 중소형주를 주로 공략한다.

차트를 보는 눈은 상당히 주관적이다. 같은 차트를 놓고 보더라도 서로 다른 분석을 내놓기 일쑤다. 어떤 사람은 차트에 나타난 가격 움직임을 둥근 바닥 패턴이라고 보는가 하면 다른 사람은 직사각형 패턴으로 보는 식이다. 앞에서 말한 '엘리엇 파동'의 경우 '상승 1파'를 어디로 잡을 것인지는 트레이더마다, 그들이 보는 차트의 시간 크기에 따라 각기 다르고, 그게 주 추세의 상승파인지 추세 속 상승파인지 보는 이마다 각자 다른 의견을 내놓는다. 그래서 기술적 분석 결과는 '귀에 걸면 귀걸이, 코에 걸면 코걸이'라는 비난을 받는다.

시장의 움직임을 설명하는 이론으로 '랜덤워크 이론(random walk theory)'이 있다. 시장은 효율적이라는 전제를 둔 이 이론은 가격 움직임이 술 취한 사람의 걸음걸이처럼 무작위적이고 예측할 수 없다고 설명한다. 그래서 아무리 훌륭한 기본적 분석과 기술적 분석으로도 미래 가격을 예측하는 것은 불가능하다[9]고 결론짓는다.

이쯤에서 역사에 대한 토인비의 또 다른 말을 언급해야겠다.

"역사는 아무렇게나 되풀이되는 것이 아니다."

5.3 모리아티는 만능코드를 개발했을까

오래전 KBS의 〈개그 콘서트〉라는 코미디 프로그램에 '봉숭아 학당'이라는 꼭지가 있었다. 여기에서 '노마진'이라는 장수가 갖가지 물건을 들고나와 상품 선전을 하며 시청자들에게 웃음을 선사한 적이 있었다. 필자의 기억에 남는 상품으로 운전자들의 필수품이 된 내비게이션이 있다. 노마진은 들고나온 내비게이션 성능을 소개하면서 그 제품이 가지고 있는 사소한 단점도 친절히 일러 준다. 안내가 약간 느리다는 것이다. 그래서 "조금 전 과속 카메라를 지나치셨네요."라든지 "방금 좌회전을 하셨어야죠!"라는 말로 운전자를 살짝 당황케 한다는 것이다.

---

9) KR선물, 위의 책, 4~5쪽.

시청자들은 장사꾼 노마진이 소개하는 내비게이션에 웃으면 그만이다. 필자도 그 순간 실컷 웃었다.

하지만 그 내비게이션을 차트의 보조지표라고 생각한다면 웃음 띤 얼굴은 금세 벌레 씹은 표정으로 바뀌고 만다. 우리는 '보조지표'라는 이름을 가진 고물 내비게이션을 가지고 '시장'이라는 험난한 길을 가고 있으니 말이다.

기술적 분석에 주요 도구로 쓰이는 보조지표가 지닌 치명적인 단점은 '앞으로의' 진로를 알려 주는 게 아니라 '그동안의' 경로를 알려 준다는 점이다. 보조지표를 가지고 시장 진입과 철수를 하는 트레이더들은 그동안의 가격 흐름을 분석한 계기판을 보고 가격이 이동할 다음 경로를 예측하는 셈이다. 그래서 어떤 사람은 보조지표만 보고 거래하는 것을 '백미러만 보고 운전하는 것'이라 경고하기도 했다. 그럼에도 불구하고 보조지표가 보내는 신호를 신의 계시처럼 여기는 사람들도 있다.

투자자들에게 널리 쓰이는 '이동평균선(moving average)', '볼린저 밴드(Bollinger bands)', '스토캐스틱(stochastic)' 말고도 보조지표에는 어떤 것들이 있고, 각각의 특징은 무엇인지 여기서 따로 설명하지는 않겠다. 필자보다 여러분들이 더 잘 알고 있을 것이고, 서점이나 도서관에서 '보조지표'에 대해 상세하게 설명한 책들을 많이 찾아볼 수 있을 것이기 때문이다.

영국 드라마 〈셜록〉 시즌 2 제3부에서 '자문 범죄자' 짐 모리아티는 시작부터 말썽을 부린다. 영국 최고의 보안시설을 자랑하는 런던탑과 영란은행 금고, 교도소의 보안장치를 동시에 해제한 것이다. 물론 불법으로 말이다.

인문학이 들려주는 트레이딩 원리

그리고 그뿐이었다. 런던탑에 보관된 왕관을 들고 '괴도 루팡'처럼 도망가지 않았고, 영란은행 금고를 열어 그 재산을 탐하지도 않았고, 교도소문을 열고 죄수들을 탈출시켜 사회 혼란을 일으키지도 않았다. 그는 경찰에 순순히 체포되고 재판을 받는다.

어떻게 여러 곳의 보안장치를 거의 동시에 해제할 수 있었을까. 그는 그저 런던탑에서 스마트폰에 담긴 앱을 실행했을 뿐인데 말이다.

셜록은 이 세상의 모든 보안장치를 무력화할 컴퓨터 코드, 이른바 '만능열쇠'를 모리아티가 갖고 있다고 생각한다. 모리아티가 영국에서 최고의 보안시설을 갖춘 곳을 침입했으면서 아무것도 하지 않은 것은 그가 '만능열쇠'를 갖고 있다는 걸 전 세계 범죄조직에 알리기 위해서라고 성격이 괴팍한 탐정 셜록 홈즈는 결론을 내린다.

관찰력과 기억력이 남다른 셜록은 0과 1로 구성된 컴퓨터 코드를 밝혀낸다. 하지만 모리아티는 내부자들을 매수해 쇼를 벌인 것임을 밝히고, "설마 코드 몇 줄로 세상의 모든 시스템에 침투할 수 있다고 믿었냐."라며 셜록을 비웃는다.

'만능열쇠'를 갖고 싶어 하는 욕망은 드라마 속에서만 나타나지 않는다. 우리가 몸담고 있는 시장에서도 만능열쇠에 대한 욕망을 어렵지 않게 찾아볼 수 있다. 이른바 '비법'을 찾아 헤매는 행동도 실은 만능열쇠를 찾으려는 행동이 아닌가.

어떤 트레이더는 추세선에서 '마법의 탄환'을 다듬고, 어떤 참여자는 여러 가지 보조지표들 가운데 하나를 골라 그 지표가 주는 신호에 절대적 가치를 부여하기도 한다. 상우는 일목균형표가 세상의 섭리를 보여 주면서 시장에 신호를 보낸다고 주장하고, 상진이는 작전세력들이 개미들을 농락하는 주식시장에서 스토캐스틱을 전가의 보도와도 같은 지표로 소개하고, 홍국이는 MACD가 시장에서 가장 강력한 무기라고 주장하는 식으로 말이다. 심지어 자신이 발견한, 또는 자신이 개발한 방식을 거래에 사용하면 억만장자가 되는 것은 시간문제라는 식으로 말하는 이들도 있다.

수많은 거래방법, 여러 가지 보조지표 가운데 하나를 선택해 거래에 사용하는 것은 잘못된 게 아니다. 메이저 리그에 진출한 류현진이 다양한 변화구로 타자를 공략하는 것은 아닌 것처럼 말이다.

하지만 투수가 슬라이더 하나만 주 무기로 집중하는 것과 슬라이더 변화구 한 개를 만능열쇠인 양 절대시하는 건 분명 다른 문제다.

시장에 몸담고 있는 이들은 어느 상황에서나 수익을 내는 매매기법 따윈 존재하지 않는다고 입을 모은다. 추세장에 적합한 보조지표가 있는가 하면 횡보장세에서 위력을 발휘하는 보조지표가 있다. 어느 한쪽에 효과적인 보조지표는 시장이 반대상황으로 돌아서면 무용지물이 된다. 강한 추세장에서 효과적인 거래방법을 속임수 신호가 난무하는 비추세장에서 고집하면 손실의 늪에서 허우적거릴 게 뻔하다. 반대의 경우에선 나름 전문가 집단이라 자부하는 쪽에서 큰 손실을 내곤 한다.

여러 책과 트레이더의 입에서 언급되는 '추세추종 전략'도 만능은 아니다. 이 전략은 추세가 형성돼 있을 때는 매우 강력한 매매기법이지만 추세가 없는 비추세구간에서는 '무용지물'을 넘어 계좌를 야금야금 갉아먹는 수단이 된다. 비추세구간에서는 가격이 이론값으로 회귀한다는 평균회귀 기법이 힘을 발휘하는데, 추세추종과 정반대에 서 있는 기법이다.

사람들은 "하나는 야금야금 잃다가 한 번에 손실을 만회하고, 다른 하나는 조금씩 수익을 쌓다가 마지막 한 번에 모든 걸 잃는다."라는 말로 두 기법의 성질과 차이점을 설명한다.

결국 마법의 탄환, 만능열쇠를 찾아 나서는 데 에너지를 낭비하기보다 갖고 있는 자본을 잘 관리하는 게 더 현실적인 방안이 아닐까 한다. 다시금 '기법보다는 관리'라는 말로 이번 장을 마칠까 한다.

5.4 B영화는 B 나름의 가치를 가진다

알파벳 'B'는 부정적이라기보다는 한 단계 낮은 것을 암시하는 접두어로 쓰인다. 본래 계획이 틀어졌을 때 그것을 대신할 수단은 '플랜 B'라고 불리고, 모델이 화보를 만들기 위해 사진을 찍을 때 선택되지 못한 사진들을 'B컷'이라고 하고, 비싼 관람료를 지불하면서 영화관에서 보는 것보다 비디오(지금은 비디오테이프로 영화 감상할 일이 거의 없다)로 보기에 적당한 영화를 'B영화'라고 한다. 'A급' 다음으로는 'B급'이 따르고 'B급' 다음에 '제품', '배우' 등의 단어가 붙는다.

독자 여러분들도 뻔히 아는 사실을 여기서 다시금 언급하는 까닭은 'B'라고 해서 무조건 질이 떨어지는 것이라고 무시할 수 없어서다.

'B영화'는 처음에는 경멸적인 말로 쓰였지만, 20세기 중반부터는 자유로움과 자본에 종속되지 않는 독립영화 정신[10]을 담고 있는 영화로 평가받기 시작한다.

---

10) 김광철; 장병원, 영화사전, media2.0, 2004.

한국의 대표적인 B영화인 '에로영화'에서 '거장'이란 말을 듣는 봉만대 감독은 B영화 정신에 충실한 영화를 연출한다. 게다가 그가 관객들에게 선사하는 영상은 '영상미학'이라는 이름을 붙여도 될 만큼 무척이나 아름답다. 그가 영상이라는 화폭에 그린 그림을 보면 화면 한쪽에 광고 문구 하나 집어넣고 싶은 충동을 느낄 정도다.

그렇다고 내가 봉 감독 팬이라는 소리는 아니다. 나 역시 먹고살기 바빠 영화 감상을 취미로 가질 수 없는 평범한 대한민국 '아재' 가운데 한 사람일 뿐이다.

〈공동경비구역 JSA〉(2000), 〈올드보이〉(2003) 등을 연출한 박찬욱 감독은 'B영화'를 좋아한다고 밝힌 바 있다. 게다가 그는 "B영화는 그 나름의 가치를 지닌다."라고 말하기도 했다. 그의 말처럼 사실 B영화는 주류 영화계에 많은 아이디어를 선사해 왔다.

박 감독의 말은 한편으로는 B영화는 나름의 가치를 갖고 있어야 존재 의의를 가질 수 있다는 말로도 읽힐 수 있다. 스스로 어떤 의미를 만들어 내지 못한다면 B영화는 아무도 주목받지 않는 컴퓨터 하드디스크의 쓰레기 파일에 불과하지 않을까.

《장자》에는 지리소[11]라는 인물이 나온다. 그는 심각한 장애를 갖고 있어 일상생활이 어려운 무척 불쌍한 존재처럼 보이지만 바느질과 빨래, 키질로 식구들을 먹여 살린다. 하지만 나라에서 병사를 징집하거나 큰 공사에 투입될 노동자를 선발할 때, 그는 장애가 있다는 이유로 대상에서 빠질 뿐 아니라 나라에서 병자에게 곡식을 내릴 때는 곡식과 땔감을 받았

---

11) 장자, 김창환 옮김, 장자 내편, 서울:을유문화사, 2010, 203~204쪽.

다.

우리 주변에서 어렵게 살아가는 분들을 보자. 그들은 지리소처럼 소소한 행복을 느끼며 살고 있는가. 아니라는 것을 우리 모두 잘 알고 있으며, 우리는 그런 처지에 빠지지 않으려고 발버둥 치며 살고 있다. 그래서 장자가 말한 지리소 이야기는 다분히 역설적[12]이다.

하지만 역설적인 우화 속에서 무언가를 얻을 수 있지 않을까. 물론 우리 생활과 삶 전반이 아니라 지리소의 우화 속에서 트레이더로서의 자세를 생각해 보잔 말이다.

자본금이 빈약한 투자자는 거대한 자본에 맞서기 매우 어렵다. 솔직히 개미 투자자들에게 '복리의 마법'은 먼 나라 이야기다. 투자 전략을 세우는 데에도 제약이 따르고 어떤 경우에는 높은 진입 장벽에 좌절하기도 한다.

하지만 빈약한 자본에 걸맞은 시장을 찾으면 되고, 목표 기대치를 낮추면(물론 크게 낮춰야 할 것이다) 그만이다. 그리고 거래를 할 때 몸놀림을 재빠르게 해서 급격히 변화하는 시장에 유연하게 대응할 수 있다.

그에 비해 거대 자본은 시장에서 움직임이 둔할 수밖에 없다. 시장에서 뭉칫돈이 움직이는데 그걸 앉아서 구경만 하고 있는 트레이더는 없을 테고, 대개는 그 움직임에 편승할 것이다. 그러면 거대 자본은 자기 전략을 충분히 펼칠 수 없는 경우도 생긴다.

드림팀으로 구성된 LTCM은 거래를 하려면 투자은행에 매매를 의뢰해야 했는데 이는 자기 전략을 경쟁자에게 공개하는 꼴이었다. 아무리 투

---

12) 정용선, 장자의 해체적 사유, 서울:사회평론, 2009, 265쪽.

자 전략을 감추려 해도 그들을 모방하는 헤지펀드들이 우후죽순처럼 만들어졌다. LTCM의 파트너였던 에릭 로젠펠트(Eric R. Rosenfeld)는 "거래를 결정해도 입질을 시작할 만하면 기회는 사라지고 만다."[13]고 할 정도였다.

갑자기 쏟아져 나오는 물량을 시장이 감당하지 못해 체결 지연이 발생하기도 하고, 그걸 막기 위해 거래할 물량을 나눠서 며칠에 걸쳐 처리하려고 하면 그만큼 귀한 시간이 소비된다. 전설적인 투자자 제시 리버모어도 자신이 보유한 물량을 처분할 때 체결 지연 현상인 '슬리피지' 때문에 불필요한 손실을 떠안지 않았는가. 무엇보다도 다른 투자자들의 관심 대상이 된다는 건 큰 부담일 것이다.

이 자리에서 우리의 맨 얼굴을 드러내 보자면, 필자와 이 글을 읽는 독자 대부분은 B 트레이더거나 투자자들이다. 여러분의 자질을 깎아내리려는 게 아니다. 나와 여러분이 '투자계의 현인'이라든가 '구루(guru)'라고 불리며 그에 걸맞은 성과를 내고 있는가. 아니면 언론에서 언급하는 기관이나 인물이 운용하는 만큼의 거대한 투자 자금을 가지고 거래에 임하고 있는가. 그렇지 않다면 B 투자자라는 현재 위치를 직시할 필요가 있다.

기준을 크게 낮춰서 골드만삭스 같은 대형 투자은행에 소속돼 매매를 한다고 해서 반드시 A급 트레이더인 것은 아니다. 기관이 A급이라고 해서 그 밑에서 일하는 직원들까지 A급일 것이라고 지레짐작하는 건 '분해의 오류'를 범한 것에 불과할 것이다. 한 트레이더는 자기가 관리하는 주니어 트레이더를 놓고 '월급도둑'이라고 푸념할 정도다. 또 대형기관에서

---

13) 샘 윌킨, 이경남 옮김, 1% 부의 비밀, 서울:시공사, 2018, 60쪽.

운용하는 막대한 자본이 개인 한 사람에게 모두 맡겨지진 않는다. 결국 여기서 말하는 'B'는 평범한 우리들을 상징하는 문자다.

그러면 'B' 범주에 속하는 우리들은 우리들만의 가치를 만들어 가야 한다는 과제를 얻는다. 트레이딩 실력도, 운용하는 자금 규모도 'B' 범주에 속한다면 'B' 범주에 속하는 일원답게 그에 맞는 트레이딩과 자본운용 방식이 필요하겠다.

장자는 지리소라는 인물을 통해 육체가 아무리 쓸모없어도 좋은 점이 많지만, 쓸모없는 마음을 지닌다면 육체가 온전해도 쓸모가 없다는 점을 말하고자 했다.[14] 우리들 역시 이와 다를 바 없을 것이다. 지금 자신의 형편을 탓하기보다 지리소처럼 또 다른 시선으로 현재 모습을 바라보고 현실에 '대응'해 나가야 하지 않을까.

그래서 거기에서 우리 '나름의 가치'를 만들어 가는 것이다.

투자에서 '심리적 요인'을 강조한 정신과 의사 알렉산더 엘더는 '자본'이 부족해서 패배하는 게 아니라고 말한다. 앞서 말했듯이 그저 큰 자본을 운용한다고 A급 트레이더인 것은 아니다. 자기가 운용하는 자본이 아무리 크더라도 LTCM이나 리먼브라더스처럼 회사가 문을 닫을 정도로 큰 위험에 직면하는 건 그리 어려운 일이 아니다.

그래서 국내 기관에서 근무하는 한 트레이더는 자금력에 따라 트레이딩 방법이 달라야 한다고 주장하며 운용하는 자본규모가 크면 포지션 보유기간을 길게, 규모가 상대적으로 빈약하면 시장에 위험이 노출되는 시간을 짧게 가져갈 것을 주문한다.

---

14) 왕보, 김갑수 옮김, 장자를 읽다, 서울:바다, 2007, 120쪽.

그렇다면 우리는 빈약한 자본을 조심스럽게 다뤄서 거대한 자본 못지 않게 운용하면 되지 않을까. 마치 가정주부가 100만 원짜리 월급을 알뜰히 굴려서 1,000만 원짜리 월급처럼 운용하듯 말이다.

트레이딩과 시장분석에 바쁜 우리가 워런 버핏과 점심을 같이 먹을 일은 거의 없다. 또 비싼 돈을 지불하면서까지 꼭 그와 점심을 함께할 필요도 없을 것이다. 미국의 연방준비제도 의장과 커피 한잔할 계획도 없다. 스위스로 건너가 다보스 포럼에 참석해 쟁쟁한 인사들과 대화를 나누고 정보를 교환할 일은 있을지 모르겠다. 그런데 뉴스를 통해 포럼 소식과 내용을 편하고 쉽게 알 수 있는데, 굳이 수십만 달러를 부담하면서까지 스위스로 날아갈 필요가 있을지는 모르겠다. 이참에 맑은 스위스 공기를 마음껏 마시고 싶다는 게 아니라면 말이다. 말 그대로 '천기누설'에 가까운 생생한 정보를 얻고 그 정보를 투자에 활용해 큰 수익을 얻을 일은 별로 없을 거란 말이다.

하지만 빈약한 자본을 신중하게 운용해 거대 자본 못지않게 굴릴 수 있는 것처럼, 우리가 얻을 수 있는 정보와 경제지식을 가지고 고급 정보 못지않은 정보를 만들어 낼 수 있을 것이다. 평범해 보이는 경제기사나 여러 통계치를 모아 놓고 보면 어떤 흐름을 파악할 수 있지 않을까.

그래서 'B 나름의 가치'를 우리 스스로 만들어 가는 것이다.

5.5 기법보다는 관리

자본을 관리하는 방법은 다양하겠지만 기본원칙은 간단하고 우리 모

인문학이 들려주는 트레이딩 원리

두 알고 있다. 갖고 있는 자본을 위험에 빠뜨리지 않고, 자본을 불려 가는 것이다. 워런 버핏의 유명한 투자원칙 역시, 첫 번째가 '절대 돈을 잃지 않는다', 두 번째가 '첫 번째 원칙을 반드시 지킨다' 아니었는가.

그러기 위해서는 한 번 거래할 때 너무 많은 자금을 사용하지 않고, 손실이 발생했을 때 미리 정한 규칙에 따라 손절매를 하든가, '계란을 한 바구니에 담지 않는다'는 격언에 따라 포트폴리오 구성을 다양화해서 어느 한 곳에 이른바 '몰빵'하지 않아야 한다. 더 나아가 시장 자체만 보는 게 아니라 전체적인 자산관리 차원에서 시장을 대하고 자본을 굴리는 것이다.

다 아는 걸 왜 얘기하냐고? 우리 모두 다 아는 중요한 사실을 자주 잊고 거래에 임하기 때문이다. 손자는 왜《손자병법》의 첫마디에 '백전백승'의 비책이 있다고 자랑하는 대신 전쟁이 주는 무게감을 강조했겠는가.

트레이딩 역시 시장의 무서움을 알고 조심스럽게 이뤄져야 할 것이라는 건 독자 여러분도 잘 알고 있는 바이며, 그러기 위해선 자본관리라는 큰 틀 속에서 자본을 신중히 운용하고 트레이딩해야 한다고 강조하고 싶다.

시장을 움직이는 심리는 '탐욕(貪慾)'과 '공포(恐怖)'다. 시장에 계속 살아남느냐, 아니면 퇴출되느냐 역시 두 심리를 어떻게 잘 관리하느냐에 달려 있고, 그것은 위험관리, 더 나아가 자본관리를 통해 나타난다고 본다.

매매할 때, 특히 선물(先物)과 같은 파생상품을 거래할 때 수익을 얻거나 손실을 입을 가능성은 반반이다. 어떠한 분석도 하지 않고 제비뽑기 하듯 거래를 해도 말이다. 이는 이제 시장에 갓 들어온 초보 투자자나 워런 버핏, 조지 소로스, 피터 린치처럼 시장에서 닳고 닳은 사람들이나 공평하게 적용되는 수학적 사실이다. 하지만 '50대50'의 단순한 시장에서 누군가는 수익을 내며 시장에 남아 있는 반면, 누군가는 씁쓸한 걸음걸이로 시장을 떠난다.

자산운용사였던 LTCM은 독자 여러분이 알다시피 드림팀으로 꾸려진 곳이었다. 드림팀의 일원인 마이런 숄스(Myron Samuel Scholes)는 세상에 '옵션'이란 상품이 나오기도 전에 옵션 가격을 결정하는 '블랙 숄스 모형'을 만들어 노벨 경제학상을 수상했다. 뉴욕연방은행 부총재 출신도 파트너로 참여했다. 이들이 거래하는 방법을 몰라서 몰락했을까. 당시 LTCM은 수익률은 낮지만 위험이 없는 '차익거래'를 통해 시장에서 두각을 나타냈다.

LTCM이 몰락할 당시 숄스는 달라진 '유동성'을 제대로 고려하지 않았다고 했다. 그런데 유동성 위기는 이곳만 겪은 것은 아니었을 것이다. 시장 참여자로 LTCM 하나만 있었던 것은 아니었으니 말이다. LTCM의 성공과 몰락을 다룬 《천재들의 실패》[15]에서는 빙판길에서 시속 10㎞로 차를 모는 사람은 빙판 위에서 미끄러졌을 때 도로를 관리하는 기관을 탓할 수 있지만 시속 60㎞로 빙판 위를 운전하는 사람은 당국을 탓할 수 없다는 말로 숄스의 변명을 비판했다. 숄스는 유동성 자체에 책임을 돌리기 전에 자금관리를 제대로 하지 않아 유동성 위기를 맞을 수밖에 없었던 점을 직시해야 했다.

'위험관리'라는 최소한의 안전장치를 제거한 채 진행한 거래는 도박에 가까운 것이었고, 그 대가는 끔찍했다.

어떤 군용기의 비행시간은 최대 여섯 시간이지만 여섯 시간 내내 하늘

---

15) 로저 로웬스타인, 이승욱 옮김, 천재들의 실패, 서울:동방미디어, 2001, 344쪽.

에 떠 있는 경우는 거의 없다고 한다. 만약의 경우에 대비해 한 시간은 작전시간에서 떼어 놓기 때문이란다. 만약에 임무를 마치고 귀환할 때 어떤 이유로 착륙할 기지가 폐쇄되면 다른 기지까지 비행하여 착륙할 수 있게끔 말이다. 이는 군용기를 운용하는 각국의 공군이 혹시 모를 위험에 대비한 것이며 예비로 남겨 놓은 한 시간을 소중히 사용하는 경우도 실제로 있다고 한다.

그런데 20세기 말 뉴욕 월 스트리트를 충격에 빠뜨린 이 헤지펀드 운용자들은 자신들의 판단과 결정을 조금도 의심하지 않았다. 당연히 위험에 대비한 대책도 허술했는데, 이는 자만을 넘어서 만용에 가까운 행동이었다.

필자는 백전백승의 비법을 가지고 있지 않을 뿐 아니라 굳이 알고 싶지도 않다. 따라서 이 책에서 경이적인 수익률을 기록할 만한 거래방법이 있다며 천기누설 운운하면서 소개할 리도 없다.

대신 내가 말하고 싶은 것은 시장에서 오래 살아남는 법이고, 그것은 '위험관리', 더 나아가 '자본관리'이다. 큰 수익은 낼 수 없더라도 손실을 관리할 수 있어야 시장에서 살아남을 수 있고, 그러다 보면 조금씩 수익이 쌓여 가는 계좌를 볼 수 있을 것이다.

《도덕경》에는 "삶을 잘 지키는 자는 땅을 걸어도 외뿔소나 호랑이를 만나지 않고, 군대에 들어가도 갑옷과 병기에 당하지 않는다."[16]라는 말이 나온다. 자본관리를 통해 수익보다 생존에 초점을 맞춘다면 단기간에 큰 수익을 얻진 못해도 단번에 시장에서 쫓겨날 일도 없을 것이고, 일단 시

---

16) 김광하, 노자 도덕경, 서울:너울북, 2005, 295쪽.

장에 남아 있기만 하면 최후에 웃는 자가 될 것이다.

《손자병법》 '군형 편'에서 손자는 "전쟁을 잘하는 자는 먼저 적이 승리할 수 없도록 만들고, 적으로부터 승리할 수 있기를 기다린다."[17]라고 했다. 전쟁터뿐 아니라 시장에서도 일단 거래에서 지지 않을 상황을 갖추고 나서 수익을 낼 수 있는 기회를 노려야 하지 않을까. 지지 않을 상황이라고 해서 손실을 조금도 입지 않는다는 것은 아닐 것이다. 자신이 정한 위험관리 규칙에 따라 손실을 최소화하고 자기 계좌를 관리해야 수익을 노릴 수 있다는 말로 손자의 가르침을 원용해 본다.

전설적인 투자자 제시 리버모어(Jesse Lauriston Livermore)는 "방향 확인 후 매매는 보험을 드는 것과 같다. 투자결정을 했어도 지나치게 앞서 뛰어들지 말라."는 말로 큰 수익을 얻기 전에 자기자본 관리를 주문했다. '무릎에서 사서 어깨에서 팔라'는 증시 격언 역시 위험관리에 대한 규칙을 우리에게 알려 주고 있다.

처음 트레이딩에 입문하는 사람들은 어떤 상황에서도 수익을 얻을 수 있는 기법, 이른바 '마법의 탄환'을 얻기 위해 부단히 노력한다. 하지만 이 세상에 유토피아는 없듯이 시장에서 '마법의 탄환' 같은 것은 없다고 생각하는 게 현실적이다. 대신 투자자들, 트레이더들이 직시해야 할 것은 전쟁터 같은 시장의 현실이다.

우리가 트레이딩을 하는 목적은 수익을 얻기 위해서고, 여기서 우리에게 필요한 것은 살아남는 것이며, 살아남기 위해서는 '관리', 바로 자본관리를 확고히 해야 한다. 둘도 없는 기회를 맞이했는데 자본이 없으면, 심

---

17) 손자, 앞의 책, 120쪽.

지어 이미 시장에서 퇴출된 처지라면 그게 무슨 소용이 있겠는가 말이다.

돈이 많은 사람들은 필수적으로 리스크를 철저히 따진다고 한다.[18] 그들은 언론에 보도된 인물처럼 돈을 마늘밭에 파묻진 않지만 큰 수익으로 유혹하는 위험한 곳에 무모한 투자를 하지도 않는다. '도박'과 '마늘밭'이라는 극단적인 자산관리 사이 어딘가에 각자 형편에 맞는 리스크만큼 부담을 진다.

간단한 군사훈련만 받고 곧바로 전투에 투입된 신병처럼 처음 시장에 진입한 초보자가 아닌데 시장에서 맥을 못 추고 있다면 이는 매매기법이 서툴러서가 아니라 거래기법만큼 자금관리에 큰 주의를 기울이지 못해서 그러할 것이다. 오로지 매매기법만 생각하면서 자신의 자금규모가 얼마든 스스로 자기 계좌를 망가뜨릴 위험 속에 방치하진 않았는지 돌이켜 볼 일이다. 아무리 거래기법이 훌륭하더라도 자금관리를 제대로 하지 않는다면 시장에서 오랫동안 살아남기 어려울 것이다. 이제 우리는 시장에서 오래 살아남기 위해 드라마틱한 수익률을 포기하고 자기 실력을 인정하는 겸손함을 연습[19]할 필요가 있다.

비법까지는 아니더라도 우수한 거래방법만 있다면 시장에서 충분히 살아남을 수 있을까.

이 상황을 전쟁터로 가져가 보자. 사격 솜씨가 훌륭하다고 해서, 작전을 아주 잘 세우고 지휘능력이 뛰어나다고 해서 무조건 전쟁에서 이길 수

---

18) 권성희, 줄리아 투자노트, 머니투데이, 기사입력 2015. 7. 11.
19) 켄 피셔; 제니퍼 추; 라라 호프만스, 우승택; 김진호 옮김, 3개의 질문으로 주식시장을 이기다, 서울:한국물가정보, 2008, 220쪽.

있을까. 물론 그런 것들은 승리에서 매우 중요한 요소이긴 하다. 그런데 그것만이 전쟁의 전부라면, 한니발은 제2차 포에니 전쟁에서 로마를 굴복시켜야 했고, 제2차 세계대전 때 독일은 소련의 항복을 받아야 했다. 항우와 유방이 중국 패권을 놓고 서로 다툴 때 전투에서 이기는 쪽은 대개 항우였지만, 중국을 통일하고 한(漢)나라를 세운 이는 유방이었다.

로마는 병참으로 이긴다고 했다. 그리고 로마는 아피아 가도를 필두로 로마제국 전체에 포장된 도로를 깔았다. 앞서 말했듯이 로마군에게 병참은 단지 군량미만을 의미하지 않는다. 바로 시스템 전반을 일컫는데, 트레이딩에선 자금관리, 가계나 자신이 소속된 기업의 재무관리까지 생각해야 하지 않을까.

LTCM의 몰락은 우리에게 많은 교훈을 던져 준다. 그래서 다시 한 번 나는 거래비법보다 '위험관리', 더 나아가 '자본관리'를 강조한다.

6.

인간은
보고 싶은 것만
본다

6.1 보이는 것만 믿으라굽쇼?

오래전 주워들은 이야기. 진위 여부는 나도 모른다.

군사정권 시절 서울 모 경찰서에서 근무하던 정보과 형사가 어찌어찌해서 지방 경찰서로 전출됐다. 시끌벅적한 서울과는 달리 새로 맡은 관할구역은 조용하기 짝이 없었다. 한적한 곳에서 유유자적하며 지내면서 그동안 격무에 지친 몸과 마음을 추스를 수 있었다.

하지만 여기서도 문제가 있었다. 날마다 정보 보고서를 작성해야 하는데 보고서에 쓸 내용이 좀처럼 없는 것이다.

하루는 보고할 내용이 너무 없어서 보고서에다 '모처에서 까마귀 떼가 날아올랐다'고 적었다. 그 보고서를 받아 든 정보과장은 그 형사를 불러 세우고는 크게 꾸짖었다. 한바탕 소동이 지나자, 이번에는 그 광경을 지켜보던 수사과장이 그 형사를 불렀다. 전후사정을 들은 수사과장은 시신으로 변한 실종자를 찾고 살인사건도 해결했다.

그래서 정보과장은 무능하고 수사과장은 유능하다는 말을 하고 싶냐고? 물론 아니다. 대신 사람은 무엇을 알고 있느냐, 어떤 일에 눈길이 가느냐에 따라 똑같은 사물이나 현상을 놓고 각자 다른 해석을 내놓는다는 말은 해야겠다.

전국에서 정권 퇴진을 외치는 시위가 끊이지 않던 시대, 당연히 지역 여론 동향에 신경을 집중할 수밖에 없는 정보과장에게 까마귀가 날아올랐다는 정보 보고는 그저 자연 다큐멘터리에 불과했겠지만, 실종사건에 골머리를 썩이던 수사과장은 '혹시?' 하는 의문과 함께 까마귀들이 머물던 자리를 수색한 것이다.

두툼한 쇼핑백을 보고, 누구는 그 안에 명품 옷이 있다고 생각하고 누구는 빨랫감이 있다고 생각한다. 어두웠던 시대에는 시민들에게 나눠 줄 전단지, 당시 용어로는 '불온유인물'이 있을 것이라고 생각했다는 형사의 고백도 있었다.

다 같이 똑같은 시장을 보고 있는데 어떤 사람은 가격이 상승할 것이라고, 누구는 가격이 내려갈 것이라고, 혹자는 가격이 횡보할 것이라고 예상한다.

철학자 스피노자(Baruch de Spinoza)는 "철학자들은 인간을 있는 그대로의 모습이 아니라 그들이 원하는 모습으로 상상"[1]한다고 말했다. 갑돌이가 갑순이에게 푹 빠졌을 때 갑돌이는 갑순이의 본래 모습이 아니라 그의 이상형에 맞춰 왜곡된 갑순이의 이미지를 사랑하는 식으로 말이다.

---

1) 베네딕트 데 스피노자, 김호경 옮김, 정치론, 서울:갈무리, 2009, 17~18쪽.

오래전 한 텔레비전 광고에서 목소리 예쁜 성우가 "보이는 대로 믿으세요."라고 속삭였다. 그런데 세상은 자기가 아는 만큼 보이고, 아는 만큼 해석하고 받아들이는데, 보이는 것만 믿으면 정말 괜찮을까.

아는 만큼 보이고 보고 싶은 것만 보는 인간의 본능을 두고 우리는 어떤 대책을 모색해야 할까. 필자가 권유하고 싶은 것은 '공부'다. 정규교육과정을 모두 마쳤을 여러분에게 새삼스레 영어책과 수학책을 집어 들라는 소리는 아니다. 시장을 이해하고 시장에서 살아남기 위해 폭넓은 지식과 지혜를 익히고 쌓아 가자는 말이다.

이런 공부에 필요한 교과서는 종이로 만든 책뿐만 아니라 사람과의 관계, 대중매체, 심지어 아이들 만화책도 포함된다. 건강을 위한 운동 속에서도 트레이딩의 원리를 찾을 수 있을 것이다. 폭넓은 독서도 필요하다. 찰리 멍거(Charles Thomas Munger)가 강조한 '격자식 사고'를 생각해 보자.

예능 프로그램 〈런닝맨〉을 보면 술래에게 쫓기던 출연자가 추적자의 눈을 피하기 위해 마네킹 옆에서 자신도 마네킹인 척 서 있는 장면이 나온다. 키가 큰 그 출연자는 얼핏 보면 옆에 있는 마네킹과 비슷해 보이기는 하다. 그 프로그램뿐 아니라 코미디 영화나 만화영화를 보면 쫓기던 사람이 동상이나 마네킹이 즐비한 곳에 숨어들어 비슷한 자세를 하고선 추격자의 눈을 일시적이나마 속이는 장면이 나오곤 하는데, 성공하기도 하고 실패하기도 하면서 웃음거리를 제공한다. 그런데 이런 모습이 코미디 영화에서만 볼 수 있는 설정에 불과할까.

여행을 다니다 보면 경치 좋은 곳과 마주하기도 하고 근사한 조형물에 감동하기도 한다. 그 모습에 감동한 여행객은 자연스레 그 모습을 사진으로 남긴다.

인문학이 들려주는 트레이딩 원리

그런데 여행을 마치고 집으로 돌아와 그 사진들을 보면 처음 찍었을 때와는 달리 별 감흥이 일지 않을 때가 있다. 이제는 디지털카메라나 스마트폰 덕분에 과거와는 달리 그저 그런 사진을 찍어 놓고 필름 값, 사진인화 값을 아까워할 필요가 없으니 그나마 다행이겠다.

자기가 본 광경과 사진 속 풍경이 주는 느낌이 다른 이유는 여러 가지가 있겠는데, 그중 하나는 사람이 보는 광경과 기계가 보는 광경이 조금 다르기 때문이다. 사람은 감동을 받은 어느 지점을 강조하며 사물을 보는데, 감정이 없는 사진기는 렌즈를 통해 들어온 영상을 그대로 담는다. 어떤 주제, 이를테면 꿈꿔 오던 자신의 이상형을 발견했을 때, 자신과 그 이상형 사이에 장애물이 많아도, 둘 사이의 거리가 멀어도, 인간은 그 대상에 집중할 수 있고 그 이상형만 머릿속에 남길 수 있다. 하지만 사진기는 그렇지 못하다. 둘 사이의 거리가 멀면 조그맣게 나오고, 둘 사이에 나뭇가지, 행인들로 가득 차면 그것도 그대로 화면에 담는다. 그래서 거리에서 멋진 이성을 발견하여 그걸 사진기에 담고 나중에 다시 보면, 자신이 뭘 찍었는지도 모르는 경우도 생긴다. 이는 보고 싶은 것만 보는 인간과 보이는 대로 보는 기계와의 차이 때문이라 할 수 있겠다.

오래전 KBS 예능 프로그램인 〈스펀지〉에서 꽤 유명한 심리학 실험을 직접 해 본 적이 있었는데, 결과는 심리학자들의 실험 결과와 같았다.

이 방송에서는 심리학자인 사이먼스(Daniel Simons)와 샤브리스(Christopher Chabris)[2]가 했던 것처럼 실험 참가자들에게 농구경기 비

---

2) 세르주 시코티, 윤미연 옮김, 내 마음속 1인치를 찾는 심리실험 150, 서울:궁리출판, 2006, 44~45쪽.

디오를 보여 주었다. 실험에 참가한 사람들은 실험자의 지시에 따라 선수들이 몇 번이나 자기편끼리 공을 패스하는지 횟수를 셌는데, 선수들이 코트를 정신없이 누비는 통에 그리 쉬운 일은 아니었다.

몇 분 뒤 농구경기 시청이 끝나고, TV 카메라는 농구선수들이 패스를 몇 번 했는지 실험 참가자들 대개가 정확한 숫자를 말하는 모습을 비췄다. 그런데 비디오를 보는 중간에 화면에 뭔가 이상한 것이 나타나지 않았냐는 질문을 받았을 때, 그게 무슨 말인지 알고 대답한 사람은 거의 없었던 광경도 카메라는 담담히 기록했다.

실험에 참가한 사람들은 물론이고 〈스펀지〉 시청자들은 다시 비디오를 봤는데, 경기가 진행되는 중간에 고릴라로 변장한 한 남자가 화면 한쪽에서 경기장 안으로 들어와 두 주먹으로 가슴을 두드리고는 화면에서 조용히 사라지는 모습을 그제야 알아차렸다. 실험 참가자들과 시청자들은 패스 횟수를 세느라 뜬금없이 나타났다 사라진 고릴라의 존재를 알아채지 못한 것이었다.

관객들의 눈을 즐겁게 해 주는 마술쇼 역시 이런 인간의 심리를 이용하는데, 어느 한 부분에 관객들의 시선을 집중시키고선 트릭을 구사한다.

전쟁 중에 어느 한 곳을 공략하려 할 때 엉뚱한 곳을 목표로 삼는 것처럼 보이도록 작전을 펼치는 '성동격서(聲東擊西)'도 이런 원리를 이용했다.

카이사르(Gaius Julius Caesar)는 이미 2,000여 년 전에 그의 저서 《내전기》를 통해 "인간은 자기가 보고 싶다고 생각하는 현실밖에 보지 않는다."[3]

3) 시오노 나나미, 김석희 옮김, 로마인 이야기 5, 율리우스 카이사르 하, 파주:한길사, 1996, 217쪽.

라는 말로 비디오 실험과 마술쇼에서 나타난 인간의 속성을 간파했다. 카이사르는 관념적인 철학자가 아니라 군인이자 정치가였던 만큼 그의 말은 그저 머릿속에서 존재하는 개념이 아니라 경험에 바탕을 둔 인간에 대한 보고서일 것이다.

우리들 '인간'에 대한 사색과 연구는 아주 오래전부터 있어 왔다. 맹자(孟子)는 '인간의 본성은 선(善)'이라는 이른바 '성선설(性善說)'을 주장했고, 성선설 다음에는 순자(荀子)가 외친 '성악설(性惡說)'이 자연스레 사람들 입에 오르내리곤 했다. 독일 철학자 쇼펜하우어(Arthur Schopenhauer)는 "사람은 형이상학적인 동물"이라고 말했고, 공리주의 철학자 밀(John Stuart Mill)도 "만족한 돼지가 되는 것보다 차라리 불만을 가진 인간이 되는 편이 낫다."고 주장하면서 이성적인 존재로서 인간을 정의하고 그러한 인간을 옹호했다.

하지만 인간에 대한 정의가 늘 긍정적인 것만은 아니다. 중국 '법가(法家)'의 큰 기둥을 세운 한비(韓非)는 인간 본성은 악하다고 보고 "법은 인간의 악한 본성 때문에 현실적으로 반사회적인 인간을 다스리기 위하여 필요하다."[4]고 주장했다.

역사에 이름을 남긴 정치가, 철학자들이 내린 인간에 대한 평가에서 자유로운 사람은 그리 많지 않을 듯싶다. 그리고 어떤 식으로든 시장에 발을 담그고 있는 사람들 중에서 이런 평가를 강하게 부인할 수 있는 사람은 과연 얼마나 될까. 어떤 투자자들은 '듣고 싶은 것만 듣기' 위해 '마법의 탄환'을 소개하는 세미나를 찾아 나서지 않는가.

---

4) 윤찬원, 한비자-덕치에서 법치로, 서울:살림출판사, 2005, 71쪽.

철학자 파스칼(Blaise Pascal)은 그의 저서인 《팡세》에서 "인간은 생각하는 갈대"라는 말을 통해 인간은 가장 나약한 존재이지만 생각할 줄 알기에 존엄성을 갖는다고 했다. 인간은 육체적으로 자연에서 가장 나약한 존재일 뿐 아니라 시장의 거래 시스템에서도 가장 취약한 고리다. 한국의 재벌이라는 기업집단 체계에서 가장 큰 리스크가 재벌총수라는 일부의 평가처럼, 시장에서도 '인간'이라는 가장 중요한 부분이 실은 가장 큰 약점이라는 말이다.

한편 독일 철학자 니체(Friedrich Wilhelm Nietzsche)는 "인간은 완성된 형태가 아니라, 지금 생성되는 중에 있는 어떤 것"이라며 인간의 불완전함을 지적했는데, 시장 참여자들도 이와 다를 바 없을 것이다. 니체의 진단은 시장에서 불완전한 존재임을 자각하고 시장 앞에 겸손하라는 결론으로 이어진다.

프랑스 작가인 빅토르 위고(Victor Marie Hugo)는 인간에게는 세 가지 싸움이 있는데, 그 가운데 하나가 '인간과 마음과의 싸움'이라고 말했다. 시장에서 거래를 하는 일도 어찌 보면 모니터 너머 상대와 씨름하는 게 아니라 자기 자신과의 싸움일지도 모르겠다.

아무리 객관적으로 시장을 본다 하더라도 일단 매수나 매도를 결정하면 그 결정을 뒷받침하는 방향으로 보기 마련인데, 문제는 그 반대 상황을 지지하는 사실에 대해선 애써 눈을 감기 십상이라는 점이다. 주식을 매수하면 주식이 오르는 데 도움이 되는 뉴스와 보조지표 신호만 눈에 들어오고, 그 반대의 것들은 보이지 않거나 애써 외면해 자기에게 유리한 쪽으로 받아들인다는 것이다. 필자 역시 예외가 아니라 잘못된 거래를 하고 나서 후회하고 자책한 적이 한두 번이 아니다.

인간은 자기 마음이 불편해지는 것을 견디기 힘들어한다. 그래서 자기에게 유익하지만 거북스러운 쓴소리보다는 당장의 달콤한 소리에 마음이 더 끌리기 마련이다. 그래서 자기가 내린 결정을 지지하는 정보와 신호에 눈이 가고 자기 결정을 확신하며 자기 결정에 반하는 것들은 눈에 들어오지 않는다.

그렇다고 해서 포지션을 들고 있는지 여부에 상관없이 시장을 무심히 관찰하라고 독자 여러분에게 주문하는 것은 아니다. 물론 그렇게 할 수 있다면 좋겠지만 말이다.

2,000여 년 전 카이사르가 간파한 것처럼, 또 사이먼스와 샤브리스의 실험에서 확인할 수 있듯이 인간은 보고 싶은 것만 보는 "주의력맹"[5]을 지닌 존재이며, 우리들 역시 이런 약점에서 자유로울 수 없을 것이란 점을 인식할 필요는 있겠다. 그렇다면 우리가 실행에 옮겨야 할 그다음 단계는 뻔하지 않을까.

6.2 중독자의 특성

노자(老子)가 말하길, 보기 좋은 것을 구하는 사람은 점점 더 화려한 것을 찾게 되고, 맛으로 음식을 먹는 사람은 점점 더 맛있는 음식을 찾는다[6]고 했다. 점점 더 강한 자극을 찾는 '자극의 에스컬레이터 효과'는 영화

---

5) 세르주 시코티, 앞의 책, 44쪽.
6) 노자, 정창영 옮김, 도덕경, 서울:시공사, 2000, 38쪽.

의 역사에서도 찾아볼 수 있는데, 목격자의 표정만으로 끔찍한 상황을 간접적으로 전달해 주던 과거의 영화장면은 이제 마치 총알 위에 카메라라도 단 것처럼 모든 것을 적나라하게 보여 준다.

현자(賢者)들은 사람들이 점점 더 강한 자극을 찾는다는 것에 대해 이미 2,500여 년 전부터 경고해 온 셈이다.

점점 더욱 강한 자극을 추구하는 행위 가운데 하나로 도박을 들 수 있는데, 도박[7]은 놀이의 즐거움과 금전 획득이라는 횡재를 동시에 얻을 수 있다는 특성을 지니고 있다. 또한 도박하는 사람들이 돈을 좇는 모습은 현대 자본주의 사회의 특성과 유사한데, 이는 곧 사람들로 하여금 도박에 더욱 몰입하게 한다고 한다.

그동안 돈은 노동을 통하여 얻을 수 있었으나 자본주의 사회가 심화되어 '금융자본주의' 사회가 성숙할수록 '돈이 돈을 버는' 현상이 더욱 뚜렷해지는데, 주식투자와 도박이 대표적이다.

평범한 사람이 재미로 시작한 도박에 점점 빠져들어 중독에 이르게 되면 도박이라는 늪에서 좀처럼 헤어날 수 없다는 건 우리 모두에게 상식이다. 재미있는 TV 프로그램이나 만화책에 빠져들면, 얼마 뒤에 중요한 일이 있음에도 '조금만 더', '이번 장만 보고'를 중얼대다가 낭패를 겪는 일에서 중독 문제를 간접적으로 이해할 수 있지 않겠는가.

또 도박에 중독된 사람들은 도박에서 잃을 수밖에 없다는 사실을 알아도 도박을 멈추지 못해 큰 손실을 입는다. 또 대부분의 도박중독자들[8]

---

7) 송진아, 도박중독 과정에 관한 질적 연구-동시적 현상을 포함하여, 한국사회복지학, 2011. 8, 216쪽.
8) 이흥표, 도박의 심리, 서울:학지사, 2002, 64쪽.

인문학이 들려주는 트레이딩 원리

은 언제나 일확천금을 꿈꾸며, 점점 더 많은 시간과 돈을 도박에 쓰지만, 돈을 따는 경우보다 잃는 경우가 더 많기 때문에 상황은 점점 나빠지기만 한다.

도박중독자들을 면담해 얻은 연구 결과[9]에 따르면, 처음 도박을 할 때 그들은 그동안 꿈꿔 왔던 것을 도박에서 맛보는 경험을 공통적으로 겪는다. 도박은 중독자들이 평소에 느끼지 못했던 달콤함을 아낌없이 주는데, 그들은 도박을 처음 할 때 가졌던 강렬한 느낌 속에서 도박을 기존에 가지고 있던 욕구를 충족시켜 줄 수 있는 수단으로 받아들인다. 그리고 승리에 대한 잘못된 기대는 중독자들을 도박에 더욱 몰입하게 했다.

도박에 중독된 사람들은 손실을 견디지 못한다고 한다. 이는 우리와 같은 평범한 사람들도 마찬가지지만, 중독자들은 그 정도가 매우 심하다는 데 문제가 있다. 직업으로 도박을 하는 도박사들이나 가볍게 즐기기 위해 카지노를 찾은 사람들이 사업상 비용이나 유흥비쯤으로 손실을 순순히 받아들이는 모습과는 사뭇 다르다.

만약 카지노에 가서 자신이 생각한 수준까지 돈을 잃고 난 뒤 순순히 자리에서 일어나지 못한다면 중독의 기미를 의심해 봐야 할 것이다.

도박이란 '게임'으로 먹고사는 도박사들은 승패에 큰 영향을 받지 않는다고 한다. 도박에 대한 자제력이 있어서 스스로 게임을 통제해 사업체를 경영하듯 게임을 진행하는 것이다. 유능한 트레이더가 손실을 보고 있는 거래는 미련 없이 손절매하는 것처럼 전문 도박사 역시 미리 자기가 정한 액수만큼 손실을 보면 과감히 자리에서 일어나기 때문에 게임이 잘

---

9) 송진아, 앞의 글, 223쪽.

풀리지 않는 날에도 많은 돈을 잃지 않는다.

하지만 이미 중독단계에 이른 사람들은 손해 보는 것을 견디지 못할뿐 더러 손해를 볼수록 오히려 더 많은 돈을 도박에 사용한다. TV 드라마에서 보듯이 쌈짓돈으로 도박을 시작하다가 급기야는 집문서를 도박판 위에 올려놓는 식이다. 합리적인 판단 대신 무분별하게 돈을 걸며 감정적으로 게임에 임해 손해는 걷잡을 수 없이 늘어난다. 손해를 봤을 때 그동안 입은 손해를 메우기 위해 더 많은 돈을 도박에 걸고 더 큰 손실을 본다고 한다.[10] 인간의 자기파괴적 경향을 여기에서도 확인할 수 있다.

그리고 도박중독에 빠진 사람들은 평범한 사람들보다 충동성이 높다는 보고[11]도 있는데, 충동성이 높을수록 도박중독에 빠질 가능성이 커진다고 한다. 그리고 도박중독자들은 충동에 대한 통제력이 약한데, 충동 통제력의 결핍도 도박중독에 큰 영향을 끼친다.

그러나 늘 같은 연구 결과가 보고되는 것은 아니다. 일반인들과 비교했을 때 도박중독자들이 감각추구 성향이나 충동성에서 두드러진 특성을 보이지 않으며, 따라서 도박중독을 충동 통제의 장애로 분류하는 것은 재고해야 한다는 반론도 나오는 실정이다.

한편 도박중독자들은 미리 계획을 세우거나 진지하게 생각하지 않고 행동하는 경향이 높고 도박을 할 때도 어떤 결과가 빚어질지 깊게 생각지 않는다고 한다. 그들은 생각한 것을 행동으로 쉽게 옮기고, 성급한 결정

---

10) 이홍표, 앞의 책, 64~65쪽.
11) 이홍표; 김정수; 고효진; 김갑중, 병적 도박의 충동성과 감각추구-알코올 중독과의 비교, 신경정신의학, 2003, 42권 1호, 89~95쪽.

과 행동 때문에 실수도 많이 저지른다.[12]

도박중독자들의 모습에서 어떤 데자뷔를 보는 것 같지 않은가. 거래를 하다 손실을 입으면 손실을 만회하기 위해 더 많은 거래를 하고, 거래할 때마다 더 많은 자본을 투입해서 계좌를 망가뜨린 경험이 과연 남의 일일까. 조금이라도 손해를 보지 않으려고 작은 손실을 청산하지 못하다가, 도리어 더 큰 손실을 입고 어찌할 수 없는 상황에 몰린 경험은 필자만 겪었을까.

투자자들은 대개 자신이 잘못했다는 것을 인정하고 싶지 않기 때문에 손실을 받아들이려고 하지 않고, 그래서 더 큰 손실을 입곤 한다. 기관에 소속된 트레이더들의 사정도 크게 다르지 않은데, 그들 역시 실적 압박 때문에 손실을 입은 계좌를 복구하려다 계좌를 더 망가뜨리는 실수를 저지른다고 한다. 물론 엄격한 내부 규칙과 통제 때문에 개미 투자자들처럼 계좌를 깡통계좌로 만들진 않지만 말이다.

이렇듯 '도박'이라는 말 대신 '트레이딩'이라는 단어를 집어넣어도 시장에 참여하고 있는 우리에겐 중독자의 특성이 그리 어색하지 않다.

필자는 주식을 비롯한 상품을 거래하는 시장에서 가장 중요한 것은 크게 성공하는 것이 아니라 오래 살아남는 것이고, 오래 살아남으려면 일확천금을 꿈꾸는 대신 철저한 '위험 관리', 더 나아가 정교한 '자본관리'에 주력하는 것이라고 다시 한 번 말하고 싶다.

이쯤 되면 이 책 처음부터 줄곧 강조하고 있는 게 바로 '기법보다 관리'라는 것을 여러분은 눈치챘을지 모르겠다. 영화 〈황산벌〉(이준익 감독,

---

12) 위의 글 89~95쪽.

2003)에서 김유신 장군이 일갈하지 않았는가. "강한 자가 살아남는 게 아니라 살아남은 자가 강한 것"이라고.

한편 술을 지나치게 좋아하는 이들도 도박중독자들과 비슷한 면을 보인다. 음주를 지나칠 만큼 즐겨 '알코올 중독자'라는 소리를 듣는 이들은 대부분 음주를 스스로 조절할 수 있다고 믿고 있다. 하지만 알코올 중독자들은 한번 술을 입에 넣기 시작하면 자제력을 잃고 연신 술잔을 자기 입속에다 턴다. 알코올 중독자들은 음주 후 '술주정'을 부리기 일쑤인데, 대개는 폭력으로 이어지기 마련이다.

알코올 중독자들이 중독에서 벗어나려면 먼저, 스스로 술 마시는 것을 자기 뜻대로 조절할 수 없다는 것을 인정해야 한다. 그래서 알코올 중독 치료 프로그램인 '익명의 알코올 중독자들'—흔히 'AA(Alcoholics Anonymous) 모임'이라고 한다—에서 참가자가 먼저 해야 할 일은 "나는 알코올 중독자이고 나는 술 앞에서 무기력하다."[13]라고 말하고 이 사실을 인정하는 것이라고 한다.

알코올 중독 치료가 효과를 거두기 위해선 자신이 알코올 중독자임을 스스로 인정하는 일이 무척 중요한데, 자신이 중독자임을 인정해야 치료를 위한 여러 조치를 수긍하고 의사를 비롯한 치료진에게 협조하기 때문이다.

알코올 중독으로 정신병원에 처음 입원하는 환자들 대개는 자신이 알코올 중독자임을 인정하지 않는다. 그래서 입원을 거부하고 입원 수속을

---

13) 알렉산더 엘더, 정인지 옮김, 주식시장에서 살아남는 심리투자법칙, 서울:국일증권 경제연구소, 2004, 81쪽.

인문학이 들려주는 트레이딩 원리

밟으려는 병원직원에게 격렬히 저항하기도 하며 입원 후에는 병원에서 주는 약을 거부하기까지 한다. 자신은 단지 술을 마셨을 뿐이고, 가족들의 잔소리가 심해 거기에 한마디 했을 뿐인데 병원에 끌려와 불법 감금됐다고 주장하기도 한다.

어떤 중독자는 자신은 술을 조절할 수 있다고 주장한다. 기분 좋게 몇 잔 마셨을 뿐인데 가족들은 술 마신 사실만을 문제 삼고 자신을 병원에 입원시켰다는 것이다.

이들은 상담치료에 비협조적이고 약도 한참 투정을 부린 뒤에 겨우 먹는다.

이렇듯 중독자 스스로 자신이 술에 중독됐음을 인정하지 않으면 치료가 이뤄지기 매우 힘들다.

환자 가족들도 별반 다르지 않은 모습을 보일 때도 있다. 가족들은 알코올 중독자를 입원시키면서 "술만 마시면 저렇지, 안 마시면 멀쩡해요." 라는 말을 빼놓지 않는 경우가 무척 많다. 비록 중독자의 주사(酒邪) 때문에 병원에 입원시키긴 했어도 환자 가족들도 '알코올 중독'이라는 사실을 인정하고 싶어 하지 않는다는 걸 은연중에 드러내는 것이다.

알코올 중독은 술을 먹고 주사를 부리는 것만이 아니라 술을 보면 그냥 지나치는 법이 없는 경우도 포함된다.

시장에 들어온 트레이더 역시 비슷한 고백이 필요할 것이다. 약육강식의 세계에서 살아남는다면 시장에서 발생하는 수익과 손실에 제법 무덤덤하겠지만, 그 경지에 이를 때까지는 시장에서 자신은 먹잇감인 초식동물이며, 작은 손실도 견디지 못하는 나약한 존재임을 스스로 깨달아야 할 것이다. 시쳇말로 도박판에서 돈 잃고 속 좋은 사람 없다고 한다. 마찬가지로 시장에서 손실을 입고 속 좋은 사람도 없다. 단지 감정을 통제하고 다음 거래에 대비할 뿐이다.

6.3 마틴게일

필자가 다닌 학교에서는 졸업하기 전에 한 번은 설거지 당번을 맡는다. 우리 반 학생들 식판을 모두 닦아 주는 건 아니고 학생들이 각자 자기 식판을 닦을 수 있게 주방세제에 적신 스펀지를 건네주고, 설거지에 쓰인 스펀지를 받아 다시 주방세제를 묻혀 다른 학생에게 건네주는 게 주된 일이었다. 그리고 점심시간에 급히 할 일이 생긴 학생들이나 졸업을 앞둔 '말년'이라 불리는 선배들 식판을 대신 닦아 주기도 했다.

그런데 우리 학교에서는 자기 식판을 자기가 닦아야 할 선배가 대신 설거지를 해 달라고 식판을 당번들에게 떠넘기는 경우가 종종 있었다. 무작정 당번에게 식판을 들이밀면 나중에 담임이나 부담임한테 크게 혼날 수도 있으니까 대개는 가위바위보를 청했다. 선배가 이기면 당번이 선배 식판을 대신 닦아 주고 선배가 지면 자기 것은 물론이고 당번이 맡아 놓은 식판 하나를 더 닦아 주는 게 관행이었다.

그런데 우리 반 한 선배는 가위바위보에서 지면 그냥 물러서지 않고 다시 가위바위보를 청했는데, 그는 가위바위보에 질 때마다 자기가 떠안은 식판 모두를 걸었다. 처음에 지면 두 개, 두 번째에서 지면 식판 세 개를 걸고 세 번째 가위바위보를 하는 식이었다. 마지막 결과는 당연히 그 선배의 승리였다. 그 선배가 이기는 순간 그는 식판을 당번에게 모두 떠넘기고 교실로 가 버렸으니까. 당번이 졌을 때 당번은 감히 다시 하자고 할 수 없었다. 설거지 당번이 선배와 똑같은 방법으로 다시 가위바위보를 하자고 하면 그 순간 우리 반 학생 중 절반은 밥 먹다 말고 교실 뒤 산속으로 뛰어 올라갔을 테니까. '산적 대대'라는 우리 학교 별명이 괜히 있는 게 아니었다.

그 선배가 쓴 방법은 도박에서 그리 나쁘지 않은 방법이다. 물론 괜찮은 방법도 아니다.

그가 사용한 방법을 살짝 변형해 도박에 응용하자면, 첫 게임은 최소 판돈만 게임에 건다. 그래서 게임에서 이기면 다음에는 무료 음료수나 마시며 구경만 하거나 일찌감치 집에 가서 텔레비전이나 본다. 첫 게임에서 졌으면 손실을 만회하기 위해 두 번째 게임에 임하는데, 이때는 처음 건 돈의 두 배를 판돈으로 내놓는다. 그래서 이기면 자리에서 일어나고, 지면 세 번째 게임을 시작하며 두 번째 건 돈의 두 배를 베팅한다.

돈을 딴 뒤에도 계속 게임을 하고 싶다면, 게임 참가에 필요한 최소 금액으로 게임에 참여한다. 위에서 말한 학교 선배는 식판을 몽땅 걸었다는 게 이 방식과 차이라면 차이겠다.

그런 식으로 돈을 걸며 게임을 하다 보면 언젠가는 돈을 딸 때가 있을 것이고 그때 자리에서 일어나면 게임에 참가한 사람은 그 게임에서 요구하는 최소 베팅금액만큼 이익을 얻는다. 사람들은 이런 게임방식을 '마틴게일(Martingale)'이라 이름 붙이고, 어떤 이는 카지노에서 승승장구할 수 있는 방법이라고 소개하기도 한다. 물론 이 방식으로 승승장구했다는 얘기는 아직 못 들어 봤다.

마틴게일의 특징은 게임에 지면 다음 게임에선 직전 게임에 걸었던 돈의 두 배를 걸고, 결국 그 게임을 하기 위해 거는 판돈의 최소 금액만 이익으로 가져간다는 데 있다. 카지노에서 욕심만 부리지 않는다면 나름 쓸모 있는 방법이다.

나쁘진 않은 방법이지만 이 방법으로 카지노와 시장을 공략하라고 권하고 싶진 않다. 필자가 바른생활만 하는 모범시민이라서 독자 여러분에게 바른말과 행동을 요구하는 게 아니라 이 방법이 필승전략, 바로 만능열쇠는 아니기 때문이다. 나 같은 사람이 알 정도면 도박사들은 물론 카지노 운영자에겐 기초 상식에 속할 것이고, 이 방법이 마법의 탄환이라면 마틴게일을 시도하는 사람을 카지노 측에서 그냥 뒀겠는가.

무시무시한 '러시안 룰렛'이 아니라 카지노에서 커다란 원판이 돌아가는 룰렛을 할 때 최소 베팅금액이 1,000원이라고 하면, 첫 게임에서는 1,000원만 걸면 되지만 두 번째 게임에선 2,000원, 세 번째에선 4,000원, 네 번째에선 8,000원을 걸어야 한다. 그날은 운이 없는 하루였는지 아홉 번째 게임까지 계속 잃기만 했다면 열 번째 게임에서 걸어야 할 돈은 512,000원이 되고, 여기까지 버틸 수 있으려면 카지노에 올 때 백여만 원을 들고 와야 한다. 불행히도 여기서도 졌다면 다음 게임에는 1,024,000원을 걸어야 하니까 카지노에 입장할 때 이백여 만 원을 준비해야 열 판을 내리 지더라도 열한 번째 게임을 계속할 수 있다. 연속으로 게임에서 지다가 열 번째 게임에서 돈을 땄다면 백여만 원을 들고 와서 1,000원의 수익을 얻는 것인데, 하루에 얻는 수익률은 0.1%가 채 안 된다.

늘 그렇듯이 이론과 실제 사이에는 약간 차이가 있다. 룰렛을 해 본 적은 없지만 열 번 연속 지는 일은 흔하게 발생하지 않을지도 모른다. 마틴게일을 시도했다가 전 재산을 날렸다는 얘기가 나도는 것은 거꾸로 그런

　　　　　　　　인문학이 들려주는 트레이딩 원리

사건은 흔하게 일어나지 않는 일이라는 걸 반증(反證)하는 것일 수도 있다. 도박사의 오류를 설명할 때 빠지지 않고 등장하는 몬테카를로 도박장의 룰렛 게임 일화가 비일비재하게 발생한다면 도박이나 확률을 다룬 책에서 언급하겠는가.

대개의 경우 최악의 상황은 일어나지 않는다. 하지만 매우 드물긴 해도 언젠가는 그런 상황이 발생한다. 그리고 그때 대형 사고가 터진다. 차를 탈 때 안전띠를 매지 않는다고 반드시 사고를 겪는 건 아니다. 교통사고는 드물게 발생하지만, 드물게 발생하는 사고에 대비하기 위해 안전띠를 맨다. 드림팀으로 꾸려진 LTCM 구성원들이 확률과 통계를 몰라서 몰락했는가.

거창하게 일확천금을 꿈꾸지 않고 최악의 상황이 오기 전에 자리에서 일어날 줄 알면 카지노에서 마틴게일도 쓸 만할 방법일지 모르겠다. 그런데 운이 좋아서 열 번 이내에 돈을 따거나, 최소 판돈이 1,000원인 룰렛에서 열 번 모두 돈을 땄다면 수익은 최대 1만 원이다. 여러분 집에서 카지노가 있는 강원도 정선까지 교통비, 카지노 입장료, 식비 등을 따져 봤을 때 그게 영업이익인지 적자인지는 금방 알 것이다. 만약 마카오에 가서 게임을 한다면 항공료와 호텔 숙박비까지 따져 봐야 한다.

이제 우리의 관심사인 투자시장을 놓고 이야기해 보자. 투자시장에서도 늘 최악의 상황이 발생하는 건 아니다. 그렇다고 최악의 상황이 안 생기는 것도 아니다. 러시아의 모라토리엄 선언이나 2008년 세계적인 금융위기가 발생했을 때, 이건 수백 년에 한 번 있을까 말까 한 일이라고 했다. 한국 중소기업 경영자들은 '키코(KIKO)'라는 금융상품에 가입할 때, 대한민국이 망하기 전까진 키코로 손해 볼 일은 없다는 은행직원의 설명을 들었다. 그다음 결과는 어땠는가.

'블랙 스완(Black Swan)'은 우리 눈에 드물게 관찰될 뿐이지 존재하지 않는 건 아니다. 투자를 진행할 때 늘 최악의 경우도 염두에 두고 이에 대한 대책도 마련해야 한다. 선물, 옵션 같은 파생상품의 경우는 더욱 그러하다. 확률적으로 도저히 일어날 것 같지 않은 희귀한 사건이 발생할 수 있고, 그 사건 한 번에 모든 게 날아갈 수 있다. 실제로도 그렇다. 99번 수익을 거뒀다가 그다음 100번째 거래에서 모든 걸 잃을 수도 있는 곳이 바로 시장이다. 여기서 다시 한 번 '투자기법'보다 '자본관리'의 중요성을 강조해야겠다.

6.4 자기파괴적 경향

영국 BBC에서 제작한 드라마 〈셜록〉 시즌 3에 나오는 한 장면.

탐정 셜록 홈즈의 친구인 존 왓슨은 자기 부인이 평범한 사람이 아니라 무시무시한 킬러였다는 사실을 알고 경악한다. 시쳇말로 '멘붕'에 빠진 그는 셜록에게 "왜 내가 아는 사람은 전부 사이코패스야?"라고 따지듯 묻는다.

왓슨이 필자에게 물었다면, "네 마누라 네가 골랐지, 내가 골랐냐? 왜 나한테 성질이야?"라고 쏘아붙였을 텐데 셜록은 '소시오패스'답게 냉정을 잃지 않고 담담히 설명해 준다. "네가 그런 상황에 중독돼서"라고. 아프가니스탄 전쟁에 참전하고, 소시오패스와 마약상 부인과 친구가 된 것도 왓슨이 그런 상황을 즐기기 때문이며, 그러한 그가 전직 킬러인 메리를 아내로 맞이한 건 이상할 것 없는 것이라고 그는 조용히 말한다.

우리가 거래를 할 때 손해를 기대하며 시작하는 경우는 없다. 모두들 거래에서 수익을 얻고자 한다. 그런데 늘 그런 것만도 아닌 경우가 생기기도 한다. 심지어 손실을 즐기기 위해 거래에 임하는 것처럼 보이는 경우도 있다.

무슨 헛소리냐고 따지고 들지 모르겠다. 트레이더들은 거래를 하다 보면 손실을 연속으로 내는 경우를 가끔씩 겪는다. 아무리 손실을 관리하며 조심스럽게 거래를 하더라도 연속된 손실로 계좌가 타격을 입다 보면 냉철한 이성 대신 '분노'와 '자포자기'와 같은 감정이 트레이더를 지배해 괜한 복수심에서, 또는 될 대로 되라는 심정으로 거래에 임하는 경우가 생기기도 한다. 손실을 기록하고 있는 포지션을 관리하기 고통스러워서 그냥 방치하기도 한다. 인간에겐 '자기파괴적 경향'이 있다고 하는데, 이런 트레이더의 심리를 살펴보면 그리 틀린 말은 아닌 듯싶다.

불행하게도 시장은 이성을 잃은 참여자들을 말리는 대신 그들이 빈털터리가 될 때까지 거래에 취해 '거래를 위한 거래', '자포자기식 거래'를 하도록 유혹한다. 그래서 트레이더는 거래에서 조금이나마 수익을 내면 그 상황에 취해서 과다하게 거래하며 애써 얻은 수익을 허공으로 날려 버리기도 하고, 손실로 계좌가 망가져도 도박중독자가 습관적으로 게임에 참여하고 알코올 중독자가 연신 술을 찾듯 거래를 계속하면서 계좌를 철저히 망가뜨린다.

한 전업 투자자는 어느 인터넷 커뮤니티에서, 수익을 내면 그것을 축하하기 위해 술집으로 달려가고 손실을 입으면 화를 삭이기 위해 술을 입속으로 부어댔다고 고백했다. 날마다 술독에 빠져 있는 이에게 다음 날 컴퓨터 모니터 앞에서 현명한 판단을 하길 기대할 수 있겠는가. 그에게 남은 건 망가진 계좌와 아내가 보낸 이혼서류였다.

트레이더가 수익을 얻기 위해 거래하는 대신 쌓인 감정을 시장에서 터뜨릴 심산으로 거래한다면 남는 건 깡통계좌와 피폐해진 심신일 것이다.

한편 병법가 손자도 인간이 갖고 있는 자기파괴적인 모습을 장수가 보일까 무척 염려했다. 그는 도박중독자들이 도박에 취해 무의미하게 판돈을 걸고 트레이더들이 스스로를 망가뜨릴 심산으로 불필요한 거래를 일삼는 것처럼, 장수가 전쟁터에서 감정적으로 군사들을 사지(死地)로 내모는 것을 염려한 것이다. 손자는 화를 삭이지 못하고 자기 마음대로 적과 싸우려는 장수 때문에 병사들이 위험에 빠지는 군대를 곧 무너질 군대란 뜻의 "붕병(崩兵)"[14]이라 정의하고 장수가 감정적으로 지휘하는 행동을 경계했다.

"수승화강(水昇火降)"[15]이라는 말이 있다. 바둑뿐 아니라 트레이딩에서도 차가움은 올리고 뜨거움은 내려야 한다. 땅에 박힌 돌부리를 발로 차 봐야 자기 발만 아프다는 건 누구나 안다. 그 사실을 잊고 감정만 앞세우면 결과는 뻔하다.

부끄러운 고백을 하자면, 어떤 일로 분에 못 이긴 나는 돌부리에다 분풀이를 한 적이 있었다. 돌부리는 멀쩡했고 나는 발톱이 빠져 몇 달간 고생을 했다. 돌부리를 발로 차지 말라는 교훈을 몸소 깨달았다.

---

14) 박재희, 손자병법과 21세기 2, 서울:한국교육방송공사, 2002, 276쪽.
15) 윤태호, 미생6, 고양:위즈덤하우스, 2013, 158쪽에서 재인용.

한 조직을 이끄는 지도자뿐 아니라 카지노의 도박사, 시장에 발을 담근 트레이더들도 각자의 현장에선 '수승화강'이란 말을 가슴에 새기고 냉철한 이성과 행동을 놓치지 말아야겠다. 자기파괴적 행동은 결국 자신과 자기 자본을 파멸로 이끌 테니 말이다.

한편 도박에 중독된 사람들은 돈을 따면 더 많은 돈을 따려고 도박을 계속하고, 돈을 잃으면 본전이라도 복구하려고 도박을 멈추지 않는다고 한다. 시장에서도 이런 모습을 보이는 트레이더들을 그리 어렵지 않게 찾아볼 수 있다. 거래에서 수익을 내면, 더 큰 수익을 내기 위해 투자규모를 무리하게 늘리고, 손해를 입으면 본전이라도 만회하려고 무리하게 거래를 한다. 도박에 중독된 사람이든 거래에 중독된 사람이든 자기 자본을 모두 탕진할 때까지 각자 게임을 계속하는 셈이다.

도박중독자가 도박을 끊지 못하는 것은 도박을 통해 환상과 욕망, 쾌감에 깊숙이 빠져들기 때문[16]이라고 하는데, 이는 시장에 참여하는 사람들에게 시사하는 바가 크다. '도박', '도박꾼', '도박중독'이라는 말이 있던 자리에 '트레이딩', '트레이더', '거래중독'이라는 말을 넣었을 때 어색한 점을 발견할 수 있는가.

계속 망가져 가는 계좌를 보고 있자면 망치를 가지고 앞에 있는 컴퓨터 모니터를 내려치고 싶은 감정이 일지도 모르겠다. 한창 인기를 끌던 가상화폐 가치가 추락할 때 어떤 이는 실제로 모니터를 부수고 인증사진을 사회관계망 서비스(SNS)에 올린 적이 있었다. 그러나 자기 성질을 이기지 못하고 감정적으로 나서 봐야 자기 손해다. 그렇게 부서진 컴퓨터는

---

16) 이홍표, 앞의 책, 40쪽.

중고품으로도, 부품만 따로 팔 수도 없는 산업폐기물에 불과하다.

인간이 지니고 있는 자기파괴적인 성향 때문에, 쉽게 말해 될 대로 되라는 심정으로 거래해 봤자 남는 건 마진콜당한 계좌와 피폐해진 몸과 마음뿐이다. 가정불화까지 생기는 불상사는 안 생겼으면 한다.

이성을 잃은 거래는 비단 초보 투자자나 개미 투자자들한테만 해당하는 말은 아니다. 노벨 경제학상 수상자, 전 뉴욕연방은행 부총재가 참여한 자산운용사 LTCM 역시 막판에는 도박[17]과 다름없는 거래를 벌이다 침몰하지 않았는가. LTCM에서 근무한 트레이더는 '막판에는 승산이 낮은 러시아'에 이른바 '올인(all-in)'을 했다며 당시를 회고했다. 마지막 한 방을 노린 거래는 자기파괴적 거래, 바로 도박이 아니고 무엇이겠는가.

거래가 뜻대로 되지 않으면 자기 기분에 따라 내키는 대로 거래하며 계좌를 스스로 부수고 있는 건 아닌지 점검해 볼 일이다. '넘어진 김에 쉬어 간다'는 속담처럼 계속 계좌가 망가지고 있다면, 잠시 트레이딩을 멈추고 그 원인을 찾아볼 필요가 있겠다.

6.5 음모론

영국의 경제 주간지 《이코노미스트》는 유명 인터넷 검색엔진에서 가장 인기를 끄는 '세계 10대 음모론[18]'을 꼽아서 소개한 적이 있다. '음모

---

17) 로저 로웬스타인, 이승욱 옮김, 천재들의 실패, 서울:동방미디어, 2001, 217쪽.
18) 위키백과.

　　　　　　　　　　　　　　인문학이 들려주는 트레이딩 원리

론'이니만큼 진위 여부는 당연히 알 수 없고 여기선 그리 중요치도 않다.

1) '9·11 테러' 미국 정부 자작설 - 조지 W. 부시(George W. Bush)가 이끄는 미국 행정부는 지난 2001년 9월에 발생한 알 카에다의 '9·11 테러' 계획을 알고 있었음에도 이를 막지 않고 테러를 방조했다고 한다.

9·11 테러를 방조했는지 심지어 그냥 묵인했는지 여부는 알 수 없지만, 발생 가능성을 미리 보고받았을 수는 있겠다. 9·11 테러가 발생한 직후 당국은 테러를 저지른 단체로 오사마 빈 라덴(Osama bin Laden)이 이끄는 '알 카에다(Al Qaeda)'를 특정해 발표했으니 말이다. 당연히 당국에 의심의 눈초리를 보내지 않을 수 없을 것이다.

제2차 세계대전 당시 일본은 미국의 진주만을 공격했고, 이를 계기로 미국도 세계대전에 참전한다. 그런데 일본이 진주만을 공격하기 전 미 정보당국은 그 사실을 알고 있었다고 한다. 미일 합작영화인 〈도라 도라 도라〉(리처드 플라이셔; 후카사쿠 긴지; 마스다 토시오 감독, 1970)는 일본의 진주만 공습을 앞둔 두 나라의 긴박한 움직임을 그렸는데, 일본의 움직임에 제대로 대처하지 못하고 우왕좌왕하는 미국의 모습을 무심하게 담아낸다.

여기까지는 역사적 사실이고 미국이 세계대전에 참전할 구실을 만들기 위해 일본의 공습을 방조했다는 음모론이 '야사(野史)'로 전해지고 있다. 당시 해군전력의 핵심이라 할 수 있는 항공모함이 작전 중이어서 하와이 진주만에는 한 척도 없었다는 점도 음모론을 부채질했다.

이와 마찬가지로 미국은 알 카에다의 테러를 미리 알고 있었을 수 있다. 정보당국 간 공조가 제대로 이뤄지지 않아 테러를 막지 못했을 수도 있고, 일부러 방조했을 수도 있다. 다큐멘터리 영화 〈루스 체인지〉(딜런 에이버리 감독, 2006)는 9·11 테러에 여러 가지 의혹을 제기하며 미국 정부의 자작설을 주장했다. 〈루스 체인지〉의 주장에 무리가 있다는 지적이 있지만, 미국 정부도 명쾌한 해명을 내놓지 못하는 것이(아니면 그런 주장에 일일이 해명할 필요를 못 느꼈을 수도) 사실이다. 물론 진실에 대해선 필자가 알 리 없다.

드라마 〈셜록〉 시즌 2에서는 제2차 세계대전 당시 독일이 영국 코번트리에 대규모 공습을 감행할 것이라는 계획을 영국 정부가 알고 있었지만, 영국이 독일군 암호를 풀 수 있다는 사실이 알려지기 싫어 독일군의 공습을 방조했다는 이야기가 나온다. 드라마 속 이야기라 진짜 그랬는지는 필자는 모른다.

이와 관련되어 떠도는 이야기로 알 카에다는 테러 직후 미국 증시가 폭락할 것으로 예상하고 그에 맞춰 옵션 거래를 대규모로 했다고 한다. 그러나 우리가 기억하다시피 테러 직후 미국 증시는 폐쇄됐고 그동안 사람들은 충격에서 조금씩 벗어났다. 알 카에다는 테러 직후 옵션 포지션을 정리해 막대한 수익을 거두려 했지만 예상치 못한 시장 폐쇄에 원하는 바를 얻지 못했다고 한다.

사실이야 어찌 됐든 테러리스트도 시장을 기웃거리고 거래전략을 연구하는 시대다. 시장을 비롯한 경제 공부는 현대인에게 필수다.

2) '에어리어 51' 외계인 거주설 - 민간인 출입이 철저히 통제되는 미국 네바다주 공군기지 '에어리어 51'에 '외계인'과 '미확인비행물체(UFO)', 그리고 관련 정보들이 보관돼 있다고 한다.

이에 대한 반론도 있다. 외계인이라고 주장한 사진도 실은 희귀병을 앓고 있는 어린이를 찍은 것이라는 것이다.

인문학이 들려주는 트레이딩 원리

군대를 다녀온 사람들은 알겠지만 부대 안에는 출입이 통제된 곳이 많다. 같은 군인이더라도 누구는 출입이 가능하지만 대다수의 또 다른 누구는 얼씬도 할 수 없는 곳도 있다.

군 복무 시절 야외로 훈련을 나가면 오솔길 옆에 작은 텐트 하나가 설치된 것을 보곤 했다. 졸업할 날짜만 세며 지내던 필자가 보기에도 뜬금없는 장소에 설치된 텐트라 내 관심을 끌곤 했다. 그리고 닫혀 있는 텐트 앞에는 작은 팻말이 달려 있었는데, 거기에는 평범한 사병들이 꺼리는 단어가 쓰여 있었다. 그런 단어가 붙어 있는 곳에는 아무도 관심을 기울이지 않았다. 사병은 물론이고 간부들도 그랬다.

그 텐트가 무슨 목적으로 설치된 것인지는 지금도 모른다. 하지만 그 텐트 안에서 관련 병사들이 뭘 했는지는 안다. 일선 부대 병사들이 입으로 '10원', '20원'을 내뱉으며 산을 타고 돌아다닐 때, 본부에서 나온 군인 아저씨들은 비밀스러운 텐트 안에 들어가 라면 끓여 먹으면서 노닥거리고 있었단다. 일선 부대의 일상적인 훈련에서는 소형 텐트 주인들이 임무를 수행할 일이 없었기 때문이 아닐까 한다.

무시무시한 팻말을 걸어 놓고 그 앞을 지나가는 사람들 어깨를 괜히 위축시키는 장소가 부대 내부 곳곳에 자리하고 있지만, 실상은 별것 아닌 경우도 꽤 있다. 필자가 훈련기간 동안에 본 작은 텐트처럼 말이다. 물론 이건 부대 구성원 대부분이 학생(바깥사람들은 우리를 '방위병' 또는 '당나라군'이라고 불렀다)으로 구성된 곳에서 있었던 오래전 얘기다.

한국의 평범한 일선 부대와는 달리 '에어리어 51'에는 정말 비밀스러운 것이 있을 순 있겠다. 그건 핵 공격시설일 수도 있고 미국 지도부의 피난 시설일 수도 있겠다. 전 세계에서 끌어모은 보물들을 보관하고 있는지도 모르겠다. 거기에 꼭 외계인이 숨겨져 있는 건 아니란 말이다.

그런데 학생들이 비밀스러운 텐트 안에서 라면 끓여 먹으며 노닥거리고 있었다는 사실을 어떻게 알았냐고? 학생들 대부분은 '스쿨버스'를 타고 통학을 했는데, 버스 안은 정보에 목말라하는 이들에게 정보 교류의 장이었다. 학교 교무실을 자유롭게 드나들 수 있는 학생들은 교무실에서 들은 얘기를 하굣길 '스쿨버스' 안에서 자랑스레 떠들어댔고, 학교 선생님들이 알려 주고 싶지 않은 비밀스러운 이야기, 감추고 싶은 부끄러운 이야기도 '스쿨버스' 안에서는 어렵지 않게 들을 수 있었다.

3) 엘비스 생존설 - '로큰롤의 황제' 엘비스 프레슬리(1935~1977)는 대중의 시선을 피하기 위해 죽음을 가장해 사라졌으며, 지금도 어딘가에 은거하고 있다는 내용이다. 엘비스 프레슬리에 대한 추억을 공유하지 못한 필자는 '그래서 뭐?', '어쩌라고?'라는 말만 내뱉는다.

신분증을 제시하지 못할 테니 비행기 여행은 당연히 못할 뿐 아니라 운전도 못할 것이다. '그런 식으로 은둔하고 있다면 아플 때 병원비는 어떻게 할까'라는 의문이 든다. 아무리 돈이 많아도 보험처리 없이 병원비를 현금으로만 지불하는 데에는 한계가 있을 테니 말이다.

비슷한 음모론으로 '히틀러 생존설'이 있다. 이 설에 따르면 히틀러가 자살하지 않고 남미 어딘가에 살아 있으며 히틀러의 군대도 있다고 한다.

4) 아폴로 11호 달 착륙 연출설 - 러시아 연방이 승계한 나라 '소비에트 연방', 바로 소련은 세계 최초로 우주 비행사 유리 가가린(1934~1968)을 우주로 올려 보냈고, 세계 최초의 우주여행이라는 영예는 소련과 유리 가가린에게 돌아갔다.

인문학이 들려주는 트레이딩 원리

냉전시대였던 당시, 미국은 자존심을 구길 대로 구겼고 소련을 따라잡기 위해 우주선 개발에 열을 올렸다는 것은 우리 모두 아는 바다. 결국 미국은 최초로 인류를 달에 보냈는데, 인류 최초의 달 착륙이 실은 세트장에서 이뤄진 조작이라는 게 이 음모론의 내용이다. 미국 성조기의 모습, 선명한 사진촬영에 대한 의혹, 촬영 각도 따위가 연출설을 뒷받침하는 근거로 제시됐다.

이에 대해 공기가 없는 곳에서 성조기가 펄럭이는 것처럼 보이기 위해 국기에 철사를 끼웠고, 우주 비행사들은 사진 찍는 훈련도 열심히 받았다는 반론이 있다.

이 음모론의 아류로, 미국 아폴로호가 달에 착륙한 것은 맞지만 이를 사진과 영상으로 기록하는 데 실패해서 지구에서 그 장면을 연출했다는 음모론이 있다. 의혹을 파고들기 시작하면 한이 없다는 말로 마무리해야 할 듯싶다.

달 착륙이 이뤄진 직후 한국에서는 달에서 가져왔다는 월석(月石)이 판매됐다고, 필자가 고등학교에 다닐 때 물리 선생님이 말했는데, 그 돌은 아마 가짜였을 것 같다.

5) 셰익스피어 가공 인물설 - 역사가 오래된 음모론 가운데 하나라고 한다. 제대로 교육받지 못한 그저 그런 연극배우가 후세에 길이 남을 명작을 남겼을까 하는 의심이 셰익스피어의 정체에 대한 논란을 불러일으켰다. 평범한 배우 셰익스피어와 극작가 셰익스피어는 서로 다른 인물이 아닐까 하는 의심은 이미 18세기부터 있었고, 크리스토퍼 말로, 엘리자베스 1세, 프란시스 베이컨 등이 '셰익스피어(Shakespeare)'라는 '필명'을 사용한 작가로 의심받기도 했다.

전문적으로 글을 쓰는 사람은 사람 지문처럼 작품 속에 자신만의 특색을 은연중에 나타내는데, 셰익스피어의 작품과 비슷한 유전자를 가진 작품의 저자를 찾다 보니 말로나 베이컨, 엘리자베스 1세가 후보로 거론됐나 보다.

'셰익스피어 가공 인물설'을 다룬 프로그램을 오래전에 본 적이 있는데, 그때 프로그램이 내린 결론은 '셰익스피어가 누구인들 어떠한가, 그가 남긴 작품은 지금도 살아 숨 쉬고 있지 않은가'였던 것으로 기억한다. 그런데 한국에서는 셰익스피어의 정체를 묻는 수능시험 문제가 출제되지 않는 이상 아무도 관심을 갖지 않을 듯싶다.

6) 예수 결혼설 - 예수가 막달라 마리아와 결혼해 아이를 낳았으며 그 후손이 오늘날에도 살아 있다는 설이다. 이 음모론은 댄 브라운이 쓴 소설 《다빈치 코드》를 통해 다시 사람들에게 주목받았다. 그저 외국에는 이런 음모론이 있다는 걸 소개하는 선에서 마치고자 한다. 한국에서 피해야 할 이야기 주제 중 하나가 '종교'다.

7) 파충류 외계인 지구 지배설 - 랩탈리언(Reptilian)이라고 불리는 파충류 외계인이 인간들을 몰래 조종하고 있다는 음모론이다. 세상을 움직이는 비밀조직이라는 의심을 받는 프리메이슨이 이 외계인들과 관련이 있다는 말도 있다.

우주에서 온 파충류가 지구를 정복하려고 하는데 평범한 시민들이 물리친다는 미국 드라마를 30여 년 전에 재미있게 본 기억은 난다.

그런데 랩탈리언이 인간을 지배하려고 명령을 내릴 때 어떤 말로 했을까. 외계어를 지구인이 잘 알아들었을 것 같진 않고, 영어를 외계인이 구사해야 한다는 법은 없는데 말이다. 손짓 발짓으로 간단한 명령은 내리

인문학이 들려주는 트레이딩 원리

겠지만 고차원적인 지시는 어떻게 내릴지 궁금하다.

8) 에이즈 개발설 - 인종차별주의자들이 특정 지역의 인종을 몰살시키기 위해 고의적으로 에이즈를 만들었다는 설이다. 에이즈 개발설은 모르겠고, 아주 오래전에 제약회사들이 돈벌이가 안 된다는 이유로 에이즈 백신 개발은 소홀히 하고 치료제 개발에 열을 올리고 있다는 뉴스는 신문에서 본 것 같다.

인종청소를 위해 에이즈를 개발하려면 상당한 의학, 생물학 지식이 있어야 할 것 같은데, 그들에게 그런 지식과 바이러스를 만들 시설과 자본이 있을지 의문이다.

아직 에이즈를 완치할 순 없지만 질병을 관리할 수는 있다고 한다. 당뇨병 환자가 당뇨병에서 완치되긴 힘들지만 그 병을 관리하며 사는 것처럼 말이다.

9) 존 F. 케네디 암살 배후설 - 구두닦이 소년에게서 대공황의 조짐을 읽은 조지프 케네디의 아들이자 제35대 미국 대통령인 존 F. 케네디는 1963년 텍사스주 댈러스에서 단 한 발의 총탄에 암살됐다. 케네디 대통령 암살사건 조사위원회인 '워런 위원회'는 오즈월드가 단독으로 저지른 범행이라고 결론지었다. 하지만 암살사건에 대한 의혹은 꼬리를 물고 이어졌다. 대통령 암살범으로 체포된 리 하비 오즈월드(Lee Harvey Oswald)는 며칠 뒤 많은 이들이 보는 앞에서 잭 루비(Jack Leon Ruby)라는 사람에게 살해돼 케네디 암살에 대한 의혹은 걷잡을 수 없이 일었다.

영화 〈JFK〉(올리버 스톤 감독, 1991)는 케네디 암살에 대한 미국 정보기관의 개입 의혹을 다뤘는데, 오즈월드가 쏜 '한 발'의 총알이 어떻게 대통령과 주지사의 몸을 동시에 뚫고 지나갈 수 있었는지가 의문으로 제기됐다.

비밀에서 해제된 문건에 따르면, 쿠바 정부는 최소 세 사람이 동시에 케네디 일행을 저격한 것으로 보고 있었다고 한다.

2017년 도널드 트럼프가 이끄는 미국 행정부는 케네디 암살 관련 비밀 문건을 대량 공개했는데, 의혹은 여전히 해소되지 않고 있다.

10) 다이애나 사망 영국 왕실 개입설 - 다이애나 전 영국 왕세자비는 1997년 파파라치로부터 쫓기다가 교통사고로 숨졌다. 다이애나가 숨질 당시 그녀의 연인인 이집트 출신 도디 알 파예드가 함께 차를 타고 있었고, 역시 숨졌다.

그런데 알 파예드의 아버지 모하메드는 다이애나와 그의 아들 죽음에는 영국 왕실이 개입돼 있다고 주장했다. 그의 주장에 따르면, 영국 왕실은 앞으로 왕위를 이을 사람의 친어머니가 무슬림과 재혼하는 걸 원치 않아 끔찍한 일을 벌였다는 것이다. 그리고 엘리자베스 2세 여왕의 남편인 필립 공을 암살 배후로 지목했다.

그런데 당시 차를 몰던 운전기사가 교통법규를 잘 지키면서 운전을 했다면 교통사고가 일어났을까. 필립 공에게 매수당한 운전기사는 자기 가족의 호의호식을 대가로 자기 목숨을 내걸었을 수도 있겠다. 그런데 한국의 조직폭력배 행동대원도 아닌 그 운전기사가 뭐가 아쉬워서?

이런 음모론은 비단 서양에만 있는 것은 아니다. 한국에도 음모론은 넘쳐 나고, 조선시대 왕족의 죽음엔 걸핏하면 음모론이 끼어 있다.

조선 인조의 장남 소현세자의 죽음을 놓고 '칠규출혈(七竅出血)'과 어의들의 행동을 근거로 독살설이 제기됐고, 희빈 장씨의 아들 경종이 그

인문학이 들려주는 트레이딩 원리

의 동생이자 숙빈 최씨의 아들 영조에 의해 독살됐다든지, 정조의 죽음에는 영조의 계비인 정순왕후가 연관돼 있다는 식으로 말이다. 고종 황제의 죽음을 놓고 뇌일혈에 의한 병사설과 일제에 의한 독살설이 지금도 맞서고 있다. 이순신 장군의 죽음과 관련해서도 여러 가지 설이 있는데, 심지어 이순신 장군의 자작극설까지 있다. 전쟁 후 당쟁에 휘말릴 것을 예감한 장군이 마지막 전투인 노량해전에서 전사로 위장하고 고향에서 은둔했다는 게 자작극설의 골자다. 또 음모론은 현대 대한민국이라고 그냥 놔두지 않는다.

이런 음모론은 대개 정보의 비대칭성에서 나온다고 한다. 어느 한쪽에서 정보를 독점하고 있다 보니 정보가 부족한 쪽에서는 음모론을 통해 부족한 부분을 메우고 있지 않나 생각한다.

그런데 음모론은 거창하게 정치 지도자나 변혁기의 사회를 거론하지 않더라도 시장에서도 찾아볼 수 있다. 한국에 'FX마진'이란 상품이 소개될 무렵, 개인 투자자들 사이에서 'FX마진'을 놓고 음모론이 심심찮게 나왔다. 투자자에게 수익을 가져다주기 싫어서 FDM과 같은 중개회사들이 투자자들을 상대로 장난을 치고 있다는 게 음모론의 주된 내용이었다. 중개회사들은 원활한 거래를 위해 딜링 데스크(Dealing Desk)를 운용하고 있는데, 여기서 투자자가 낸 주문을 거부하거나 일부러 늦게 주문을 처리해 이익이 날 수 있는 거래를 손실로 마무리 짓게 하고, 투자자들이 입은 손실은 고스란히 중개회사가 이익으로 가져간다는 것이다.

'FX마진거래'는 주식거래나 선물옵션거래처럼 일정한 거래소에서 거래가 이뤄지지 않고 각각의 중개회사에서 거래가 성사된다. 주식거래에서 투자자들이 이용하는 증권사는 거래소와 투자자 사이를 이어 주는 데 그치지만, FX마진거래에서는 중개회사가 거래소 기능도 맡는다. '비트코인'이니 '이더리움'이니 하는 가상화폐가 정부가 보증하는 기관이 아닌 일반 회사에서 거래되는 것과 비슷한 이치다.

이런 거래를 '점두거래(OTC Transaction)'라고 하는데, 외환시장 역시 은행 간에 거래가 이뤄지는 점두거래다. 점두거래에서 거래에 대한 신뢰도는 전적으로 중개회사에 의해 결정된다.

그래서 거래나 가격 흐름을 납득할 수 없을 때 개인 투자자들은 중개회사를 의심하게 된다. 증권거래소를 통해 주식거래를 할 때 가격 조작 따위는 이른바 작전세력에 의해 이뤄지지, 거래소가 직접 조작에 관여한다고 생각하지 않는 것과 대비되는 부분이다.

FX마진은 다른 상품거래와는 달리 '이중호가제'로 거래가 이루어진다. 주식현물시장, 통화선물시장에서는 시장가격이 하나만 있는데, FX마진 시장에서는 매수가와 매도가 두 가지 가격이 호가를 형성한다. 은행 창구 뒤에 있는 외환 시세판에 환율시세가 하나만 적혀 있지 않고, '고객이 사실 때'와 '고객이 파실 때' 두 곳에 환율시세가 표시돼 있는 것을 떠올리면 된다. 그래서 FX마진거래에서 '유로/달러(EUR/USD)' 상품 하나를 매수했다면, 계좌에는 그 순간부터 '고객이 사실 때'와 '고객이 파실 때' 가격 차이만큼 손실이 발생한다. 매수가에서는 변동이 없지만 매도가 측면에서 보면 손해이기 때문이다.

FX마진과 같은 외환시장에서 매도가와 매수가의 차이를 '스프레드(spread)'라고 하는데, 이 스프레드가 은행이나 중개회사의 수익원이다. 스프레드는 일정하지 않고 시장 상황에 따라 커지기도 하고 줄어들기도 한다. 시장이 조용할 때는 매도가와 매수가 차이가 얼마 되지 않지만,

인문학이 들려주는 트레이딩 원리

중요 경제지표 발표로 시장이 출
렁일 때는 매수가와 매도가가 요
동치고, 그만큼 스프레드도 커진
다.

개인 투자자들은 스프레드가 크
게 벌어질 때 중개회사에 의심의
눈초리를 보낸다. 시장이 급변해
서 매도가와 매수가 차이가 크게
벌어질 때, 즉 스프레드가 커질 때
중개회사가 여기에 개입해 그 크
기를 실제보다 더 크게 만들어 놓
는다는 것이다. 스프레드가 터무
니없이 커져서 수익이 나는 포지
션을 손실로 만들고, 손절매 주문

FX 호가 창

을 미리 넣어 둔 포지션은 자동으로 손절하게 하는, 이른바 '스톱 따먹기'
를 통해 투자자들이 입은 손실을 고스란히 중개회사가 수익으로 가져간
다는 것이다. 심지어는 가격 변동이 극심할 때 중개회사는 자신들의 서
버 컴퓨터와 연결된 통신 케이블을 뽑아서 주문 자체가 접수되지 않게
한다는 말도 있었다.

그에 대한 진위 여부는 필자도 모른다. 국내 투자자들 역시 심증만 품
었지 확실한 물증을 확보하지 못했기 때문이다. 내부자가 양심선언을 하
지 않는 한 평범한 투자자들은 진실을 알 수 없을 것이다.

지금은 한국에서 FX마진거래와 해외 상품을 거래할 때 반드시 국내 회사에서 개설한 계좌를 통해야 한다. 우리 머릿속에서 쉽게 떠오르는 은행이나 증권사를 거쳐 거래하는 만큼 지금은 위에서 말한 음모론을 생각하긴 어렵다.

허영만 화백의 작품 《타짜》에서는 주인공이 함정에 빠졌을 때 함정에 빠진 사실을 모르고 자기가 게임에서 어떤 실수를 했는지 따져 보는 장면이 나온다. 그리고 주인공은 자신을 함정에 빠뜨린 사람 앞에서 실수를 저지른 자신을 책망한다. 주인공을 함정에 빠뜨린, 그곳 업자들 용어로 주인공을 '수술'한 사람이 순진한 주인공을 비웃는 장면이 그 뒤를 잇는다.

음모론의 좋은 점은 《타짜》의 순진한 주인공과는 달리 자신이 저지른 실수를 남의 탓으로 돌릴 수 있다는 점이다. 자신의 판단과 행동이 틀렸음을 인정하는 대신 자신을 음모론 속 희생양으로 포장해 자기 실수를 인정하는 고통을 피하는 것이다.

《타짜》 속 주인공처럼 국내 투자자들도 중개회사의 음모에 말려들었을 수도 있겠다. 중개회사가 아니라 거대한 작전세력, 우리가 알지 못하는 어떤 비밀조직의 농간에 놀아나고 있을지도 모르겠다. 그런데 음모론을 들먹이기 전에 진지하게 생각해 볼 게 있다. 오늘 기록한 손실이 누군가의 음모에서 비롯된 게 아니라 그저 자신이 시장을 오판한 탓은 아닌지 말이다. 시장을 잘못 읽었으면 서둘러 수습에 나서야 하는데 자기 자존심이 꺾이는 게 두려워 자기 결정을 끝까지 밀어붙이진 않았는지 돌이켜볼 일이다. 도박중독자들이 자기 자존심 때문에 손실을 입으면서도 도박을 계속하는 것과 투자자의 거래행위가 다른 점은 무엇인지 먼저 생각해봐야 하지 않을까.

인문학이 들려주는 트레이딩 원리

그래서 우리는 음모론을 거론하기 전에 나폴레옹의 말을 곱씹어 볼 필요가 있다.

"무능력으로 설명할 수 있는 것을 음모로 생각하지 마라."[19]

---

19) 팀 하포드, 김명철 옮김, 경제학 콘서트, 서울:웅진씽크빅, 2006, 272쪽에서 재인용.

7.

행동경제학

7.1 행동경제학이란

부끄러운 얘기를 하자면 필자가 정식으로 배운 경제는 고등학생 때 배운 게 전부라 할 수 있다. 그 후에는 개인적으로 책을 읽으며 공부하거나 살면서 경험적으로 체득한 게 내 경제지식이 됐다. 그러니 경제라는 학문을 본격적으로 배우게 되면 기본적으로 공부하는 '미시경제'니 '거시경제'니 하는 것에 대해 체계적이고 구체적인 지식을 갖추지 못했다.

겨우 시장이나 기웃거리는 처지라 당연히 '경제전문가'라고 불릴 수 없고, 경제전문가라고 나설 생각도 없다. 그럼에도 감히 이 글을 통해 독자 여러분과 이야기 나눌 용기를 가질 수 있었던 것은 우리들의 현재 관심사인 '시장'에서는 학교에서 배운 지식이 별반 소용이 없기 때문이다. 시장에서 성공하거나 살아남은 사람 중 경제학자가 몇 명이나 될까.

오래전 내가 학교에서 '가격은 수요와 공급에 의해 결정된다'는 기초적인 것을 배우고 있는 동안, 경제학은 어느새 수식으로 가득 찬 학문으로 변모했다. 말로 설명되던 학문은 어느새 복잡한 수식이 난무하는 학문으로 달라진 것이다.

하지만 '경제'라는 학문이 자연과학 영역으로 넘어간 것은 아니다. 그래서 로버트 커트너(Robert Kuttner)라는 이는 "과학인 척함에도 불구하고 경제학은 아직 과학보다는 예술에 가깝다."[1]라고 했다.

하지만 고전 경제학이든 수식으로 무장한 현대 경제학이든 한 가지 빠뜨린 것이 있다고 보는데, 바로 '인간'이다.

경제학에서 말하는 인간은 학문 탐구에 맞춰 철저히 변형된 인간이지, 우리의 실제 모습은 아니다. 마치 자연과학에서 이상적인 공간과 물질을 먼저 가정하고 이론을 전개해 가듯 말이다.

한편 인간은 스스로를 '경제적 동물'이라고 치켜세우지만 실제로는 경제학에서 언급하듯이 언제나 합리성과 효율성만을 따지며 움직이지 않는다. 멀리 볼 것도 없이 우리 자신을 거울에 비춰 보자.

상품시장에서 금시세가 하루가 다르게 오르고 있으면 너무 비싼 가격 때문에 금에 대한 수요가 줄고 자연스레 금값은 떨어진다는 게 필자가 고등학생 시절 선생님한테서 배운 내용인데, 실상은 그러한가. 생활 속에선 점심값을 아끼기 위해 편의점 도시락을 찾고 콩나물 한 움큼 값을 깎으려고 시장 상인과 실랑이를 벌이면서도, 금융시장에선 주식값이 치솟고 있다면 지금이 아니면 영영 매수하지 못할 것 같아 비싼 값임에도 주

---

1) Business Week, 1999. 9. 6, 로저 로웬스타인, 이승욱 옮김, 천재들의 실패, 서울:동방미디어, 2001, 151쪽에서 재인용.

식 매수에 나서지 않는가.

이러한 현상은 우리들의 시장에서만 비롯되는 게 아니다. 이른바 명품이라 불리는 상품들은 가격이 매우 비싸다. 그런데 품질은 비싼 가격만큼이나 할까. '비싸면 안 사면 됩니다'라는 고가 마케팅에 소비자들은 그 상품을 외면하고 값싸고 질 좋은 상품에 눈을 돌리는가. 분명 자기는 쓸 만한 텔레비전을 갖고 있음에도 옆집에서 자기 것보다 더 크고 비싼 텔레비전을 샀다고 자랑하면 충동구매하는 경우는 어떤가. 주변에서 가상화폐 투자로 쏠쏠한 수익을 얻었다는 말에 덩달아 가상화폐 투자에 나선 것은 또 어떻고 말이다.

이렇듯 경제생활에서 합리적이지 못한 인간의 활동에 주목하고 경제학에 심리학을 접목한 학문이 바로 '행동경제학(Behavioral Economics)'이다. "행동경제학"[2]은 인간의 비합리적인 경제활동에 주목하면서, 비합리적인 것처럼 보이는 선택 속에서 합리성을 찾는다. 제 딴에는 합리적인 판단이라 생각해도 직관이나 경험, 본능에 기반을 둬서 결론이 합리적이지 않을 수도 있다는 것이다. 그래서 행동경제학의 선구자인 대니얼 카너먼(Daniel Kahneman) 교수는 "합리성이라는 비현실적인 개념을 부정할 뿐"[3]이라고 말했다.

인간은 늘 효율적으로 움직이지 않으며 경제이론을 설명하기 위해 설정된 단순하고 이상적인 존재도 아니다. 인간은 무작정 경제적 이익만을 좇지 않으며 공동체 의식, 사명감, 기존 세대에게서 전수받은 도덕적 가

2) 조준현, 사람은 왜 대충 합리적인가, 서울:을유문화사, 2013, 227쪽.
3) 이근우, 경제학 프레임, 서울:웅진윙스, 2007, 65쪽.

인문학이 들려주는 트레이딩 원리

치관, 과거의 기억, 미래에 대한 희망과 기대 등을 바탕으로 경제활동을 영위한다.

인간이 경제적 동물에 불과하다면 굳이 더 비싼 값을 지불하면서 '공정무역'에 의한 상품을 찾고, 무슬림들이 '할랄(halal)' 식품만을 고집할 이유가 없을 것이다. 오래전 '국산품을 애용합시다'라는 캠페인이 과연 경제이론에 부합되는 말이었나.

인간은 늘 효율성만 따지는 존재가 아니라 인간으로서의 보편적 가치도 외면하지 않는다는 걸 다시금 생각할 필요가 있다. 워런 버핏의 오랜 동업자이자 친구인 찰리 멍거(Charles Thomas Munger)도 "효율적 시장 가설은 잘못된 전제 위에 쌓아 올린 거대한 구조물"[4]이라고 말한 바 있다.

이렇듯 행동경제학의 의의는 그저 경제학에 심리학을 이식한 것이 아니라 학문적 관심을 원래 모습의 인간으로 돌렸다는 데 있다.

7.2 프로스펙트 이론

한국 사람들에게 2002년은 '한일 월드컵'이 열리고 한국 축구 대표팀이 사상 처음으로 월드컵 4강에 올랐던 해로 기억되지만, 노벨 경제학상 수상자 선정에서도 의미가 남달랐던 해이다. 그해 노벨 경제학상은 1979년

---

4) 대니얼 피컷; 코리 렌, 이건 편역, 워런 버핏 라이브, 서울:에프엔미디어, 2019, 46쪽.

에 발표된 '프로스펙트 이론(Prospect Theory)'을 통해 경제학에 새 지평을 연 공로로 대니얼 카너먼 교수에게 수여됐는데, 뜻밖에도 카너먼은 경제학자가 아니라 심리학자였다. '프로스펙트 이론'은 카너먼과 아모스 트버스키(Amos Tversky)와의 공동 결과물이었지만, 트버스키 교수는 안타깝게도 1996년에 작고하여 노벨상을 받지 못했다.

심리학자에게 노벨 경제학상이라니, 다들 고개를 갸웃거릴 만한 일이었다. 하지만 '프로스펙트 이론'은 불확실한 조건에서 잠재적 손실과 이익을 어떻게 보느냐에 따라 사람들의 선택이 달라진다며, 기존의 경제학 이론이 제대로 설명할 수 없는 인간의 불합리한 행동을 설명해 준다.

그리고 카너먼의 노벨상 수상을 계기로 그동안 경제학에서 비주류로 찬밥신세였던 '행동경제학'이 당당히 경제학의 한 분야로 자리하게 됐다.

카너먼과 트버스키 연구 결과에 따르면, 사람들은 불확실한 미래에 대해 기대하는 것이 아니라 전망한다고 한다. 그리고 '프로스펙트 이론'은 사람들이 불확실성을 앞에 두고서 객관적으로 움직이기보다는 주관적 판단을 앞세운다고 본다. 이 이론은 '준거점 의존성', '민감도 체감성', 그리고 '손실 회피성'으로 인간의 행동을 설명하는데, 사람들이 위험을 피하려고 하려는 가장 큰 이유는 바로 손실 회피성 때문[5]이라고 말한다.

한편 러셀 폴드랙(Russell Poldrack)이 이끄는 신경과학 연구팀은 기능성 자기공명영상(fMRI)으로 사람의 두뇌 움직임을 살펴봤는데, 생존 본능은 남보다 잘사는 것보다는 남에게 뒤지지 않는 것을 더 중요하게 생각한다는 것을 밝혀냈다. 손실을 피하고 싶은 심정이 뇌 안의 정서를 처리

---

5) 조준현(2013), 앞의 책, 133쪽.

하는 영역과 관련되었다는 연구 결과로 인해 행동경제학이 과학적 측면에서 지지를 받게 됐다.[6] 이에 따르면, 사촌이 땅을 사면 배가 아픈 이유도 상대가 나보다 더 잘살게 돼서가 아니라, 사촌보다 내가 뒤처지게 됐고 그 사실을 가지고 사촌과 자신이 비교당하기 때문이라는 설명이 가능해진다.

'프로스펙트 이론'의 '손실 회피' 심리에 따르면 사람들은 불확실한 이익을 얻기 위해 모험을 하는 대신 손해를 보지 않으려는 쪽으로 움직이려는 경향이 있다.

만약 당첨될 가능성이 반반인 1,000만 원짜리 복권과 현금 300만 원 가운데 어떤 것을 받을 것이냐는 질문을 받으면 필자를 비롯해 사람들 대부분은 현금 300만 원을 고른다. 더 큰 금액을 받으려는 욕심으로 위험을 감수하는 것보다 금액은 적지만 확실한 현금을 선택하는 게 인지상정(人之常情)이란 말이다. 하지만 내겐 현금도, 복권도 주겠다는 사람이 없다는 게 아쉽긴 하다.

그런데 복권 당첨금이 1,200만 원으로 늘어나면 사람들 생각은 달라진다고 한다. 당첨될 확률이 50%라서 복권에 대한 기댓값이 600만 원으로 높아져 현금 300만 원의 두 배가 되면 현금을 선택한 사람들만큼이나 복권을 선택[7]한다는 것이다. 사람들이 당첨 확률 50%인 1,200만 원 복권과 현금 300만 원의 가치를 비슷하게 본다는 뜻이다. 필자라면 여전히 현금 300만 원을 고수하겠지만 복권이란 모험을 선택하는 사람들도 무시할

---

6) 정재승, 호모 에코노미쿠스와의 이별, 한겨레, 기사입력 2016. 5. 8.
7) 위의 글.

수 없을 정도로 늘어난다는 소리겠다.

이렇듯 '프로스펙트 이론'은 손실을 피하고자 하는 욕구가 이익을 추구하려는 욕구보다 두 배 반 정도 크다는 것을 실증해 보였다. 투자자들은 돈을 벌 때 느끼는 기쁨보다 잃을 때 느끼는 고통을 더 크게 생각하며, 수익을 내는 것보다는 위험을 피하기 위해 더 애쓰게 된다.[8] 이른바 재테크를 할 때 주식투자보다는 부동산, 예금을 선호하는 사람들의 심리가 이럴 것이다.

평범한 투자자들은 거래를 할 때 약간이나마 수익이 발생하면, 더 큰 이익을 기대해서 보유하고 있는 주식이나 선물 포지션을 계속 들고 있는 대신 그것을 서둘러 청산하고 이익을 확정한다. 더 큰 이익을 얻기 위해 위험을 떠안지 않고 작지만 확실한 이익으로 위험을 부담하지 않으려 하기 때문이다. '이만하면 됐다'라든가 '욕심은 화를 부른다'는 말로 자신의 투자행위를 합리화하며 말이다. 이것 역시 프로스펙트 이론으로 설명이 가능하다.

사람들은 당첨 확률이 20%인 100만 원짜리 복권 한 장보다는 당첨 가능성이 10%인 100만 원짜리 복권 두 장을 고르기 마련인데, 확률이 높아질수록 사람들의 평가가 낮아지기 때문이라고 프로스펙트 이론은 설명한다.

이렇게 확률보다는 기회를 더 중요하게 여겨 당첨액수가 작더라도 당첨될 기회가 더 많은 쪽을 선택[9]하는 게 사람들의 일반적인 심리라서,

---

8) 켄 피셔; 제니퍼 추; 라라 호프만스, 우승택; 김진호 옮김, 3개의 질문으로 주식시장을 이기다, 서울:한국물가정보, 2008, 82쪽.

9) 조준현(2013), 앞의 책, 154쪽.

인문학이 들려주는 트레이딩 원리

백화점이나 대형 할인마트의 경품행사를 무심히 지나치다가도 '꽝이 없다'는 말을 들으면 발걸음을 멈춘다든가(그런 경품행사에 참여하려면 대개는 일정 액수 이상의 물건을 사 줘야 해서 나는 가볍게 무시하고 가던 길 재촉한다), 게임이나 경기에서 패자부활전이 있는 쪽을 더 선호하는데, 행동경제학은 그런 인간의 마음을 경제학에 응용한 것이다.

한편 투자자들은 실제로 발생 가능한 손실을 피하는 데 도움이 된다면 추가적인 위험을 부담하기도 한다. 카너먼과 트버스키는 평범한 투자자들이 손실 가능성을 피하려고 애쓰는 과정에서 위험을 알아차리는 것과 실제 위험을 혼동한다는 사실도 발견했다. 다시 말해 투자자들이 상대적으로 손실 가능성이 낮은 시장에서도 위험도가 높은 시장에서 가졌던 공포심을 계속 갖는다는 것이다.

투자자들은 전형적으로 약세장의 막바지에서 가장 큰 두려움을 느낀다[10]고 한다. 바닥을 쳤으면 오를 일만 남았음에도 말이다. 바닥인 줄 알았더니 지하로 꺼지더라는 푸념을 진정한 바닥에서도 거두지 않는 것이다.

연말연시를 맞이하여 한 회사원이 회사 측과 연봉협상을 벌인다고 생각해 보자. 아직까지 한국에서 연봉협상은 대개 일방적인 통보라는 불편한 진실은 잠시 잊자. 협상 결과 연봉이 1,000만 원인 사람이 1,100만 원을 받게 됐다면 나름 선방했다고 생각하지만, 연봉이 1억 원인 사람이 1억 100만 원을 받게 됐다면 속으로 화를 삭이고 있을 가능성이 더 높다. 인상액수는 똑같이 100만 원이지만 지금 연봉을 얼마나 받고 있느냐에 따라 인상금액의 가치를 다르게 여기는 것이다.

---

10) 켄 피셔 외, 앞의 책, 82~83쪽.

이처럼 기대소득 크기가 커질수록 변화하는 양에 대해 느껴지는 정도가 줄어드는 현상을 "민감도 체감성"[11]이라고 한다.

손실을 입는 것을 끔찍이 싫어하는 경향은 시장에서 좋지 않은 행동으로 이어진다. 앞으로 받게 될 단기 손실의 아픔을 피하려고 개인 투자자들이 주식시장에서 매우 부적절한 시기에 주식을 처분하려 하는 것이다.[12] 시장 참여자들에겐 장기적 수익률이 중요하지만 최근에 얻은 단기적 수익을 더 높이 쳐주려는 심리 때문이라고 한다. 또 앞에서 살펴본 대로 사람들은 거래에서 수익을 45% 낸 것보다 18%의 손실을 입은 것에 더 큰 상처를 받는다. 피터 린치(Peter Lynch)가 운용한 마젤란 펀드는 경이적인 수익률을 자랑했지만 그 펀드에 투자한 투자자들의 실적은 저조했던 것도 이 때문이다.

'프로스펙트 이론'은 시장 참여자들이 내린 결정이 정말 합리적 근거에 의한 것인지 아니면 인간의 본능―아울러 시장에서는 역효과를 부르기 십상인―에 따른 것을 합리적인 결정이라고 착각한 것인지 다시금 생각하게 해 준다.

7.3 뇌는 게으르다

여러분은 자기 집 현관문을 열쇠로 열 때, 열쇠를 오른쪽으로 돌려야

---

11) 조준현(2013), 앞의 책, 154쪽.
12) 켄 피셔 외, 앞의 책, 208쪽.

하는지 아니면 왼쪽으로 돌려야 하는지 의식하고 열쇠를 돌리시는가. 아마 대부분은 그런 거 기억해 내지 않고 무심결에 구멍에 꽂은 열쇠를 돌리지 않을까 싶다. 그리고 대부분의 경우 문은 별 탈 없이 열릴 것이고, 설령 문이 열리지 않는다 해도 열쇠를 반대방향으로 돌리면 그만이다.

열쇠가 아닌 도어 록이 설치돼 있다고? 그럼 비밀번호 숫자를 하나씩 떠올리며 조심스레 번호를 누르고 있는가. 혹시 평소 번호 누르던 패턴에 따라 별생각 없이 손가락이 움직이고 있진 않은가. 들고 있는 스마트폰을 패턴이나 비밀번호로 잠가 놨을 경우는 또 어떻고.

처음에는 현관문을 열기 위해 열쇠를 어느 쪽으로 돌려야 하는지, 비밀번호가 어떻게 되는지 찬찬히 생각했을 것이고 시행착오도 겪었을 것이다. 그러다 보면 열쇠를 돌리는 동작, 번호를 누르는 손동작이 익숙해지고, 어느 순간부터 더 이상 현관문이나 스마트폰을 열 때마다 기억 속에서 열쇠 구멍 방향이나 비밀번호 패턴을 하나씩 떠올리지 않고 손이 알아서 문을 열게 놔둔다.

문을 여는 동작에 익숙해진 다음부터 열쇠 돌리는 방향 따위에 신경 쓰지 않는 이유는 생각하기 귀찮아서라고 한다. 그런 걸 일일이 생각해 내려면 부지런히 뇌를 움직여야 하는데, 우리 머릿속에 자리 잡은 뇌는 무척이나 게을러서 생각하는 걸 싫어한다고 한다. 그래서 행동 결과를 즉시 알게 된다면 두뇌는 생각을 별로 하지 않는다.

필자만큼이나 게을러터진 우리 두뇌는 모든 정보를 입력받아 판단을 내리기보다 몇몇 한정된 정보, 심지어는 자기 입맛에 맞는 정보만 취사선택해 판단을 내리기도 한다. 재테크에 눈을 떠 펀드에 투자하겠다고 하면, 펀드에 대해, 자기가 원하는 상품에 대해 시시콜콜히 따지기보다는 펀드 판매사에서 내세운 광고 문구나 주변에서 떠도는 얘기 따위로 투자 결정을 내리기 일쑤라는 것이다. 그리고 기대와는 달리 마이너스 수익을 내고 있다면 펀드를 계속 붙들고 있어야 하는지, 아니면 환매해야 하는지 고민에 빠지기도 한다.

정치를 대하는 유권자들에게서도 이런 모습을 어렵지 않게 발견하는데, 선거에서 후보를 고를 때 후보들이 내세운 공약과 그 공약의 실천 가능성 따위를 찬찬히 비교해서 누굴 찍을지 결정하는 대신, 자신이 지지하는 정당 후보에 무작정 표를 던지는 경우가 많다. 또 자기와 뜻을 달리하는 행정부를 비난할 때도, 언론(특히 현 정부와 적대적인 언론)에서 던져주는 몇몇 통계 자료에 의지하곤 한다. 물론 그 통계가 왜곡됐는지 여부는 관심 없다.

이제 우리는 게을러빠진 우리 두뇌를 탓하며 정신 개조 운동이라도 해야 할까. 사실 우리는 중요한 정보를 얻고 판단을 내리기보다 불충분한 정보만으로 결정을 내려야 할 때가 있고, 충분한 정보를 손에 쥐었어도 촉박한 시간 안에 의사결정을 할 때도 있다. 그래서 인간은 한정된 정보로 문제를 해결하는 방식을 고안했는데, 이를 "휴리스틱(heuristic)"[13]이라고 부른다.

만약 사람들이 어디론가 우르르 달려가고 있다고 하자. 여기서 우리가 얻을 수 있는 정보는 사람들이 어디론가 몰려가고 있다는 것이다. 어디로 가는지, 왜 가는지, 반대방향에는 무엇이 있는지 알지 못한다. 그저 한 가지 정보만으로 판단을 내려야 한다. 실감이 잘 나지 않는다면 홍수나

---

13) 하노 벡, 안성철 옮김, 충동의 경제학, 서울:비즈니스 맵, 2009, 42쪽.

인문학이 들려주는 트레이딩 원리

산불 같은 자연재해가 발생했고 사람들이 어디론가 우르르 몰려가고 있는데 정작 본인은 아무것도 모른다고 해 보자. 사람들을 목격한 자신 역시 무언가를 결정하고 행동해야 한다. 위험한 상황인가 아닌가. 그들을 따라 움직일 것인가, 가만히 있을 것인가, 아니면 독자적으로 움직일 것인가. 물론 그가 아는 정보는 사람들이 어디론가 향하고 있다는 것뿐이다. 여기에서 휴리스틱은 힘을 낸다. 그동안의 경험과 생물체의 본능으로 재빨리 결정을 내린다.

옆집에 누군가가 이사 왔다. 당연히 그가 누구인지, 어떤 유형의 인물인지 모른다. 겨우 손에 얻은 정보라 해 봤자 낯선 이의 생김새, 말투 정도다. 그가 외국인이라면 어느 나라 사람인가. 한국 사람이라면 말투가 어느 지방을 연상시키는데 아마 고향이 그쪽인 듯싶다. 이제 우리는 국적과 고향─그것도 정확하지 않은─에 대한 정보를 가지고 그 사람을 판단하게 될 것이다. '중국인' 하면 떠오르는 이미지, '영호남 사람' 하면 떠오르는 인상으로 그 사람을 바라보는 것이다. 이것은 "대표성 휴리스틱(representative heuristic)"[14]의 예가 된다.

'대표성 휴리스틱'은 편견이나 고정관념에서 비롯되는 경우가 많다. 필자가 학생시절, 학교에서 무슨 일이 터지면 우리 반 부담임(우리는 그를 '인사계'라고 불렀다. 지금은 '행보관'이라고 불리는 모양이다)은 "또 방위병이 사고 쳤냐?"라는 말을 조건반사적으로 내뱉었는데, '대표성 휴리스틱'의 결과다.

휴리스틱에 이용되는 정보는 대개 한정된 개인 경험에서 비롯될 때가

---

14) 조준현(2013), 앞의 책, 71쪽.

많다. 필자가 특정한 무리에 속한 사람들을 탐탁지 않게 여기는 것도 스스로의 경험에서 비롯된 것인데, 필자의 경험 횟수는 빈약하기 짝이 없어 '빅 데이터(Big Data)'와 비교 자체가 안 된다. 그리고 영업의 달인이나 정치인이 그동안 만나 본 사람이 얼마나 되겠으며 그로부터 불쾌한 경험을 얻은들 그 횟수가 얼마나 될까. 전 세계 인구를 들먹이지 않더라도 대한민국 인구수만 해도 5,000만 명이 넘는데 말이다. 게다가 우리 뇌는 생각하기 싫어하고 게으름 피우기 일쑤다. 여기서 활용되는 휴리스틱은 진실과 다른 쪽으로 우리를 이끌곤 한다.

인간은 합리적인 존재라며 우리는 스스로를 대견해하지만, 인간은 사실 제한된 범위 안에서 합리적이라고 휴리스틱은 말하고 있다.

휴리스틱은 효율적인 인류의 생존방식이었다. 게다가 컴퓨터가 복잡하게 계산해서 얻은 결과나 인간이 직관에 의해 얻은 결론이나 크게 차이가 나지 않는다고 한다. 정확도가 다소 떨어지긴 해도 시간과 비용을 따져 보면 휴리스틱이 더 합리적[15]일 수도 있다. 위에서 예를 든 것처럼 불이 났을 때 어디론가 향하는 사람들을 보고 취하게 될 인간의 행동을 보면 알 수 있지 않은가.

문제는 생존에 요긴한 휴리스틱이 시장에서도 위력을 발휘하느냐다. 그동안의 투자자들 행동은 원시사회는 물론이고 현대에도 꽤 쓸모 있는 휴리스틱이 시장에서는 도리어 걸림돌이 된다는 것을 보여 줬다.

개인 투자자 상진이가 열심히 모니터를 들여다보고 있는 중에 갑자기 차트가 크게 요동친다. 장대 양봉을 형성하면서 가격이 크게 뛰고 있는

---

15) 위의 책, 71쪽.

것이다. 상진이는 시시각각 흐르는 가격을 보고 있자니, 앞으로 가격이 계속 오를 것이라 직감하고 추격매수에 나섰다. 그리고 마법 같은 일이 벌어진다. 매매가 체결됐다는 알람이 울리고 나자 가격이 슬금슬금 빠지기 시작한 것이다. 소 한 마리 때려잡을 수 있을 것 같은 커다란 양봉은 조금씩 머리를 만들며 크기를 줄이더니 결국 기다란 머리를 만들고 음봉으로 바뀌고 말았다. 상진이의 포지션은 잠깐 동안의 수익과, 이후 길고 긴 시간 동안 손해를 기록하게 됨은 당연지사였다. 사실은 상진이라는 이름 대신 필자의 이름을 넣어야 했음을 고백한다.

사람들 움직임에 부화뇌동하는 모습은 약세장에선 투매, 강세장에선 상투라는 이름으로 표현돼 왔고, 투자자들에게 깊은 상처로 다가왔다. 또 누군가는 사람들의 그런 심리를 사익(私益)을 추구하는 데 사용하기까지 했다.

7.4 튤립 열풍과 군중심리

네덜란드 하면 떠오르는 이미지 가운데 하나는 풍차이고 또 다른 하나는 아마 튤립이라는 꽃일 것이다. 세상 사람들은 필자처럼 튤립이든 길섶에서 자라는 잡초든 똑같은 풀 쪼가리로 보는 게 아니어서 네덜란드의 화훼산업은 꽤 번성하고 있다.

네덜란드를 상징하는 이 꽃의 원산지는 실은 네덜란드가 아니다. 튤립이 유럽에 소개된 시기는 16세기 중반으로, 스위스의 박물학자 콘라드 게스너(Conrad Gesner)가 1559년 독일 아우크스부르크의 어느 정원에서

이 꽃을 처음 봤다고 썼다.

꽃 모양에서 짐작할 수 있듯이 터키어로 '터번'을 의미하는 튤립은 네덜란드와 독일을 중심으로 인기를 끌었고, 17세기 무렵 사람들은 너나 할 것 없이 이 꽃을 가지기 위해 터무니없이 비싼 값을 지불하는 일도 마다하지 않았다.

예를 들어, 비세로이[16]라 불리는 튤립 알뿌리 하나를 사려면 2,500플로린을 줘야 했는데 당시 살진 소 한 마리 값이 120플로린이었다고 한다. 아무리 한우가 아닌 네덜란드 소라 해도 대략 소 스무 마리 값을 줘야 뿌리 한 개를 살 수 있었단 소리다. 심지어 셈페르 아우구스투스라 불린 튤립 알뿌리 값은 소 40여 마리 값과 맞먹었다. 처음에는 돈 많은 귀족이나 대상인들만의 취미생활이었던 튤립 알뿌리 구입 열기는 급기야 중산층까지 확대됐다.

하지만 불꽃같은 사랑은 순식간에 식어 버리고, 거품은 꺼지기 마련이다. 우리들은 터무니없이 치솟은 가격은 다시 제자리를 찾아간다는 것을 경험적으로 안다. 튤립 열풍도 예외는 아니었다. 하나둘씩 이 광풍이 영원히 지속되지 않으리란 것을 깨닫고 튤립 알뿌리를 서둘러 처분하기 시작했다. 수요는 별로 없는데 공급은 쏟아지니 자연스레 값은 폭락했다. 그리고 다시는 거품이 잔뜩 끼었던 가격으로 돌아가지 못했다.

미국의 제35대 대통령 존 F. 케네디의 아버지 조지프 케네디(Joseph Kennedy)는 어느 날 길거리에서 구두를 닦다가 구두 닦는 소년 자신도 주식투자에 나섰다는 말을 들었다.

---

16) 칼 윌렌람, 이지원 옮김, 주식투자의 군중심리, 서울:리더스북, 2008, 26쪽.

아무 생각 없는 나는 소년의 말을 한 귀로 흘려버리거나 좋은 의미든 나쁜 의미든 '이젠 온 국민이 주식투자를 재테크 수단으로 삼는구나.'라고 생각하고 지나쳤을 것이다. 하지만 조지프 케네디는 곧바로 보유하고 있던 주식을 처분했다. 그리고 얼마 지나지 않아 우리 모두가 학교에서 배운 대공황이 미국뿐 아니라 전 세계에 몰아쳤다.

한때 우리나라 증권사 객장에 '아기울음 소리가 들리면 상투', '농부가 객장을 기웃거리면 상투'라는 말이 떠돈 적이 있었다. 인터넷이나 스마트폰으로 거래하는 지금이야 객장에 나가서 주식 거래하는 경우는 거의 없고, 당시에 비해 여성의 사회진출이 활발해졌으니 '호랑이 담배 피던 시절' 얘기다.

그 당시 이 속설이 증권가에서 통용될 수 있었던 이유는 아직 사회경험이 일천하고 집에서 살림하는 것밖에 모르는 '젊은' 가정주부가 아기를 등에 업고 객장에 나오고, 농사밖에 모르는 농부가 주식에 관심을 가질 정도면, 주식투자할 사람은 시장에 다 나왔으니 주식시장은 달아오를 대로 달아올랐다는 것을 방증해서였다. 그리고 막차 탄 그들이 산 물량을 받아 줄 사람은 없으니 이제 주가지수는 떨어질 일만 남았다는 논리였다.

비단 주식시장뿐 아니라 거래는 사는 사람과 파는 사람이 있어야 성사된다. 그런데 전업주부나 농부들이 거래에서 이익을 남기려면 그들이 '비싼 값'에 산 주식을 누군가가 '더 비싼 값'에 사 줘야 하는데 그 사람이 누구일까. 21세기 어느 날 한국에서 한 고등학생이 부모 몰래 학원비를 비트코인 투자하는 데 썼다는 기사를 봤다. 가상화폐 시장에서 '고래'라고 불리는 큰손들이 코 묻은 돈으로 산 가상화폐를 비싼 값에 사 줄까?

조지프 케네디 역시 경제에 대해 아무것도 모르는 구두닦이 소년이 주식투자를 할 정도면 경제가 호황을 넘어서 과열단계에 들어섰다고 보고 경기침체에 대비한 것이다.

17세기에 불어닥친 튤립 열풍은 여러 가지 형태로 변형되며 경제사에 반복해서 등장했다. 1929년 대공황이 전 세계를 강타하기 직전 미국 경제는 자산 거품이 잔뜩 끼어 있었고, 21세기가 막 열릴 무렵에는 '닷컴(.com)'이라 불리는 인터넷 기업에 대한 투자 열풍이 일었다. 이 '닷컴' 열기에 동참하지 못한 투자자는 투자감각이 떨어진 투자자 취급을 받기까지 했다. 당시 그 기업들은 수익모델을 제대로 갖추지 못했음에도 말이다. 닷컴 열기는 곧 수그러들었다.

부동산 시장도 예외는 아니어서 하늘 높은 줄 모르고 치솟던 일본의 부동산 가격도 일본 경제가 장기 불황에 접어들면서 일부 지역을 제외하고는 반 토막 났다.

그리고 2017년부터는 가상화폐 열기가 논란을 불렀다.

하지만 인간이 비슷한 실수와 경험을 반복해 왔음에도 시장에서 거품은 여전히 일고 있다. 여기에는 늘 '군중심리'가 한몫해 왔는데, 심리학자 르봉(Charles-Marie-Gustav Le Bon)은 "군중 개개인이 판단을 내릴 때는 타인에게 의존"[17]해서라고 진단했다.

필자가 아주 어렸을 적 일이다. 내가 살던 동네에서 도로를 새로 내는 공사가 벌어졌는데, 땅을 탄탄히 다진 다음 하수관 설치공사가 이어졌다. 어린아이들이 드나들 만한 크기의 콘크리트 하수관이 땅 밑에 깔렸고 당연히 어린이들은 하수관 속을 기어 다니며 놀았다. 길게 이어지던

---

17) 위의 책, 5쪽.

하수관에서 중간에 끊어진 곳(아마 맨홀을 설치할 곳이었을 것이다)이 나오자 아이들은 눈앞에 있는 또 다른 하수관 속으로 들어가는 대신 도로 위로 기어 올라와 또 다른 놀이를 찾아 나섰다.

얼굴도 모르는 아이들을 따라 하수관을 기어 다닌 나도 그들을 따라 공사 중인 도로 위를 나와서 집으로 갔다. 시커먼 속을 드러내며 내게 입을 벌린 하수관에 대한 호기심과 눈앞에 또 다른 하수관이 있는데 쟤네들은 왜 거기는 안 들어가고 중간에 나왔을까 하는 궁금증을 남겨 둔 채 말이다.

만약 아이들 행동을 맹목적으로 따라 하지 않고 어린이 특유의 호기심을 거기서 발휘했더라면? 참 아찔하다.

남들 하는 대로 따라 행동하는 게 효율적으로 그리고 안전하게 살아가는 꽤 요긴한 방법임을 확인해 볼 수 있는 오래전 기억이다. 이렇듯 군중 심리는 생존본능과 깊은 관계를 맺고 있다.

개인이 군중 속에 섞이면 자기 판단 대신 군중들의 움직임과 집단 사고에 휩쓸리게 된다. 또 군중은 어떤 특정 상황에서 같은 심정에 놓인다고 한다.[18] '밖에서 의사를 하든, 변호사를 하든, 군복만 입혀 놓으면 하나같이 뭐가 된다'는 예비군 훈련장에서 떠도는 말은 군중심리라는 학문적 근거에 바탕을 둔 셈이다.

가격 흐름을 보여 주는 차트는 시장 참여자들의 심리를 반영한다. 시장 참여자들, 바로 군중들의 심리에 따라 시장은 방향을 정하는 것이다. 그런데 생존에는 나름 쓸모가 있지만 시장에선 걸림돌로 작용하는 군중심

---

18) 이상건, 부자들의 개인 도서관, 서울:랜덤하우스중앙, 2005, 106쪽.

리를 무작정 무시할 수 있을까. 역발상 투자가 늘 옳은 것일까. 굳이 차트를 분석하고, 각종 보고서를 정독하지 않더라도 시장에서 한 발짝 물러나 주위를 살펴보면 답은 쉽게 찾을 수 있을지 모른다. 단, 주위를 살펴볼 때는 탐욕과 공포가 아닌 건강한 정신을 유지하고서 말이다.

7.5 왜 내가 사면 가격이……

평창 동계올림픽을 앞두고 이른바 '평창 롱패딩' 열풍이 일었다. 동계올림픽을 기념하기 위해 제작된 이 외투는 수천 명의 사람들이 구입을 위해 노숙까지 할 정도로 큰 인기를 끌었다.

한편 연말 풍경을 전하는 텔레비전 뉴스 카메라는 추운 날씨에도 불구하고 어느 패스트푸드점과 카페 앞에 길게 줄지어 선 사람들을 비춘다. 그 사람들은 햄버거와 커피에 열광해서일까. 아니다. 그들이 원하는 것은 햄버거를 사면 판매하는 인형, 일정 금액 이상 커피를 마시면 선물하는 일기장이었다.

롱패딩, 인형, 일기장이 뭐라고 추운 날씨에 오들오들 떨며 매장 앞에 줄을 서 있을까.

이들 제품의 공통점은 판매수량이 얼마 되지 않는 '한정판'이라는 점이다. 올림픽을 앞두고 나온 한정판 롱패딩, 연말을 맞아 나온 한정판 인형과 일기장은 '희소성'이란 가치를 들고 사람들을 유혹한다. 수량이 얼마 되지 않는 물건을 선착순으로 팔다 보니 소비자들은 귀차니스트인 필자는 꿈도 꾸지 못할, 엄동설한을 견디며 줄 서는 수고를 마다하지 않는다.

대형 할인매장 식품판매 구역을 지날 때면 가끔씩 듣는 말이 있다.

"자, 지금부터 딱 10분 동안만 돼지고기 한 근을 얼마에 모시겠습니다!"

그러면 장을 보던 사람들이 잠깐 동안 할인 판매하는 곳으로 우르르 몰려가는 장면이 TV 드라마에 등장하곤 한다. 드라마 장면처럼 극적이진 않아도 판매대가 사람들로 붐비는 건 사실이다. 어떤 웹툰에선 애초에 구입할 마음이 없는 상품임에도 사람들을 비집고 들어가 충동 구매하는 장면을 묘사한다. 지금부터 10분간만, 선착순 열 분에게만, 이런 말이 나오면 그걸 반드시 사야겠다는 마음이 드는 게 사람들의 일반적인 모습인가 보다. 설령 그게 당장은 필요 없을지라도 말이다.

'한정판'을 손에 넣기 위해 노숙도 마다 않는 모습을 보고 과소비 심리를 부추긴다는 우려를 낳지만, 사람들이 왜 '한정판'에 목을 매다시피 하는지에 관심을 가질 필요는 있다. 심리학자들은 이런 현상을 두고 '추동감소이론(drive reduction theory)'이란 고상한 말을 사용한다.

클라크 레너드 헐(Clark Leonard Hull)은 사람들은 무언가 부족하다고 느끼면 그것을 채우려는 욕구를 가진다는 말로 "추동감소이론"[19]을 설명한다.

배부른 사람은 아무리 맛있는 먹을거리가 눈앞에 있어도 그것에 별 관심을 보이지 않는다. 또 유럽 알프스산맥에서 떠 온 생수가 아니면 입에 대지 않는다는 사람도 갈증에 몹시 시달리면 한국의 수돗물도 맛있게 먹는다. 아마 시냇물도 마다하지 않을 것이다. 배부른 사람은 먹는 것에 대

---

19) 장근영, 심리학오디세이, 고양:위즈덤하우스, 2009, 245쪽.

해 부족함을 느끼지 못하고 있으니 식탐이 생기지 않겠지만, 갈증에 시달리는 사람은 부족한 수분을 채우려는 욕구가 가득하지 않겠는가.

그리고 우리에게 공기는 매우 중요한 물질이지만 평소에는 공기의 중요성을 그다지 느끼지 못하다가, 미세먼지, 황사가 한반도에 몰아친다는 소식을 들으면 황사마스크, 공기청정기에 큰 관심을 갖는다. 평소에는 없던 맑은 공기에 대한 욕구가 생긴 것이다.

이렇듯 사람은 물건이든 물질이든 그것이 품고 있는 가치보다는 그것이 부족해지거나 앞으로 부족해질 것이라고 여겨질 때 그것을 원하고 손에 넣으면 만족한다. 지금 아니면 영영 손에 넣을 수 없을 것이라는 조바심도 한몫한다. 대형 할인매장에서 '앞으로 10분간'이란 점원의 외침, 홈쇼핑 방송에서 내보내는 '매진임박'이라는 자막이 괜히 나온 게 아니다.

'추동감소이론'의 실례는 시장에서도 찾아볼 수 있다. 주식시장 상황을 보여 주는 지수가 오르기 시작하면 투자자들은 대개 매수에 나선다. 팔겠다는 사람보다 사겠다는 사람이 더 많으니 가격은 더 오른다. 시장이 과열됐다 싶으면 언론에서는 '주식시장 과열'이란 제목의 기사를 쏟아 내고, 주식의 '주'자도 모르는 사람들도 시장에 뛰어들어 뇌동매매에 나선다. 당연히 가격은 더 오르게 된다.

여기서 주식투자를 혐오하는 사람들에게는 이해하기 어려운 일이 벌어진다. 가격이 상당히 올랐다 싶으면 비싸서 사지 않겠다는 게 아니라 주식투자자들이 오히려 매수에 열을 올린다는 사실이다.

평범한 직장인들은 점심시간에 식당에서 먹던 김치찌개 값이 4,000원에서 8,000원으로 오르면 김치찌개가 아닌 더 저렴한 다른 음식을 찾거나 도시락을 준비한다. 형편상 비싼 김치찌개를 계속 사 먹을 수밖에 없다면 음식점 주인, 정치인에 대한 비난을 밥과 함께 꾸역꾸역 입에 쑤셔 넣는다. 자동차를 끌고 다니는 사람은 휘발유 값이 오르기라도 하면 100원이라도 싸게 파는 주유소를 찾아 나선다.

그런데 우리들의 시장에서는 그와 반대되는 현상이 벌어진다. 워런 버핏은 목표로 삼은 주식의 가격이 합리적인 수준이거나 더 싸질 때까지 주식 매입을 미룬다고 하는데, 투자자들은 지금 아니면 앞으론 값이 오른 주식을 살 기회가 없을 거라는 심정에서 매수에 열을 올린다.

하지만 지금까지 쉬지 않고 줄곧 오르기만 한 주식은 없었다. 오르막과 내리막을 모두 걷지 않은 주식은 앞으로도 없을 것이다. 문제는 이런 당연한 사실을 투자자들은 잘 알고 있으면서도 막상 거래에선 이 평범한 상식을 굳이 쓰디쓴 고통과 함께 확인한다는 점이다. 게다가 초보 투자자들은 주식을 사기만 하면 그 순간부터 떨어지는 마술 같은 신기한 현상마저 경험하고 일부는 '음모론'을 얘기한다.

주식시장에서 처음 가격을 올리는 주체는 이른바 전문가집단이다. 그들이 가격을 올리고 쏟아 내는 물량을 받는 주체는 주식시장에서 나름 인정받는 투자자들이다. 신문과 방송에서 주식시장이 활기를 띠고 있다고 보도하면 주식시장에 관심이 없던 사람들도 시장으로 몰려들기 시작한다. 주식에 대해 아무것도 모르는 내 아버지도 주식투자에 나서겠다고 하고, 나는 아버지를 말리기에 바쁘다. 주식을 보유하고 있지 않은 이들이 사게 될 주식은 누구한테서 나온 것일까. 시장에 갓 진입한 이들이 산 물량을 그 가격이나 좀 더 높은 가격대에서 누군가가 사 줘야 하는데 그게 누구일까.

사 줄 사람이 없으면, 즉 수요가 없으면 상품 가격은 내려가기 마련이다. 가격에 거품이 잔뜩 낀 상품이라면 하락속도는 더 클 것이다. 이른바 '상투'를 잡은 투자자들은 공포에 질려서 이번엔 투매에 나선다. 투자자들이 똑같은 공포에 사로잡혀 주식을 동시에 팔아 치우면, 수요는 없는데 공급 물량은 쏟아지니 폭락이 발생한다.

이번이 아니면 영원히 기회가 오지 않을 것 같아 개미 투자자들이 추격매수에 나선 결과는 투매와 그에 따른 큰 손실이었다는 게 시장의 역사이기도 하다. 심하게 말하면 시장에서 거래는 '폭탄 돌리기'에 불과할 수도 있고 초보 투자자들은 폭탄 돌리기 게임에서 맨 뒷자리를 차지한 참가자일 가능성이 크다. 심리학자들이 말하는 '추동감소이론'이나 '희소성의 법칙'이 시장을 기웃거리는 우리들에게 들려주는 불편한 진실이다.

이쯤에서 우리는 노자(老子)의 가르침을 다시 떠올려야 할 듯싶다.

"만족을 모르는 것보다 더 큰 재앙이 없고, 얻고자 바라는 것보다 더 큰 허물이 없다."[20]

시장에 진입해서 상품을 매수해 이익을 얻는 건 시장 참여자들에겐 자연스러운 일이다. 그런데 시장을 올바로 이해하고 거래에 나서는 것과 남들이 큰 이익을 봤다는 소문에 부화뇌동해 상품을 사는 것은 다른 것이다. 만족을 아는 사람은 새로운 것에 목말라하지 않을 것이다. 담백한 거래를 즐기는 것이 '추동감소이론'의 덫에 빠지지 않고 시장에서 길게 살아남는 법일 게다.

---

20) 김광하, 노자 도덕경, 서울:너울북, 2005, 283쪽.

인문학이 들려주는 트레이딩 원리

7.6 인지부조화 현상

이젠 역사책에서나 찾아볼 수 있는 일이 됐다. 20세기 말, '세기말의 공포'가 호사가들 사이에서 화두로 스멀스멀 피어오를 무렵, 한국에서는 '휴거(携擧)'라는 말이 세간의 큰 관심을 끌었다.

내용인즉슨 예수가 '재림(再臨)'하면 선택된 사람들은 하늘로 올라가 하느님을 만나는데, 이들은 하늘로 올라간 뒤 땅에서 벌어지는 7년간의 대환란을 피하고, 이 땅에 다시 내려와 하느님과 함께 천년왕국의 왕 노릇을 한다는 것이다. 나 같은 사람에게 쉽게 설명하자면 인류멸망인 셈이다. 일부 기독교인들은 성경에서 얘기한 휴거가 일어날 날짜를 계산하니 서기 1992년 10월 28일이라고 날짜를 못 박았다.

선택받은 이들에겐 축복이지만 나 같은 사람에겐 재앙이니 당시 한국 사람들 대부분은 휴거에 대해 크고 작은 관심을 가졌다. 그런데 사람들의 관심 정도가 어느 정도였는지, 해외에서도 휴거 논란에 휩싸였는지는 잘 모르겠다. 그 당시 필자는 모자에 노란 막대기(지금은 검은색으로 바뀌었다) 하나를 붙이고 다닌 '학생'이라서 학교 담장 밖 분위기를 자세히는 모른다. 학교 졸업은 고사하고 모자에 막대기를 두 개 붙이고 다닐 날도 까마득하게 보이던 시절에 바깥세상 이야기는 아무래도 내 관심사에서 뒷전으로 밀리기 일쑤였다. 대신 선배들은 산속에서 체력단련(당시 우리들은 '집합'이라고 불렀다)에 여념이 없는 나와 내 동기들을 불러 세워서 휴거에 대해 대화를 나누고, 담임선생은 교실에서 이를 주제로 학생들과 진지하게 토론을 했다는 건 말해 두고 싶다.

어쨌든 영화 〈노잉〉(알렉스 프로야스 감독, 2009)과 같은 지구멸망은 일어나지 않았고, 나는 21세기에도 살아남아서 이렇게 글을 쓰고 있다.

'휴거'에 대한 한바탕 소동이 지나고 꽤 시간이 흐르자, 한 방송국에서 휴거를 신봉했던 사람들을 찾아 나섰다. 텔레비전에 비친 그들은 내 예상과는 달리 '휴거'를 믿은 것을 후회하지도, 속았다고 분노하지도 않았다. 예정된 날짜가 훨씬 지났음에도 그들은 여전히 휴거를 믿고 그것을 준비하고 있었다. 날짜를 계산하는 데 착오가 있었을 뿐이며 언젠가 일어날 것이라는 게 그들 말이었다.

인류멸망을 철석같이 믿었는데 아무 일 없이 지나갔다. 그러면 그걸 예언하며 그다음을 준비하라고 주장한 사람을 비난하는 게 상식적인 행동이라고 생각한다. 그리고 그걸 믿은 자신을 책망하고, 화끈거리는 자기 얼굴을 어떻게 감춰야 할지 몰라 하고, 시쳇말로 '이불킥'하면 그만일 것이다. 그런데 방송국 사람들이 다시 찾은 그들은 새로운 논리를 대며 여전히 그것을 믿고 있었다.

비단 '휴거'뿐 아니라 추악한 본래 모습이 낱낱이 밝혀진 정치인이나 세상 사람들을 놀라게 한 연구가 실은 조작이었음이 밝혀진 뒤에도 그 정치인이나 과학자를 여전히 후원하는 지지자들을 심심찮게 본다. 어렵게 멀리서 예를 찾지 않더라도 한국 사람 각자가 지지하는 정치인이나 정당이 아무리 실망스러운 모습을 보여 주더라도 여전히 그 정치인과 정당을 지지하는 모습을 떠올리면 되겠다. 물론 여러분들과 나는 그럴 수밖에 없는 핑계와 이유를 댈 것이다. 우리들은 '비합리적'인 존재라서 그럴까.

지난 2018년 한국은 한바탕 보물선 소동을 겪었다. 현 시세로 150조 원 상당의 금괴를 실은 러시아 군함 '돈스코이호'가 발견됐다며 이를 인양하고, 이 금괴를 기반으로 한 가상화폐를 발행하기 위해 투자자를 모집하는 일이 일어난 것이다.

러일전쟁 때 침몰한 일개 군함에 과연 그렇게 엄청난 양의 금괴가 실려 있을까라는 합리적 의심이 일었지만, 보물선 인양에 투자하는 사람들이 있었다. 하지만 보물선 인양과 가상화폐 발행은 한낱 사기 사건에 불과했고 보물선 인양을 내건 회사대표는 도망자 신세가 됐다. 보물선 인양과 가상화폐 발행에 투자한 투자자들은 투자금을 날리게 됐음은 물론이다.

2019년이 되자 보물선 사기 사건을 일으킨 인물이 이번엔 금광을 들고 나왔다. 경북 영천에 1,000만 톤 규모의 금광이 있다면서 이를 개발할 투자자를 끌어모았다. 그리고 투자자들에겐 가상화폐를 지급한다고 했다. 이 역시 경찰 조사 결과 사기극으로 드러났다.

보물선 사건과 금광 사건 모두 사기 사건으로 드러났고 피해자들이 발생했는데, 피해사실을 신고한 사람은 적었다. 오히려 경찰 수사를 비난하는 피해자도 있었다고 한다. 그들은 사기당했다는 사실을 애써 외면하고 투자활동을 하고 있는 중이라고 믿고 있었던 것이다. 아니, 그렇게 믿고 싶었다는 게 솔직한 심정이 아니었을까.

미국의 사회심리학자 레온 페스팅거(Leon Festinger)는 휴거를 예언한 날짜가 지난 다음에도 그것을 굳게 믿는 사람들이나, 온갖 잘못을 저질러도 여전히 그 정치인과 정당을 지지하며 자신은 사기당한 게 아니라 투자한 것이라고 믿는 것은 그 사람들이 바보이거나 탐욕에 눈이 멀어 이성적 판단을 상실해서가 아니라고 말한다. 그는 사람들이 합리성을 좇다가 오히려 비합리적인 행동을 한다며, 이것을 "인지부조화(cognitive dissonance) 현상"[21]이라고 이름 붙였다.

페스팅거가 인지부조화에 대해 관심을 갖고 연구를 하게 된 계기는 당시 유행하던 사이비 종교 신도들의 행동을 이해하기 위해서라고 하는데, 종말론은 미국에서도 사회문제였던 모양이다.

미국에서 종말론을 믿은 신도들은 그들이 믿고 있었던 '인류멸망의 날'이 훌쩍 지나갔지만 1992년 한국에서 휴거를 준비한 사람들처럼 여전히 종말론을 믿고 있었고, 오히려 인류멸망에 대한 믿음을 더욱 굳건히 하고 있었다.

구국의 지도자로 떠받든 정치인의 추악한 모습이 폭로되거나, 믿었던 종교지도자가 파렴치한 범죄를 저질렀다는 사실이 밝혀지면 사람들은 인지부조화를 겪는다. 기분이 언짢아지는 건 자연스러운 일이고 빨리 기분을 풀어서 안정을 회복하려고 하는 건 그다음 인간이 행하는 모습이다. 그래서 정치인이나 종교지도자의 민낯이 폭로되면 증거가 조작된 것이라든가, 음모에 빠진 것이라고 주장하며 마음을 진정시킨다.

이처럼 인지부조화에 빠진 불편한 마음에서 벗어나기 위해, 사람들은 자기 잘못을 인정하고 현실과 마주하는 대신 자신의 잘못된 믿음을 선택한다고 페스팅거는 설명한다. 이렇듯 인지부조화에 빠지면 사람들은 그릇된 신념을 고수하게 된다.[22]

이 자리에서 '인지부조화 현상'을 소개한 까닭은 알량한 내 지식을 뽐내기 위해서가 물론 아니다. 행동경제학에서 경제적 동물인 인간의 심리

---

21) 장근영, 앞의 책, 73쪽.
22) 위의 책, 76쪽.

에 주목한 것처럼 시장을 이해하기 위해 인간의 심리를 살펴보자는 뜻에서다. 앞에서 언급했듯이 시장은 인간들이 모여 만들어지는 만큼 인간의 심리가 집약된 곳 아니겠는가.

우리 모두 솔직해지자. 듣기 좋은 말만 들으려 하는 사람은 비단 간신배에 둘러싸인 임금님뿐만이 아니다. 필자가 그렇고, 시장에 발을 들여놓은 사람들이 그러하고, 인간의 본성이 그렇다. 듣기 싫은 말 좋아할 사람이 누가 있겠는가. 듣기 좋은 말, 보기 좋은 것만 보고 싶은 게 인간의 본성이지만 그럼에도 불구하고 듣기 싫은 것도 듣고, 보고 싶지 않은 현실도 봐야 하는 건 우리들 몫이 아니겠는가.

아무리 객관적으로 시장을 본다 하더라도 한 번 시장에 진입하면 투자자 자신이 보유한 주식이나 선물 포지션에 유리한 쪽으로 시장을 바라보고 분석하기 마련이다. 쏟아지는 정보 속에서 현재 진입한 포지션에 유리한 정보를 취사선택하거나 유리하게 해석해 조금이나마 마음의 안정을 찾으려 하는 건 사람들의 자연스러운 모습이다. 우리는 감정은 배제하고 오로지 확률로만 움직이는 인공지능 '알파고'가 아니지 않은가.

하지만 자기 판단과 다른 방향으로 시장이 움직이고 있는데 인지부조화를 일으켜 현상을 외면하고 입맛에 맞는 정보만 모으며 자기 판단을 고집하면 어떡하겠는가. 시장에서 일단 살아남으려면 그런 본성을 극복하고 시장을 객관적으로 봐야 하지 않겠는가. 고통스러워도 현실을 직시해야 올바른 대책이 나오지 않을까.

자신에게 유리하게 해석한 정보가 '언젠가'는 옳다고 밝혀질 수도 있다. 특히 되돌림 현상이 빈번하게 일어나는 외환시장에서는 자기 주장과 판단이 옳았다고 항변할 기회는 많다. 그런데 자기 주장과 판단이 '언젠가'

옳다고 판명될지라도 자기 계좌가 파괴된 다음이라면 그게 무슨 의미가 있을까.

평균 회귀를 신봉하는 사람들의 논리에는 '시간'이라는 변수에 대한 언급이 없다는 게 큰 약점이다. 이론치에서 많이 벗어난 비정상적인 가격은 평균으로 돌아가겠지만 그게 언제인지는 아무도 모른다. 파생상품시장일 경우 시장 참여자의 계좌가 마진콜을 당한 다음에 가격이 정상치로 돌아갈 수도 있다. 실제로 그런 경우는 종종 일어난다.

시장 참여자들은 시장을 이해하거나, 자기 주장을 증명하기 위해 시장에 발을 디딘 게 아니라 거래에서 수익을 내기 위해, 적나라하게 말하자면 돈을 벌기 위해 시장에 참여한다. 자기 판단이 옳다는 걸 증명받기 위해, 보고 싶은 것만 보기 위해서가 아니란 말이다. 당연히 귀에 거슬리는 말, 보고 싶지 않은 현실을 직시하고 그 상황에 적절히 대응해야 한다. 인지부조화에 빠져 자기 계좌가 망가지는 현실을 용납할 순 없다.

7.7 확실성 효과

심리학에서 인간의 마음을 살펴보기 위한 여러 가지 실험 가운데 하나. 이 실험에 참가한 사람들은 이런 질문을 받는다.

"1,000원짜리 경품을 받겠습니까, 아니면 2,000원짜리 경품을 받겠습니까?"

사람들은 당연히 2,000원짜리 경품을 받겠다고 할 테니 여기에 조건을 붙인다. 1,000원짜리 경품은 그냥 받지만, 2,000원짜리 경품은 그냥 받는 게 아니라 70%의 확률로 경품을 받는다. 여러분 같으면 어느 쪽을 선택할 것인가. 나라면 70%의 성공률을 가진—반대로 말하면 못 받을 가능성이 30%나 되는— 2,000원짜리 경품보다 확실히 챙길 수 있는 1,000원짜리 경품을 고를 것이다. 다른 사람들도 필자와 같은 생각을 갖고 있어서인지 실험에 참가한 평범한 사람들은 나처럼 확실하게 받을 수 있는 1,000원짜리 경품을 고른다고 한다.

1,000원, 2,000원짜리 경품이 시시하다면 조금 무시무시한 실험을 해 보자. 이번에는 영화 〈디어 헌터〉(마이클 치미노 감독, 1978)에서도 소개된 바 있는 '러시안 룰렛'이다. 우리는 목숨을 담보로 내걸 만큼 도박에 미친 사람들이 아니니까 총구를 머리에 대는 대신 돈을 지불하고서 총에서 총알을 빼내는 실험을 한다.

만약 "총알이 4개 들어 있는 총에서 총알 하나를 제거하는 데 얼마를 지불하겠습니까?" 그리고 "총알 하나만 들어 있는 총에서 총알을 빼는 데 얼마를 지불할 용의가 있습니까?"라는 질문을 받는다면 여러분은 지갑에서 얼마를 꺼내겠다고 말하겠는가.

나는 어떤 선택을 할지 직접 겪어 보기 전까진 잘 모르겠다. 그런데 이 실험에 참여한 사람들 대부분은 총알이 4개 들어 있는 권총에서 총알 하나를 뺄 때보다 총알 하나가 든 총에서 총알을 뺄 때 더 많은 돈을 내겠다고 했다. 하지만 이런 선택은 확률적으로 볼 때 그다지 현명한 선택은 아닌데, 어느 쪽이든 끔찍한 결과를 피할 수 있는 확률은 똑같이 6분의 1씩 높아지기 때문이다. 그럼에도 총알이 한 개 있는 권총에서 총알 하나를 빼는 데 더 많은 돈을 내겠다는 것은 사람들이 확실함에 더 가치를 부여하기 때문이라고 한다.[23] 여러분의 생각은 어떤가.

이번엔 반대의 경우를 생각해 보자. 경찰이 교통법규를 위반한 운전자를 단속했다. 교통경찰은 단속한 운전자에게 곧바로 범칙금 통지서를 발부하는 대신 운전자에게 색다른 제안을 한다.

"5만 원짜리 스티커를 발부할까요, 10만 원짜리 스티커를 발부할까요?"

물론 사람들은 5만 원짜리를 고를 테니 여기에도 조건이 붙는다. 5만 원짜리 이른바 '딱지'를 끊으면 그냥 범칙금 5만 원이 부과되는데, 10만 원짜리는 확률이 80%라는 옵션이 붙는다. 그러니까 10만 원짜리 범칙금을 선택하면 교통경찰이 한 번 봐줄 확률이 20%인 셈이다. 실제로 경찰이 그런 '딜'을 제안할 리는 없고 순전히 심리학 실험 속에서 얘기다.

결과는 앞의 경우와는 반대로 범칙금을 두 배로 내지만 한 푼도 안 낼 가능성도 20%나 존재하는 쪽을 선택하는 경우가 더 많다고 한다. 여러분 역시 아마 후자를 고르지 않을까.

이 실험은 심리학을 소개하는 책에 여러 형태로 소개된, 그쪽 세계에선 상식에 속하는 내용이란다. 이런 실험들을 통해 사람들은 불확실한 이익보다는 확실한 이익을 원하지만, 손실을 입게 될 처지에서는 반대로 불확실한 대안을 더 선호[24]하는 모습을 보인다는 점을 확인할 수 있다. 확률은 어느 상황에서든 똑같이 작용하는 것이지만, 사람들은 이익을 얻고자 할 때는 확실히 수익을 챙기고 싶어서 확률을 이익을 해치는 요소로 보는 한편, 반대로 손실을 입는 상황에서는 확률을 손실에서 벗어날 수단으로

---

23) 하노 벡, 앞의 책, 140쪽.
24) 위의 책, 222쪽.

여긴다는 것이다.

우리 속담에 '지푸라기라도 잡는 심정'이라는 말이 바로 범칙금을 두 배로 내더라도 한 푼도 내지 않을 가능성이 조금이라도 있는 쪽을 택하는 걸 설명하지 않을까.

학자에 따라선 똑같은 확률에 대해 이익을 보는 경우인지, 손실을 보는 경우인지에 따라 서로 다르게 반응하는 게 인간의 일관되고 합리적인 모습이라고 보기도 한다. 불확실함보다 확실함을 선택하는 인간들 모습에 대해 행동경제학에선 "확실성 효과"[25]라는 이름을 붙였다.

어떤 사람이 불행히도 큰 병에 걸렸다. 마땅한 치료법도 없어 환자와 그의 가족은 발만 동동 구르며 무심히 흘러가는 시간을 야속하게 여길 뿐이었다. 텔레비전 사극에서 난처한 상황에 빠진 사람에게 "방법이 아예 없는 건 아닌데⋯⋯."라고 말하는 떠돌이 승려나 고을 수령이 있는 것처럼, 그 환자에게 주치의는 "치료법이 딱 하나 있는데⋯⋯."라고 말한다. 그런데 그 치료법은 성공률이 무척 낮은 데 비해, 치료비는 매우 비싸다는 게 흠이었다. 그 성공률을 10%라고 해 보자. 환자에게 남은 치료법은 값비싸고 성공 가능성도 10%인 방법 하나밖에 없다. 시도해도 실패할 가능성이 90%나 되니, 조용히 마음의 준비를 하는 게 나을까, 10%의 가능성에 희망을 거는 게 현명할까.

투자시장에서는 상식적인 인간의 마음씨가 걸림돌로 작용할 때가 많은데, 시장 참여자들 대개는 인간의 심리를 감추지 않고 고스란히 드러내는 실정이다. 손실을 매우 싫어해서 선택지에서 고르는 대안이 그 상

---

25) 조준현(2013), 앞의 책, 139쪽.

황에서 최선의 선택이 아니라 어떤 기준점, 다시 말해 본전이라는 점은 주식시장에서 어렵지 않게 그 예를 찾아볼 수 있다. 평범한 개인 투자자들은 한 번 주식을 매입하면 주식 매도가격을 매입가격보다 비싸게 잡는다. 무엇이든 싸게 사서 비싸게 파는 건 장사의 기본이고, 주식 거래의 상식이긴 하다.

하지만 시장에서는 손해를 보더라도 팔아야 할 때가 있는 법이다. 이를 우리 동네 시장에서는 '땡처리', 투자시장에서는 '손절매'라고 부른다. 하지만 투자시장에서는 가격이 일정 정도 이하로 내려갔을 때 손절매를 하지 않고 본전 가격으로 회복할 때까지 버티는 경우를 종종 본다. 그래서 본의 아니게 장기투자자가 되기도 하고, 파생상품시장에서는 증거금 추가 입금을 요구받는 마진콜을 당하기도 한다.

추세추종론에서 내세우는 규칙 가운데 하나가 '손실은 짧게, 이익은 길게'다. 수익이 발생하면 그것을 극대화할 때까지 버티고, 손실이 발생하면 손절매로 재빨리 손실을 끊는 것이다.

시장 선배들의 충고와는 달리 시장에 갓 들어온 참여자들은 그와 반대로 거래에 임할 때가 많다. 확실성을 좋아하는 인간의 본성을 극복하지 못해서 조금이라도 수익이 발생하면 그 수익을 확정하려고 서둘러 포지션을 정리하고, 손실이 발생하면 그 손실을 만회하려고 손실을 확정하기보다는 손실이 더 커지더라도 불확실성에 몸을 맡기는, 즉 계속 손실이 나고 있는 포지션을 들고 있는 식으로 말이다. 확실한 1,000원짜리 경품을 선호하고 불확실한 10만 원짜리 범칙금 통지서를 고르는 인간의 본성이 시장에서도 고스란히 드러나는 것이다.

'초단타 매매'를 하지 않는데도, 수익이 발생하자마자 조급하게 포지션을 청산하여 그것을 확정하는 것은 앞으로 생길 수 있는 더 큰 이익을 얻을 기회를 날리는 것이다. 반대로 손실이 생겼을 때 가격이 본전까지 회복될 때까지 버티나가 수익을 얻을 수 있는 나른 기회를 포기하거나, 결국 가격이 본전까지 회복되지 못하는 상황을 맞기도 한다.

하지만 추세추종을 한다며 수익이 나고 있는 포지션을 그대로 놔뒀다가 손실로 정리하고, 그래서 '작은 이익에 만족하지 못하고 욕심부리다 거래를 망쳤다'는 소리를 듣다 보면, 수익이 나면 재빨리 수익을 확정하려 하는 게 꼭 인간의 본성 때문만은 아님을 경험적으로 알게 된다.

이제 우리는 수익이든 손실이든 청산할 때 정해진 규칙, 그것도 합리적인 규칙에 따라 이뤄졌는지 솔직하게 답변할 필요가 있겠다. 수익을 길게 가져가는 게 원칙 없이 그저 자기 욕심을 채우기 위한 수단은 아닌지, 수익이 날 때마다 청산하는 게 조급함의 표현은 아닌지 살펴볼 일이다. 여유 자금이 풍부하고 깊은 고민과 분석을 통해 시장에 깊은 믿음이 있어서 손실이 발생해도 느긋한 것인지, 무슨 일이 있어도 손해 보고 포지션을 정리하지 않겠다는 무모함을 보이는 건 아닌지도 스스로 생각해 볼 일이다.

말은 쉬운데 행동으로 옮기기 어렵다는 거 안다. 필자 역시 알뜰살뜰 모아 놓은 수익을 위에서 말한 충고를 제대로 안 지켜 한 번에 날려 먹는 일을 잊을 만하면 되풀이하니 말이다.

7.8 클러스터 효과

영국 BBC에서 제작한 드라마 〈셜록〉의 주인공 셜록 홈즈 탐정은 천재다. 그런데 천재라서 그런지 평범한 사람들에겐 진지한 일이 그에게는 시시하게 다가올 때가 많았다. 그는 지루하다는 말을 연발하며 탐정인 자신에게 사건을 의뢰하러 온 사람들을 그의 숙소이자 사무실이 있는 베이컨가 221B번지에서 내보내기 일쑤였다.

친한 친척의 유해가 다른 사람과 뒤바뀐 것 같고, 어린아이들은 이유도 모른 채 할아버지 장례식에 참석하지 못하고, 비행기 사고로 죽었어야 할 사람이 엉뚱한 곳에서 시체로 발견되는 사건은 서로 연관성이 없어 보이고, 괴짜 천재인 셜록의 흥미도 끌지 못한다. 그가 우격다짐으로 떠맡은 아이린 애들러의 휴대폰 문제도 영국 왕실 스캔들과 관련된 그저 그런 사건일 뿐이었다.

하지만 셜록이 지루하게 여기고 별 관련성도 없어 보이는 각각의 사건들은 사실 그의 형 마이크로프트 홈즈가 꾸민 대테러 공작의 일부였다.

특이하고 불가능한 범죄처럼 보이는 사건에만 관심을 보이는 셜록이 '지루해'하며 여러 사건들을 외면한 결과, 사건들과 그의 주변에서 벌어진 일들 사이의 연관성 및 어떤 패턴을 놓친 것이었다. 그 결과 셜록은 큰 실수를 하게 되었고, 다시 그 실수를 만회하는 과정을 〈셜록〉 시즌 2 제1부 '벨그라비아의 스캔들'에서 그렸다.

우리가 학교에서 국어수업을 들을 때, '복선'이라는 말을 여러 번 들었고 '암시'라는 말과 '기승전결'이라는 얘기도 여러 번 들었다. 영화나 드라마에 대해 조금이라도 관심을 갖는다면, '화면에는 무의미한 장면, 불필요한 인물은 하나도 없다'는 말도 듣는다.

그러나 우리 모두 알고 있듯이, 실제 세상은 '기승전결'로 깔끔하게 전개되지도, 일상이 모두 필연과 복선 따위로 얼키설키 엮여 있지도 않다. 홈

인문학이 들려주는 트레이딩 원리

즈가 동료이자 친구인 왓슨에게 "세상은 네 블로그처럼 매끄럽지 않아." 라고 말한 것처럼 말이다. 도리어 별 연관이 없는 것을 억지로 연결 지어 엉뚱한 결론과 오해, 어처구니없는 행동을 부르는 경우를 가끔씩 본다.

영화나 드라마에서 보는 것처럼 우리 사회도 일정한 패턴이 있다고 보는 걸 '클러스터 착각'이라고 한다. 앞서 언급한 음모론 역시 아무런 관련이 없는 사실들을 억지로 이어붙인 '클러스터 착각'의 일종으로 볼 수 있다. 로또에 당첨되는 번호들 사이에는 일종의 연관성이 있다고 보고 그걸 파고드는 것도 '클러스터 착각' 가운데 하나겠다.

아침에 양치질을 하다가 칫솔이 부러졌다고 해서 그게 큰 사고를 암시하는 것은 아니고, 평소에 시간만 되면 울리던 종소리가 하필이면 위험에 빠진 날 울리지 않았다고 해서 자기 운명이 그날로 마무리되는 것도 아니다. 평소에 꽉 막힌 도로를 거침없이 달렸다고 해서 그날 거래가 성사된다는 보장은 없다. 오히려 밖에선 끊임없이 손님을 받고, 반가운 친구를 만나며 하루를 마무리한 뒤 집에 들어서자 아내의 죽음을 목도하는 게 실제 우리 모습일 것이다.

문제는 시장에서도 이런 착각을 볼 수 있다는 점이다. 시장에서 가격이 어떤 패턴을 갖고 움직인다고 보고, 자기만 아는 패턴을 발견했다는 주장도 심심찮게 시장바닥을 떠돌곤 한다. 그리고 누군가는 그럴듯하게 패턴을 주장하며 평범한 투자자들을 상대로 못된 장난을 치기도 한다.

가혹하게 말하면 우리가 '기술적 분석'이라는 이름으로 공부하는 여러 패턴 역시 '클러스터 착각'에서 자유롭지 못할 수도 있다. 시장에서 가격은 수요와 공급에 의해 움직이는 것이지 '반드시' 패턴에 따라 움직이는 건 아니기 때문이다. 가격 상승 패턴, 가격 하락 패턴 따위는 수요와 공급을 추적하고 앞으로의 흐름을 예측하는 데 참고하는 도구이지 가격을 이끌어 가는 무언가는 아니다.

대표적인 하락추세 전환패턴인 '머리어깨형 패턴'이 나왔다고 해서 반드시 상승추세가 하락추세로 바뀌는 것은 아니다. 패턴이 나왔어도 추세 전환에 실패하거나 추세전환이 그리 강하지 않은 경우도 많다는 걸 우리는 경험으로 안다.

그럼에도 불구하고 우리가 기술적 분석을 외면할 수 없는 것은 다들 그것을 참고로 거래하기 때문이다. 시장은 사람들의 심리에 따라 움직인다. 그리고 그 심리는 패턴이나 보조지표 따위에 영향을 받기도 한다. 예를 들어 상승 전환 패턴인 '이중바닥 패턴(double-bottoms pattern)'이 나타났다면, 평범한 투자자들은 가격 상승을 기대하며 상품을 사들이기 시작한다. 사겠다는 사람이 팔겠다는 사람보다 많으니 자연히 가격은 오르게 된다. 기술적 분석을 무작정 외면할 수 없는 이유다.

그러나 우리는 명심할 필요가 있다. '클러스터 착각'에 빠진 채 기술적 분석을 하고 있는 건 아닌지, 그런 착각 속에 시장을 보고 있는 건 아닌지 말이다. 자기가 내린 결론을 맹신해선 안 된단 말이다.

7.9 확증편향

지난 2001년 '9·11 테러'를 당한 미국은 대량살상무기를 찾는 데 혈안이 돼 있었고, 그것을 보유한 국가로 이라크를 지목했다. 당시 사담 후세인(Saddam Hussein)이 이라크를 통치하고 있었는데, 조지 W. 부시

(George Walker Bush) 미국 대통령과 미국 신보수주의자들인 '네오콘 (Neocon)'은 사담 후세인이 대량살상무기를 만들어 이라크에 숨겨 두고 있다고 단정했다.

내가 주위들은 네오콘의 논리는 이랬다. 이라크에서 대량살상무기가 발견되면 당연히 후세인이 그 무기를 생산해 세계평화를 위협했다는 증거가 되고, 만약 발견되지 않는다면 후세인이 그것을 철저히 감췄다는 증거가 된다.

어떤 결과가 나오든 후세인은 대량살상무기 생산 주범이 된다.

후세인 정권을 '악의 축'으로 규정한 미국 행정부는 후세인 정권이 대량살상무기도 개발해 보유하고 있다고 지레짐작했다. 그럴 수도 있다. 그러한 가설을 세운 것에 불과하니까. 그리고 검증을 통해 가설이 옳은지 그른지 판정하면 그만이다. 하지만 미국 수뇌부는 조사 과정에서 드러난 사실을 단순히 가설을 검증하는 자료로 사용하는 대신, 자신들의 가설과 믿음이 진실이라고 주장하는 데 썼다.

그래서 위에서 말한 '대량살상무기를 발견하면 당연히 후세인 정권이 그 무기를 생산한 것이고 발견되지 않으면 철저히 감춘 것'이라는 억지논리를 버젓이 내놓을 수 있었다.

미국 행정부는 실은 후세인 정권 전복, 나아가 이라크의 석유에만 관심이 있었지 대량살상무기 존재 따위엔 관심이 없었을지도 모른다. 그래서 이라크를 공격할 명분만 필요했지 그 명분에 오류가 있다는 사실은 안중에 없었을지도 모르겠다.

'힘이 곧 논리'라는 사고방식을 갖고 있는 사람들도 있으니 그런 사람들이 그런 주장을 내세우는 건 그럴 수도 있다 치더라도, 모두가 공감하는 상식을 가진 평범한 사람들은 늘 상식적으로 생각하고 논리를 펼칠까. 미국 스탠퍼드대학교 심리학과의 찰스 로드(Charles Lord) 연구팀[26]의 실험 결과를 보면 평범한 사람들, 바로 우리들도 미국 네오콘과 크게 다르지 않음을 인정해야겠다.

연구팀은 사형제도에 관한 중립적인 내용으로 구성된 2개의 연구 보고서를 만든 다음 사형제도를 찬성하는 사람과 반대하는 사람들에게 읽게 했는데, 실험 참가자들은 같은 보고서를 읽고서 각기 다른 반응을 보였다.

같은 보고서라 해도 연구팀이 사형제도가 효과적이라는 내용이라고 귀띔했을 때 사형제도 반대론자는 그 보고서를 무시했고, 사형제도 찬성론자는 보고서 내용을 더 잘 기억했다. 그리고 실험 참가자들은 보고서를 더 자세히 읽을수록 자기 의견을 고치기보단 보고서를 통해 자기 의견을 더욱 공고히 했다.

동명소설을 영화화한 〈태백산맥〉(임권택 감독, 1994)은 개봉 당시 많은 사람의 관심을 끌었다. 원작인 조정래 작가의 소설 《태백산맥》이 워낙 인기를 끌었을 뿐 아니라, 작품이 '국가보안법' 위반 논란에 휩싸였기 때문이다.

희미해진 필자의 기억을 더듬어 보면 영화를 보고 나온 관객들의 반응은 크게 두 부류로 나뉘어 있었다. 똑같은 영화를 보고 나왔음에도 한쪽은 '공산주의는 나쁜 것이야', 또 다른 쪽은 '남북은 하나가 돼야 해'와 같은 소감을 말하고 있었던 것이다.

한쪽은 영화를 보면서 북한과 사회주의에 대한 적개심을 불태우며 민

---

26) 이남식, 편향, 파주:옥당, 2013, 168~169쪽.

족분단의 비극은 외면했고, 다른 쪽은 남북 분단의 비극을 아파하고 남북 화해를 다시금 느끼면서도 당시 북한과 좌익세력의 만행에 대해선 눈을 감았다.

인터뷰에 응한 관객들의 신분으로 추측건대 평소 자기 소신을 영화를 통해 더욱 공고히 한 게 분명했다.

이렇듯 평범한 사람들은 카이사르의 말처럼 보고 싶은 것만 볼 뿐 아니라 자기 믿음에 부합되는 사실만 받아들인다. 이러한 인간의 마음은 '확증편향'이라고 불린다.

확증편향[27]에 빠지면 사람들은 사실 여부보다는 자기 입맛에 따라 정보를 취사선택하고 처리한다. 자기 신념을 뒷받침하는 정보가 실은 '가짜 뉴스'에 불과하고, 자기 신념과 어긋나는 정보가 아무리 진실을 말하고 있다 해도 사람들은 그 사실을 좀체 받아들이지 않는다.

그래서 우리 어른들은 경험적으로 깨달은 '사람은 거의 안 바뀐다'는 사실을 후손들에게 삶의 지혜처럼 전수해 줬는지도 모르겠다. 누군가의 생각을 바꾸겠다고 나서는 게 얼마나 무모한 일인지는 '확증편향'이라는 학술용어 따위는 모르더라도 이미 깨닫고 있었던 것이다.

확증편향에서 벗어나지 못하는 사람들의 예는 우리나라 현대 정치사에서 어렵지 않게 찾아볼 수 있다.

한국 사람들은 확증편향의 위력을 눈으로 직접 보았다. 멀리서 유례(類例)를 찾을 것도 없이 최근 몇 년간 이 땅에서 전개되고 있는 갖가지 '진영 논리'를 보라. 그리고 우리나라 국회의원 선거에 출마한 후보자들

---

27) 위의 책, 168쪽.

이나 미국 대통령 선거에 출마한 후보자들이 자신의 성향과 다르고 어떤 경우에는 출신도 다른 유권자들을 설득하고 표를 얻는 게 얼마나 어려운가.

우리들 짐작과는 달리 인간의 두뇌는 그다지 뛰어난 게 못 돼서 여러 정보를 동시에 처리하지 못한다고 한다. 전체를 항상 종합적으로 처리하지 못한다는 것이다. 컴퓨터만 작업을 동시에 처리하지 못하는 게 아니라 인간 역시 이른바 '멀티태스킹(multi-tasking)'을 수행하지 못한다. 그래도 컴퓨터는 시간이 걸리더라도 한 번에 한 개씩 차근차근 작업을 진행하는 데 반해, 인간은 처리하기 쉬운 몇몇 정보 조각에 의존해 정보를 처리하는 경우가 많단다. 게다가 받아들이는 정보도 그동안 정보를 받아들인 방식에 따라 처리되는데, 그 정보가 자기 입맛에 맞아서 받아들일 때 갈등의 여지가 별로 없어야 인간은 그걸 받아들인다고 한다.

결국 인간은 정확한 정보를 통해 판단하고 생각해 자기만의 뚜렷한 믿음과 신념을 갖는 게 아니라 자기 신념과 편견으로 걸러진 정보를 받아들이고 사실을 만들어 낸다.

자기 신념이나 이미 알고 있는 것과 모순된 정보를 받아들이게 되면 우리 자신과 의견에 대해 다시 한 번 깊게 생각해 봐야겠다는 압력을 끊임없이 받는데, 심리학 연구 결과를 들춰 볼 것도 없이 우리는 스스로 경험을 통해 이 점을 잘 알고 있다. 자신은 현 대통령을 절대적으로 지지하는데, 대통령을 비난하고 대통령이 재임기간 동안 저지른 정책 실패에 대해 비판의 소리를 듣는다면 속이 편하겠는가. 자기가 믿는 종교 교리가 갖고 있는 논리적 모순이나 왜곡된 사실관계, 심지어 그 종교의 존재의의를 부정하는 주장을 들을 때 '허허' 웃으며 넘어갈 신자가 얼마나 될까.

인문학이 들려주는 트레이딩 원리

듣고 싶은 정보만 듣거나 자기가 갖고 있는 가치관에 맞게 정보를 변형해 받아들이면, 거북한 소리를 억지로 듣느라 받는 스트레스를 겪을 필요가 없다. 결국 사람들은 수많은 정보를 자기 입맛에 맞게 받아들여서 각자의 편견이나 신념에 끼워 맞춘다는 결론에 이르게 된다.[28]

그러면 필자는 지금 독자 여러분에게 필자의 생각과 신념을 설득하고 있는가. '확증편향'에 대해 말하면서 독자 여러분을 설득할 자신이 있어서 이 글을 쓴다는 것은 오만일 것이다.

우리들은 관심사와 목표하는 바를 공유하고 있다. 필자는 그저 우리들 관심사와 우리들 목표를 위해 필요한 자료와 생각할 거리를 제공하고 있을 뿐이다.

7.10 사후판단편향

같은 부서에서 근무하던 남자 직원과 여자 직원이 스마트폰으로 커플인 양 사진을 찍었고 그 사진을 사회관계망 서비스 자기 소개란에 올렸다. 그러자 직원들은 쑥덕거렸다.

"둘 사이에 오가는 눈빛이 다르더라니, 그럴 줄 알았다니까."

그들은 둘이 사귀는 사이고, 드디어 그 사실을 모두에게 공개한 것이라 결론 내렸다.

얼마 뒤 SNS에 올라와 있던 사진이 사라졌다. 하지만 그 남자 직원과

---

28) 하노 벡, 앞의 책, 91쪽.

여자 직원은 사진을 올리기 전이나 사진을 내린 다음이나 어색함 없이 서로를 대하고 있었고, 둘이 헤어졌는지 궁금해하는 회사 동료가 조심스럽게 물어보면 "우리는 친한 회사동료일 뿐"이라고 자연스럽게 대답하고, 사진에 대해선 "심심해서 찍었을 뿐"이라고 말했다. 그러자 직원들은 수군거렸다.

"그럴 줄 알았다니까, 둘이 진짜 사귀었다면 결혼하기 전까지 숨겼겠지."

그런데 동료 직원들은 두 남녀 직원 사이가 어땠는지 정말 알고서 쑥덕거렸을까.

잉꼬 커플로 소문났던 연예인 부부가 이혼했다는 뉴스가 인터넷에 떴다. 그러면 "그럴 줄 알았어. 두 사람은 원래 맞지 않았다니까."라며 이미 이런 일이 생길 줄 알고 있었다는 듯이 말하는 사람이 적어도 한두 명은 주변에 나타난다. 그럴듯한 이유까지 대면서 말이다. 국내에서 실력을 인정받던 선수가 해외에 진출한 다음 그다지 두각을 내지 못한다는 소식이 들려도 "그럴 줄 알았다니까, 그 선수는 애초에 국내용 선수였어."라는 말을 그리 어렵지 않게 듣는다.

"너 그럴 줄 알았다."

잘못을 저지른 아이들을 앞에 놓고 부모나 교사들은 혀를 차며 같은 말을 되풀이하기도 한다. 아이들 행동이 처음부터 못 미더웠을 것이다.

그동안 이런 말을 들은 나이 어린 아이들은 복잡한 심정을 가슴속에 꾹꾹 눌러 담았는데, 지금은 그렇지만은 않은 듯하다. 기성세대에 비해 톡톡 튀는 사고방식을 미덕으로 삼는 나이 어린 학생들이나 젊은 청년들은 이제 "그럴 줄 알았으면 미리 말을 해 주세요."라고 맞받아친다. 그런데

인문학이 들려주는 트레이딩 원리

어른들도 실은 어찌 될지 잘 모르고 있다가 일이 터진 후에 그런 말을 내뱉은 게 아닐까.

직장 안에서 볼 수 있는 사내 커플 얘기나 연예인 부부의 파경, 운동선수의 부진 같은 소식들은 호사가들의 입방아거리 정도에 불과하고, 사람들이 뒤늦게 풀어놓는 이유도 그저 가볍게 듣고 지나치면 그만일 게다.

이제 우리들 달력을 잠시 뒤로 돌려 보자. 1997년 외환위기 당시도 좋고, 글로벌 금융위기로 전 세계가 몸살을 앓았던 2008년도 좋다.

경제위기가 닥쳤을 때, 각 언론매체들은 전문가들을 불러와서 왜 이런 일이 벌어졌는지 참사 이유를 시민들에게 설명하기 바빴다. 전문가들은 그런 금융위기가 필연적으로 터질 수밖에 없었다는 듯이 설명했다.

1997년 아시아 지역을 휩쓸고 다니던 외환위기가 한국에도 몰아쳤다. 한국은 국제통화기금, IMF에 지원을 요청했고, IMF는 그 대가로 한국 경제의 체질 개선을 요구했다. 한국이 IMF에 구제 금융을 요청하게 된 원인은 어디에 있을까. 많은 경제전문가들은 여러 가지 요인들이 복합적으로 작용해 외환위기를 불렀다고 지적했다. 결정적으로는 국내 금융기관에 단기(短期)로 외화를 빌려주던 외국 기관들이 대출금을 회수하기 시작했는데, 단기자금을 국내 기업에 장기(長期)로 빌려준 금융기관들은 대출을 상환할 형편이 안 됐고 그게 외환위기를 불렀다는 것이다. 외국에서 서둘러 대출금 회수에 나선 것은 한국이 그동안 보유하고 있던 달러를 환율방어에 소진해서 우리나라 외환 보유고가 바닥을 드러냈다는 사실을 알아챘기 때문이라고 한다. 그럼 한국은 왜 환율방어에 나서며 외화를 낭비해야 했는지에 대한 이유도 나오는데, 한국 경제의 구조적 문제, 후진성, 외국자본에 대한 배타성을 비롯한 갖가지 원인들이 불거져 나온다.

그런 이유로 대형 참사가 발생할 줄 알았다면 수많은 경제전문가와 언론들은 왜 미리 경고하고 대책을 마련하지 않았을까. 오히려 고위 경제 관료는 한국이 IMF에 손을 벌리기 직전까지 '한국 경제 펀더멘털' 운운하기 바빴다는 건 성인이 된 한국 사람에게 주지의 사실이다.

또 글로벌 금융위기가 발생하기 전까지 대부분의 국내외 경제전문가들과 시장 참여자들은 '이번만은 다르다'고 외치고 있었다. 심지어 한국 금융 선진화를 고심하던 한국 경제팀은 파산 직전에 이른 리먼브라더스를 인수하기 위한 협상을 글로벌 금융위기 직전까지도 벌이고 있었다.

파산신청이 임박한 기업을 인수할지 여부는 정책적인 문제니 여기서 언급할 사항이 아니다. 하지만 과거 대공황에 버금가는 글로벌 금융위기라는 초대형 태풍이 문밖에서 기다리고 있다는 것을 전혀 눈치채지 못했다는 점은 지적해야겠다. 더구나 리먼브라더스의 몰락이 금융위기의 시작점이었다는 걸 떠올리면 말이다. 관료든 학자든 경제전문가라는 사람들은 한국 금융의 선진화만 생각했지, 지금 얼굴을 때리는 바람이 산들바람이 아니라 태풍을 예고하는 바람이라는 건 몰랐다. 1997년에도 그랬고, 2008년에도 그랬다.

그럼에도 불구하고 전문가들, 평범한 일상을 구가하는 시민들은 "내 그럴 줄 알았지."라는 말로 자신의 통찰력을 높게 평가한다. 평범하게 사는 사람들뿐 아니라 시장에서 시장 참여자들, 바로 우리들한테서도 어렵지 않게 찾아볼 수 있는 모습인데, 심리학에서 언급하는 "사후판단편향(hindsight bias)"[29]은 자신의 예측 능력이 뛰어나다고 과대평가하려는 사

---

29) 켄 피셔 외, 앞의 책, 204쪽.

인문학이 들려주는 트레이딩 원리

람들의 모습을 꼬집는다. 우리와 같은 평범한 사람들은 자기에게 특별한 능력이나 지식이 있다고 믿거나 스스로를 속이고 모든 것을 정확하게 예측할 수 있다고 착각한다는 것이다.

'그럴 줄 알았으면' 미리 가지고 있던 포지션을 어떤 식으로든 정리하든지 아니면 처음부터 종목을 무리하게 매수하지 말고 구경만 해야 할 텐데, 거래를 강행해서 손실을 입는 건 무슨 자학적 행동인가.

이제 우리는 남이 아닌 우리 스스로에게 솔직한 대답을 할 때가 됐다. 사실은 그렇게 될 줄 몰랐기 때문 아닐까. 그러면서 마치 우리가 뛰어난 통찰력을 가지고 미래를 정확히 예측할 수 있다고 생각하고, 그렇게 행동하고 있다고 착각한다. 그것도 일이 터진 다음에만 말이다.[30] 필자 역시 '사후판단편향'을 말하면서도 이런 지적에서 자유롭지 못하다는 걸 인정한다.

이렇듯 '사후판단편향'은 자신의 예측 능력을 과대평가하려는 인간의 모습을 꼬집어 보여 준다. 모든 것을 정확히 내다볼 수 있다는 착각[31]에 빠져 투자자들이 스스로를 속이고 자신이 특별한 능력이나 지식이 있다고 믿게 만들기 때문에 예상치 못한 행운이 차지할 자리가 사라진다고 한다.

사람들은 무언가가 잘못되는 것보다 자신의 판단이나 결정이 잘못됐다는 것을 인정하는 걸 더 견디기 힘들어한다. '사후판단편향' 역시 인간의 그런 본능을 반영한 것이 아닐까한다.

그래서 주식을 비롯한 여러 금융상품을 매매할 때 자신의 잘못을 인정

---

30) 하노 벡, 앞의 책, 122쪽.
31) 켄 피셔 외, 앞의 책, 204쪽.

함으로써 심리적 고통을 겪으니, 이미 어떤 일이 일어날 것인지 알고 있었고 예측이 옳았다고 믿음으로써 마음의 평온을 얻으려 하는 것이다.

그런데 문제는 우리가 참여하고 있는 시장은 인간의 약한 면을 따뜻하게 보듬어 주는 곳이 아니라는 데 있다. 도리어 인간의 나약한 본능, 비이성적 행동을 먹고 사는 곳이기도 하다. 그런데 잘못된 거래를 돌이켜 보면서 어디서 실수가 있었는지, 개선할 점은 없는지를 살펴보는 대신 '내 그럴 줄 알았다'며 그냥 지나친다면, 거기에서 아무런 교훈도 얻지 못하고 앞으로도 비슷한 실수를 반복할 위험이 크다.

이 편향을 극복할 방법으로 '기록'을 권한다. 바로 '매매일지'를 적는 것이다. 그저 거래 당시 숫자만 기록할 게 아니라, 거래를 시작하기 전 왜 그런 판단을 내렸는지 그리고 시장상황을 어떻게 보고 있었는지를 일기 쓰듯이 적는다. 아니면 시장 참여자인 여러분들이 스스로 만든 경제전망 보고서라도 괜찮다. 그렇게 기록한 시장전망이나 일지를 펼쳐 보면 거래를 마친 후, '사후판단편향'에 빠지기 전 생각과 판단을 되짚어 보고 개선할 점은 없는지 찾을 수 있다. '내 이럴 줄 알았다'고 말하기 전에 과거의 나는 오늘을 어떻게 생각했는지 일지로 확인하는 것이다.

우리가 초등학교에 다녔을 때 반강제적으로 썼던 일기 쓰기를 세월이 한참 지난 지금 '투자 일지 쓰기'라는 형식으로 되풀이할 필요가 있다.

7.11 죄수의 딜레마

경제학의 한 분야인 '게임이론'을 다루는 책이라면 어김없이 소개하는

'죄수의 딜레마'에는 범행을 저지르려다 체포된 두 용의자의 이야기가 등장한다.

큰 잘못을 저질러서 각기 다른 방에서 조사를 받는 두 사람은 전에 지지른 사소한 범죄가 들통나 이에 대한 처벌도 받아야 한다. 경찰은 용의자 각각에게 제의를 한다. 두 사람 모두 범행을 부인하면 증거 불충분으로 전에 저지른 범죄만 기소돼 3년형을 받을 것이고, 두 사람 모두 자백을 하면 정상을 참작해 10년형을 받을 것이다. 그런데 한 사람만 범행을 자백하고 한 사람은 범행을 끝까지 부인하면 자백한 사람은 석방, 자백하지 않은 사람은 괘씸죄까지 추가돼 20년형을 받을 것이라고 수사관은 말한다. 두 용의자는 어떤 선택을 할 것인가.

게임이론에 따르면, 용의자들은 모두 범행을 자백하고 10년형을 받게 되는 쪽을 고른다고 한다. 둘 다 범행을 딱 잡아떼면 사소한 범죄로 인한 3년형짜리 죄목으로 기소될 텐데 말이다. 그들이 범행을 자백하고 10년형을 감수하는 이유가 뭘까.

전체적으로 보면 용의자 두 사람 모두 범행을 부인하는 게 최선이지만 용의자 개인을 중심으로 보면 얘기가 조금 달라진다. 내가 잠자코 있으면 또 다른 방에서 조사받고 있는 공범의 입에 따라 3년형을 받거나 20년형을 받는다. 그런데 범행을 자백하면 석방되거나 10년형을 선고받는다. 자백하면 길어야 10년형이고 심지어 석방될 수도 있는 데 비해, 끝까지 범행을 부인하면 최소 3년형이고 자신만 20년형을 받을 수 있다. 아무래도 범행을 자백하는 게 이익인 셈이다.

TV 예능 프로그램 〈무한도전〉 가운데 한 장면.

〈무한도전〉 출연진 여섯 명은 방송국에서 기밀문서를 빼내 중국에 넘기려다 붙잡혀 모두 감옥에 갇혔다. 각자 독방에 갇힌 이들은 누가 주범이냐는 추궁을 받는데, 아무도 입을 열지 않으면 남의 사무실에 무단 침입한 벌로 곤장 다섯 대만 맞는다. 일부는 침묵하고 일부는 자백하면 침묵한 이들은 곤장 스무 대를 맞지만, 주범을 지목한 이들은 조사에 협조한 보상으로 곤장을 맞지 않는다. 모두가 주범을 지목하면 모두들 곤장 열 대를 맞는다.

이들 모두에게 최선의 선택은 여섯 명이 모두 입을 다무는 것이다. 그리고 위에서 소개한 '죄수의 딜레마'에 따르면, 모두 주범이 누구인지 실토하고 곤장 열 대를 맞는 모습을 보여 줘야 했다.

하지만 방송에서 보여 준 그들 모습은 일부는 입을 열고 일부는 입을 닫는 것이었다. 남이야 어찌 되든 나만 살면 그만이라는 '무한이기주의'를 잘 실천한 이들은 처벌을 면했지만, 동료 간의 의리를 소중히 여긴 출연자는 대가를 치러야 했다. 무한도전 멤버들은 게임이론 속 등장인물들처럼 이것저것 따지지도, 의리와 신뢰를 중시하지도 않았다. 그렇다고 여섯 명 모두 나만 무사하면 된다는 '무한이기주의'에 빠진 것도 아니었다. 현실 속 우리 또한 경제적으로만 움직이는 동물도 아니고, 이타적이기만 한 존재도 아니다.

현실성 없는 얘기를 할까 한다. 두 나라 사이에 전쟁이 벌어지기 직전이다. 전쟁을 막을 수 없을까. 만약 전쟁터에서 병사들 모두가 상대방에게 총을 쏘지 않으면 아무도 다치지 않을 것이고, 아무도 미사일 발사단추를 누르지 않는다면 선전포고는 했어도 전쟁은 불발로 끝나지 않을까.

하지만 수만 명에서 수십만 명에 이르는 병사들이 똑같은 선택을 할 리 없을 것이고, 일부만이 그런 선택을 한다면 그들에겐 군법회의가 기다릴

인문학이 들려주는 트레이딩 원리

것이다. 모두를 위해 입을 다물었던 무한도전 출연자가 곧장 스무 대를 맞게 된 것처럼 말이다.

제1차 세계대전 당시 크리스마스를 맞아 참호 속에서 영국 병사들과 독일 병사들은 서로 총을 겨누는 대신 참호에서 나와 평화를 나눴다. 상부 지시가 전혀 없었음에도 병사들끼리 자체적으로 휴전해 서로 어울려 운동경기도 하고 적군 병사의 머리를 깎아 주기도 한 것이다.

여기까지가 우리가 아는 아름다운 이야기고, 나중에 관련자 전원이 군법회의에 넘겨졌다는 게 미담 뒤에 숨겨진 불편한 진실이다. 그런데 양쪽 군인들 모두가 자체적인 휴전에 돌입했다면 과연 수십만의 병사들 전부를 군법회의에 넘겼을까.

'죄수의 딜레마'는 기존의 경제학이 전제로 한 것과는 달리 인간은 그다지 합리적이지 않다는 것을 보여 준다.[32] 그리고 방송 프로그램에서 볼 수 있듯이, 실제 인간들은 게임이론 속 인간들보다도 덜 합리적이고 다양한 모습을 종종 선보인다. 시장에 참여한 이들도 TV 예능 프로그램 출연자들과 그리 다를 바 없을 것이다.

하긴 다양한 사람들이 모인 시장에서 시장 참여자들이 똑같은 생각, 똑같은 행동을 한다면 거래가 이뤄지겠는가. 똑같은 상황을 놓고 누군가는 이를 매도 상황으로, 누구는 매수 상황으로 보기 때문에 거래가 이뤄지지 않는가 말이다.

---

32) 조준현, 19금 경제학, 서울:인물과 사상사, 2009, 148쪽.

7.12 답정너

사람의 운명을 봐 주는 사람들을 조롱할 때 나오는 표현 가운데 하나.

"7, 8월에 물조심하라."

한국에서 물놀이 철은 무더운 7월과 8월이지, 엄동설한이겠는가. 여러분 가운데 누구는 아무리 추운 겨울이라도 따뜻하다 못해 무더운 동남아 국가로 여행 가면 충분히 물놀이를 즐길 수 있지 않느냐고 반문할 수 있겠다. 그러나 이 말은 돈이 아무리 많아도 외국으로 여행하기 매우 어려웠던 시절에 나왔다는 걸 말씀드리겠다.

그리고 또 다른 말 하나가 있다.

"집에 우환이 있다."

점 보는 사람을 찾는 이들은 대부분 자신이나 가족들에게 문제가 생겨 역술인을 찾는다. 김동리의 소설 《화랑의 후예》 속 인물처럼 심심풀이로 그런 곳을 찾는 사람도 크고 작은 문제를 안고 살기 마련이다. 걱정 없는 집에서 겨자씨를 얻어 오면 집에서 우환이 사라질 거란 스님의 말에 걱정 없는 집을 찾아 나섰지만 그런 집은 없더라는 옛 이야기도 있지 않은가.

뮤지컬 영화 〈위대한 쇼맨〉(마이클 그레이시 감독, 2017)은 근대적인 서커스 창시자 피니어스 테일러 바넘(Phineas Taylor Barnum)의 이야기를 다뤘다. 바넘은 사람의 마음을 읽어 내는 기술이 뛰어나서 서커스 쇼에 등장해 관객의 마음을 알아맞히는 공연을 했다. 그는 독심술에 능한 초능력자였을까. 그럴 리 없다. 그는 그저 사람들의 심리를 꿰뚫어 봤을

인문학이 들려주는 트레이딩 원리

뿐이다. 그는 "매 순간마다 바보가 생긴다."[33]라는 말을 남겼는데, 누구에게나 적용할 수 있는 보편적이거나 애매한 말에 사람들은 마치 제 얘기인 양 느낀다는 것이다.

구미호에 홀리듯 바넘의 말에 홀린 사람은 비단 그의 서커스 쇼를 관람한 19세기 옛날 사람뿐일까. 미국의 심리학자 포러(Bertram R. Forer)는 학생들을 상대로 성격 검사를 하고 그 결과를 개별적으로 나눠 줬다. 그리고 학생들에게 실제 성격과 검사 결과가 얼마나 일치하는지 조사했는데, 학생들은 검사 결과가 자신의 실제 성격과 매우 일치한다고 밝혔다. 포러는 그동안의 연구를 통해 훌륭한 성격 진단표를 만들었을까.

문제는 학생들이 각자 받아 든 결과지의 내용은 모두 같았다는 점이다. 다양한 학생들이 같은 결과지를 받아 들고는 자기 성격을 잘 진단했다고 생각한 것이다.

학생들은 '귀에 걸면 귀걸이, 코에 걸면 코걸이'식 애매한 표현을 정확한 진단으로 생각해 자기 속을 들여다본 것으로 여긴 것이다. 마치 당신 집에는 걱정거리가 있다는 말에 모두가 공감하듯이 말이다.

미국 심리학자 밀(Paul Everett Meehl)은 이런 사람들의 심리를 〈위대한 쇼맨〉에서 다룬 실존인물 바넘의 이름을 붙여 '바넘효과(Barnum effect)'라 이름 붙였다. '바넘효과'는 포러 교수의 이름을 따서 '포러효과'로도 불린다.

사람들이 재미있게 주고받는 이야기 소재 가운데 하나로 혈액형으로 사람 성격 알아맞히기가 있다.

---

33) 이상건, 앞의 책, 98쪽에서 재인용.

A형은 성격이 어떻고 B형은 행동이 이렇다며 누군가 이야기하면, 그 얘길 듣는 사람들은 손뼉을 치며 맞장구치곤 한다.

필자가 들은 혈액형별 성격 이야기 중 하나. 물론 과학적 근거는 없다.

어린이집에서 교사가 어린아이들을 돌보다가 아이들만 남겨 놓고 잠시 자리를 비우게 됐다. 교사는 아이들이 있는 공간 한쪽에 선을 그어 놓고 이 선을 넘지 말라고 신신당부를 하고 잠시 자리를 비운다. 혈액형이 A형인 아이는 교사의 말에 따라 선을 넘어가지 않은 채 놀고, B형 아이는 그런 것에 연연하지 않고 자유롭게 놀고, O형 아이는 처음엔 가만히 있다가 혈액형이 B형인 아이를 따라 선을 넘으며 같이 논다.

교사가 아이들이 있는 곳으로 돌아올 무렵 B형 아이는 얼른 처음 있던 자리로 되돌아오지만 O형 아이는 교사가 돌아온 줄도 모르고 마음껏 놀다가 선생에게 혼난다. 이 광경을 지켜보던 AB형 아이는 교사에게 조용히 말한다. B형 아이도 선을 넘어가며 놀았다고.

이 세상에 사람 수가 얼마나 많으며 그들 각자가 독특한 개성을 지니고 있는데 몇 가지 혈액형으로 그들 모두의 성격을 구분 지을 수 있을까. 결국 모두가 공감할 만한 두루뭉술한 내용들로 채워지고 말 것이다. 영화 〈위대한 쇼맨〉의 주인공 바넘은 이런 심리를 간파했고, 사람의 운명을 예언하는 사람들 역시 그것을 이용한다.

요즘 유행하는 말로 '답정너'라는 말이 있다. '답은 정해져 있으니 너는 대답만 하면 돼'라는 의미로, 무언가를 묻는 사람은 이미 듣고 싶은 대답이 정해져 있으니 상대방은 묻는 사람이 듣고 싶어 하는 대답만 하면 된다는 소리란다.

'답정너'라는 말은 생겨난 지 몇 년 되지 않았지만 우리가 앞서 살펴봤듯이 '답정녀'의 심리는 오래전부터 사람들의 마음속에 자리 잡았다. 미래에 대한 불안감 때문에 역술인이나 무당을 찾아가지만 사람들은 이미 마음속에 듣고 싶은 말, 점쟁이가 본 미래를 알고 있다. 심지어 그들은 7, 8월에 물조심하라거나 집안에 문제가 있다는 말을 듣게 된다는 것도 모르지 않는다.

그럼에도 힘들게 역술인이나 무당을 찾아 나서는 까닭은 이미 자기 마음속에 정해 놓은 해결책에 동의를 받고 싶어서라고 연구자들은 말한다. 그래서 자신이 원하는 대답과 다른 답을 말하는 곳은 시원찮은 곳으로 단정해 버리고 자신이 원하는 답을 말해 주는 '용한' 역술인을 찾아 돌아다니는 것이다.

사람들은 그저 불편한 자기 마음을 위로해 주고, 자기 스스로 내린 결정을 지지하고 격려해 줄 사람이 필요했는지 모른다.

필자는 점괘를 믿는다는 건 그저 미신에 불과하다고 생각해 왔다. 그런데 나이를 먹어 갈수록 꼭 그런 것만은 아니라는 생각을 한다. 오래전 어디선가 주워들은 얘기로는, 공자도 점을 치고 미래를 예언하는 것에 호의적이었다고 한다. 나쁜 점괘가 나오면 자기 신세를 한탄하는 대신 내 모습을 돌아보고 앞으로 다가올 어려움에 대비하며 각오를 다지고, 좋은 괘가 나오면 현재 상황이 어려워도 자기가 뜻한 바를 의심하지 않고 어려움을 극복할 힘을 얻는다는 것이다.

고대 로마 군대도 전투를 벌이기 전 점을 쳤다. 과학기술이 지금보다는 많이 뒤떨어졌으니 '미신'에 기댄다는 건 자연스러운 일이었다고 치부하면 그만일까.

공자가 점괘에 자기 운명을 맡기지 않았듯이, 로마 군대 지휘관들 역시 점괘를 병사들의 용기를 북돋는 수단으로 이용했다. 그들은 병사들이 점괘의 결과가 길조라고 믿으면 그만이었다.[34]

로마 장군들은 전투를 시작하기 전에 흉하다는 점괘가 나오면 전투에서 지겠다고 생각하고 출구전략을 마련하는 대신 좋은 점괘가 나오도록 미리 준비를 했다. 당시 로마군은 닭이 모이를 쪼아 먹는 모습을 보고 점을 쳤는데, 점을 칠 때 닭이 모이를 잘 쪼아 먹을 수 있게 미리 닭을 굶기는 것이었다.

이런 사실을 로마 병사들은 몰랐을까. 그럴 리 없다. 그냥 모르는 척 속아 주었다. 그들은 전투에서 승리할지 패배할지, 그들이 믿는 신의 예언을 바라는 게 아니라 목숨을 내걸고 싸우는 전투에서 살아서 돌아간다는 믿음과 살아서 돌아갈 수 있게끔 싸울 수 있는 투지가 필요했을 것이다.

한번은 로마의 장군 클라우디우스 풀케르(Claudius Pulcher)[35]가 병사들을 이끌고 트라파니 항구를 공격하기 전에 닭을 가지고 점을 치려는데, 닭은 풀케르와 병사들의 바람과는 달리 모이에 관심이 없었다. 그러자 화가 난 풀케르는 그 닭을 향해 화풀이를 했다. 병사들은 찜찜한 기분으로 전투에 임해야 했는데, 공교롭게도 트라파니 항구 밖에서 벌어진 해전에서 로마군은 패하고 말았다.

설마하니 닭이 모이를 쪼아 먹을 생각을 안 하고, 장군은 그런 닭에 화풀이를 했다고 전투에서 졌을까. 하지만 병사들에게 찜찜함을 남긴 건 분명하다.

---

34) 시오노 나나미, 김석희 옮김, 로마인 이야기 1, 로마는 하루아침에 이루어지지 않았다, 파주:한길사, 1993, 56쪽.
35) 시오노 나나미, 김석희 옮김, 로마인 이야기 2, 한니발 전쟁, 파주:한길사, 1995, 60쪽.

인문학이 들려주는 트레이딩 원리

지금도 사람들은 미신이라는 걸 잘 알면서도 점을 보러 다닌다. 미래에 대한 불안감 때문이다. 그래서 어떤 이들은 이른바 점쟁이들을 서민들의 심리상담가로 보기도 한다. 역술인들은 사람들이 갖고 있는 불안감을 들어주고, 상담하고, 나름 해결책을 제시하기 때문이다. '이렇게 저렇게 행동하라'는 말에 점을 치러 온 사람은 다시 한 번 자기 생각과 행동을 돌아보게 되고, 부적을 가지고 다니거나 굿을 해서 심리적 안정감을 찾기도 한다.

물론 트레이딩에 앞서 점괘를 보고 그 결과를 신봉하자는 말은 아니다. 공자도, 로마 병사들도 점괘에 나온 결과에 따라 체념하며 운명에 순응하지 않고 도리어 자기가 뜻한 바를 이루기 위한 수단으로 삼았다. 불길한 예언이면 신중하게 움직이고, 좋은 결과를 예언한다면 지금 힘들더라도 점술사가 예언한 좋은 결과를 놓치지 않기 위해 스스로를 독려한 그들의 모습을 떠올려 보잔 말이다.

8.

트레이더

8.1 트레이더는 누구인가

인간은 스스로를 '만물의 영장'이라고 자부하지만 그렇다고 해서 늘 합리적이고, 이성적이며, 냉정을 잃지 않는 존재는 아니다. 게다가 눈앞에 보이는 사실조차도 있는 그대로 선선히 받아들이지 못할 때도 있다. 앞서 살펴본 바와 같이 말이다. 그래서 혼란에 빠진 로마를 수습하고 전제 군주제의 기틀을 마련한 율리우스 카이사르(Gaius Julius Caesar)는 그의 저서 《내전기》에서 "인간은 자기가 보고 싶다고 생각하는 현실밖에 보지 않는다."[1]라는 말로 인간의 본성을 간파했을 것이다.

이러한 인간이 활동하는 영역 중 하나로 경제 분야가 있다. 자연재해와

---

1) 시오노 나나미, 김석희 옮김, 로마인 이야기 5, 율리우스 카이사르 하, 파주:한길사, 1996, 217쪽.

달리 경제에서 문제가 생기면 근본적인 책임은 인간에게 있다. 20세기 초 대공황, 2008년 금융위기와 같은 경제위기는 인간에게 책임이 있는 것이고, 인간은 우리가 생각하는 만큼 완벽한 존재가 아니기에 발생한다.

인간은 합리적이라고 스스로 평가해도, 실은 모순된 행동도 서슴지 않는다. 시장은 덜 완벽한 인간이 만들었기에 완벽하게 효율적이지 않고 우리가 그동안 살아오면서 봐 왔듯이 종종 말썽을 일으키기도 한다.

인간은 불완전한 존재이기에, 트레이더 역시 늘 합리적이고 이성적인 존재가 아닐 것이다. 오죽하면 '가치 투자의 아버지'로 불리는 벤저민 그레이엄(Benjamin Graham)은 "투자자의 가장 큰 문제이자 제일 위험한 적은 자기 자신"[2]이라고 했을까. 투자시장에서 인간의 심리를 통해 트레이더를 이해하려 한 정신과 의사 알렉산더 엘더(Alexander Elder)도 "매매 시스템의 가장 취약한 부분은 트레이더 자신"[3]이라고 주장할 정도다.

이러한 사실을 트레이더를 비롯한 시장 참여자들은 잘 알고 있으면서도 어이없는 실수를 반복한다는 게 문제다.

〈엑스페리먼트〉(올리버 히르비겔 감독, 2001)라는 영화로도 제작된 바 있는 유명한 심리학 실험 하나.

심리학자 짐바르도(Philip George Zimbardo)는 대학 구내에 실험용 가상 감옥을 만들고 죄수 역할을 할 사람과 교도관 역할을 할 사람을 모집

2) 제임스 몬티어, 차예지 옮김, 워렌 버핏처럼 투자심리 읽는 법, 서울:부크홀릭, 2011, 18쪽에서 재인용.
3) 알렉산더 엘더, 정인지 옮김, 주식시장에서 살아남는 심리투자법칙, 서울:국일증권 경제연구소, 2004, 130쪽.

했다. 이 실험에 참가한 사람들은 모두 평범한 이들이었는데, '가상 감옥' 실험이 진행되자 참가자들은 놀랄 정도로 지나치게 각자 역할에 몰입했고, 급기야 연구자는 더 큰 사고를 막기 위해 실험을 중단해야 했다.

우리 주변에서 흔히 볼 수 있는 평범한 사람이 교도관 역할을 맡자 죄수들을 못살게 괴롭히는 악마 같은 존재로 변했고, 죄수 역할을 맡은 사람들은 교도관의 행동에 수동적으로 반응하는 극도로 소심해진 인물로 변모했다. 겨우 하루 이틀 만에 실험 참가자들은 빙의했다 싶을 정도로 상황극에 몰입해 자기 본래 신분마저 망각한 것이다.

이 실험을 통해 짐바르도는 악의 근원은 인간이 아니라 환경이라는 결론을 내고, "아무리 싱싱한 사과라도 썩은 상자에 들어가면 결국 썩어 버린다."라는 말로 이 실험을 평가했다. 그는 "루시퍼 이펙트(Lucifer effect)"[4]라는 이름으로 평범한 사람이 세간의 손가락질을 받는 나쁜 짓을 저지르게 만드는 상황과 환경의 영향력을 설명했다.

그런데 짐바르도의 교도소 실험에서 나타난 '루시퍼 이펙트'는 오로지 실험공간인 가상으로 만든 감옥 안에서만 나타났다고 하는데, 이와 비슷한 예는 현실 세계에서도 찾아볼 수 있다.

제2차 세계대전 때 수용소에 갇힌 유대인을 탄압하고 괴롭힌 독일군과 민주주의를 외치는 사람들을 무자비하게 고문하던 경찰이 집에서는 가족밖에 모르고 이웃에게 친절한, 평범한 소시민이었던 사실처럼 말이다. 또 오래전 우리나라 민주주의를 짓밟는 데 일조한 어느 정치인은 집에선 둘도 없는 효자였다.

---

4) 장근영, 심리학오디세이, 고양:위즈덤하우스, 2009, 212쪽.

인문학이 들려주는 트레이딩 원리

이런 이중적인 모습에 사람들은 경악할 지경이었지만, 그것은 그들이 유별나서가 아니라 그들도 그저 평범한 인간임을 일깨워 준 것에 불과했다. 인간의 존엄성을 짓밟는 위치에선 인권 탄압 행위를 거리낌 없이 자행하고, 가정에 돌아와선 자상한 가장의 역할에 충실하는 것, 상황에 따라 그 역할에 충실하는 것이 인간의 자연스러운 심성이었던 것이다.

시장 참여자인 개인 투자자들이나 기관에 소속된 트레이더들 역시 짐바르도 교수가 얻은 결론처럼 환경에서 자유로울 수 없다. 여기서 여러 번 말했듯이 트레이더라고 해서 다른 사람들보다 의지가 특별히 강한 것도 아닐뿐더러, 도리어 차트에 드러나는 여러 유혹에 잘 넘어가기 일쑤다. '가짜 뉴스'도 별 비판 없이 받아들여 엉뚱한 결정을 내리기도 한다.

기관에 소속된 트레이더들은 개인 투자자들보다 좋은 실적을 내고 계좌 관리를 더 잘하는 경향이 있는데, 이는 기관 트레이더들의 능력이 뛰어나서라기보다는 엄격한 내부 통제 덕분이라는 것은 새삼스러울 것도 없는 사실이다.

알코올 중독자들이 술을 끊기 위해서는 먼저 자신이 알코올 중독자임을 인정하고 그에 대한 대책을 세워야 하듯이, 시장 참여자들도 여러 사람들의 충고처럼 시장 시스템에서 가장 약한 부분이 자기 자신임을 인정하고 그에 대한 대책을 마련해야 하지 않을까.

8.2 차트 오른쪽 끝에서 싸우는 존재

시장에서 트레이더와 애널리스트는 업무적으로 그다지 사이가 좋지 않단다. 개인적으로야 같은 회사 동료일 수도 있고, 한배를 탄 시장 참여자들이기에 친하겠지만 서로 호흡을 맞춰 거래에서 큰 성과를 내는 건 아니다. 애널리스트들은 공들여 작성한 보고서를 트레이더들이 가볍게 무시하는 태도를 매우 섭섭하게 여기고, 트레이더들은 정작 필요한 정보는 없다며 애널리스트의 보고서를 평가절하하기 일쑤다.

트레이더들도 필요하면 보고서를 챙겨 본다. 다만 애널리스트들이 중요하다고 여기는 정보와 트레이더의 관심사가 조금 다를 뿐이다.

애널리스트[5]는 투자자산이 저평가됐는지 아니면 고평가됐는지, 그렇다면 적정한 가치는 얼마인지 등 자산 가치에 대해 비중을 두지만, 트레이더들은 시장에 '언제' 진입하고 빠져나오느냐에 큰 관심을 갖는다. 그래서 트레이더들의 가장 큰 관심사인 '진입시점', '철수시점'에 대해 속 시원히 말해 주지 않는 보고서에 큰 비중을 두지 않는 것은 자연스러운 일일지도 모른다.

그리고 실제로 거래를 해 본 독자들은 쉽게 공감하겠지만 트레이더들은 실시간 정보에 민감하다. 텔레비전 아나운서가 긴급 속보라면서 "지금 전쟁이 났습니다."라고 소식을 전하기 훨씬 전부터 총을 들고 적과 싸우는 병사들과 같은 존재가 바로 트레이더이기 때문이다. 그래서 애널리스트의 보고서, 언론매체에서 긴급뉴스라며 전해 주는 따끈따끈한 소식이 트레이더에겐 이미 무용지물이 되고 마는 경우도 생긴다.

예를 들어, 미국에서 기준금리를 인상했다고 하자. 미국 연방공개시장위원회에서 금리를 결정하거나 회의록 따위를 공개하는 시각은 한국 시

---

5) 헨릭, 기꺼이 자본가가 되어라, 서울:헨릭코리아, 2015, 82쪽.

인문학이 들려주는 트레이딩 원리

각으로 새벽 서너 시 무렵이다. 물론 미국 사람들이 굉장한 아침형 인간이거나 올빼미형 인간이어서가 아니라 한국과 미국 간의 시차 때문이다.

하지만 애널리스트가 공들여 작성한 보고서를 통해 이 소식을 듣고 대책을 세우기에는 시간이 늦다. 기껏해야 그날 아침에야 이 소식과 대책을 알 수 있을 테니 말이다. 목요일 새벽에 발표된 금리 인상 기사를 신문으로 찾아보려면 24시간이 훨씬 지난 금요일 오전이 되어서야 알 수 있다. TV 뉴스도 정규뉴스가 시작될 때까지, 보도전문채널도 외신 보도를 수신하고 속보라며 자막을 만들기까지 시간이 걸린다. 그리고 속보를 통해 분석 보고서를 생산하는 데는 시간이 더 필요하다.

펀더멘털을 진지하게 분석하는 것은 당연히 중요하지만 기술적 분석도 그에 못지않게 중요한 까닭 중 하나가 바로 시시각각 변화하는 차트에 대응하기 위해서다. 펀더멘털과 가격에 영향을 주는 뉴스를 실시간으로 반영하는 게 바로 차트이고, 차트를 분석할 수 있는 도구가 기술적 분석이기 때문이다.

시장을 기웃거려 본 사람들이라면 알 것이다. 시장과 차트를 분석하는 능력과 트레이딩을 잘하는 능력은 서로 성질이 다르다는 것을. 차트뿐 아니라 시장을 아무리 잘 분석해도 그 능력이 고스란히 실제 거래로 옮겨지는 건 아니다. 그래서 애널리스트로 명성을 얻은 이가 트레이더로 큰 성공을 거둔 예는 그리 많지 않다.

그렇다면 트레이더에게 필요한 자질은 무엇일까. 어느 기관 소속 트레이더는 시장분석 능력, 신속함과 과감성 세 가지를 들었다. 이에 동감하는지 여부는 전적으로 여러분이 판단할 일이다.

시장 전반에 대한 분석과 그에 따른 방향설정(매수관점으로 시장을 볼 것인지, 매도관점으로 시장을 볼 것인지), 시간에 관계없이 시장에서 무슨 일이 벌어졌는지 꼭 확인하려는 습성을 그는 시장분석 능력으로 정의했다. 더구나 인터넷과 모바일 기술이 보편화한 지금, 대부분의 정보는 모든 시장 참여자들에게 동등하게 전달되지 않는가.

동물적 감각도 트레이더의 자질 가운데 하나라고 그는 말한다. 아니다 싶으면 재빨리 시장에서 나오거나 방향을 바꾸고, 시장진입 신호가 발생하면 머뭇거리지 않고 바로 시장에 진입하는 것이다. 시장에 오래 머물다 보면 지식 이전에 본능적 감각이 먼저 발휘될 때가 있다는 사실을 떠올리면 되겠다.

과감성도 트레이더에게 필요한 자질이다. 시장에 대해 확신이 들더라도 매수나 매도를 주저하는 경우가 많은데, 이를 극복하는 용기가 있어야겠다. 이 부분은 트레이더들이 애널리스트를 폄훼하는 근거로 쓰이기도 한다. 결정적인 순간에 애널리스트들은 과감히 마우스를 클릭할 수 있겠느냐고 트레이더는 애널리스트에게 묻는 것이다.

한편 추세추종론자에겐 시장 변화에 발 빠르게 대응하는 것보단 한 번 정한 규칙을 고수하는 우직함이 더 필요할지 모르겠다. 그리고 트레이더에게 요구되는 자질들은 타고날 수도 있지만, 훈련을 통해 트레이더 스스로 단련할 수 있다.

추세추종론자로 이름을 남긴 리처드 데니스(Richard Dennis)는 "트레이더는 자신의 기법을 성문화하고 트레이딩을 규칙화"[6]해야 성공적인 트레이더가 될 수 있다고 했다.

---

6) 마이클 코벨, 정명수 옮김, 터틀 트레이딩, 서울:위즈덤하우스, 2008, 87쪽.

　　　　　　　　　인문학이 들려주는 트레이딩 원리

8.3 원칙의 중요성

우리들에게 '강태공(姜太公)'이란 이름으로 유명한 태공망(太公望)은 《육도삼략》을 썼다고 전해지는데, 이 책에서는 군대에서 병사의 사기를 높이는 수단으로 '신상필벌(信賞必罰)'을 꼽았다. 《육도삼략》에서는 "군대에 포상이 없으면 병사는 움직이지 않는다. 처벌해야 할 것을 처벌하지 않으면 간사함을 기르게 된다."[7]며 '신상필벌'의 중요성을 강조했다.

필자의 학창시절, 담임선생이 우리 반 학생들을 지도할 때 내세운 원칙은 '신상필벌'이었다. 어떤 학생을 칭찬할 일이 있으면 교감이나 교장의 눈치를 보지 않고 그 학생에게 적절한 보상(대개는 '포상휴가'라 불리는 그 학생만의 방학)을 해 줬다. 그와 더불어 '필벌'도 엄격했다. 능력상 '신상'과는 인연이 멀어 무사히 졸업(사람들은 그걸 '제대'라고 했다)이나 하는 것을 목표로 한 내게 그런 원칙은 부담스러웠음을 고백해야겠다. '필벌'을 면하기 위해 신경 쓰는 것도 큰 압박이었으니 말이다.

그런데 '신상필벌'과 트레이딩이 무슨 상관이 있을까. 원칙을 중시하고 그것을 지키기 위해 노력하는 자세는 국운이 좌우되는 전쟁이든 거래가 이뤄지는 시장이든 참여자들에게 필요한 자세일 것이다. 원칙 없는 충동적인 매매는 계좌를 망가뜨리는 지름길이기도 하다. 어쩌면 '신상필벌' 원칙이 철저히 지켜지는 곳은 전쟁터가 아니라 오히려 우리들의 관심사인 시장일지도 모른다. 거래에서 성공을 거두면 그에 상응하는 큰 수익이 뒤따르고, 미리 정한 원칙과 계획을 무시하고 거래하다 계좌를 망가뜨

---

7) 태공망; 황석공 지음, 유이환 옮김, 육도삼략, 서울:홍익출판사, 1999, 34쪽.

리면 큰 손실은 물론이고 시장에서 퇴출될 수도 있으니 말이다.

또 《육도삼략》은 장수의 자질이 부하들과 전쟁에 어떤 영향을 끼치는지 가르치고 있는데, 장수의 생각이 깊지 않으면 유능한 참모들이 떠나고, 장수가 나약하고 용맹하지 않으면 부하들이 공포감에 빠진다고 말한다. 장수가 경거망동하면 군대의 움직임이 신중하지 못하며, 무고한 사람에게 화풀이를 하면 모든 병사들이 두려움에 떨게 된다[8]고 고대 병법서는 적고 있다.

'장수'라는 단어 대신에 '시장 참여자' 또는 '트레이더'라는 단어를 넣어보면 어떨까. 트레이더의 생각이 깊지 못하면 통찰력 깊은 참모의 조언과 같은 주변의 진심 어린 고언과 시장에 대한 통찰력을 얻을 수 없을 것이고, 시장이라는 전쟁터 앞에서 겁을 먹고 나약한 모습을 보이면 공포감 때문에 트레이더는 진입신호가 나와도 진입을 주저하다가 좋은 기회를 놓치기도 한다. 경거망동한다는 건 시장 흐름에 부화뇌동하거나 충동매매한다는 소린데, 당연히 시장진입과 철수에 무리가 있을 수밖에 없을 것이다.

노자(老子)는 늘 낮은 곳으로 흐르며 만물을 이롭게 하는 시냇물과 같은 사람은 늘 자기 본성에 따라 살면서 만물을 이롭게 한다고 가르쳤다. 또 자신에게 밝은 지혜가 있으면서도 우둔한 것 같은 어둠을 지키는 사람은 뭇 사람의 모범이 된다[9]고 했다.

독자 여러분들은 트레이딩에서 수익 내는 방법을 필자보다 잘 알고 있

---

8) 위의 책, 245쪽.
9) 노자, 정창영 옮김, 도덕경, 서울:시공사, 2000, 81~82쪽.

인문학이 들려주는 트레이딩 원리

다. 바로 종목을 싸게 사서 비싸게 파는 것이다. 그리고 투자 원칙도 잘 안다. 여윳돈으로 투자하고, 계란을 한 바구니에 담지 말고, 소나기는 피하고, 떨어지는 칼날은 붙잡지 않고, 무릎에서 사서 어깨에서 팔면 된다. 장사에서 이문을 남기는 기본은 싸게 사서 비싸게 파는 것이라는 걸 모르는 이는 없을 것이다.

모두가 다 아는 상식을 군이 언급하는 이유는 '탐욕'과 '공포'라는 감정 때문에 모두가 아는 원칙을 잊고 거래에 임할 때가 많기 때문이다. 다른 분야도 그렇겠지만 시장에서는 트레이더가 이른바 '초심'을 잃고 시장을 바라볼 때가 많다.

시냇물은 늘 위에서 아래로 흐른다. 그게 자연스러운 흐름이다. 싸게 사서 비싸게 파는 것 역시 거래에서 자연스러운 모습이다. 그리고 자연스러운 모습을 알면서도 그걸 잊고 투자에 나서는 게 우리들의 부끄러운 모습이기도 하다.

2,500여 년 전에 나온 고전이지만, 여기에서도 자본주의의 집약체인 현대 투자시장의 원칙을 찾아볼 수 있다는 건 흥미로운 일이다. 이렇듯 근본적인 원리는 시대를 막론하고 어느 분야에서든 통한다. 그 점이 바로 필자가 이 책을 쓰는 이유이기도 하다.

워런 버핏의 오랜 친구 찰리 멍거(Charles Thomas Munger) 역시 어느 한 분야에만 몰입하는 것을 경계하며 다양한 분야에서 지식을 습득할 것을 투자자들에게 권한다. 이른바 '격자식 사고방식'은 투자자들이 경제, 경영뿐 아니라 인문학은 물론 자연과학 영역에도 지적 호기심을 발휘해야 한다고 말한다.

"해머를 가진 사람에게는 모든 것이 못처럼 보인다."

멍거는 위에 적힌 마크 트웨인의 말을 즐겨 인용하면서 폭넓은 분야에서 지식을 쌓아야 모든 문제를 못으로만 보는 실수를 막을 수 있다고 말한다.

그는 저서 《가난한 찰리의 연감(Poor Charlie's Almanack)》(2005)을 통해 모든 시스템은 여러 가지 요인으로부터 영향을 받기 때문에 다양한 학문들을 통한 '다양한 사고모델(multiple mental model)'이 필수적이라고 주장한다.

'격자식 사고모델'은 인문학, 경제학, 자연과학, 공학과 같은 전통적인 배움으로부터 분석도구, 방법론, 공식을 빌려 와서 엮은 생각의 틀인 셈이다. 이를 통해 복잡한 투자문제에 내재하는 혼돈을 제거하고 본질을 꿰뚫어 볼 수 있는 분석도구를 얻을 수 있다.[10]

트레이더로서 자질이 뛰어나다 해도 훈련과 트레이딩 규칙이 없으면 그 자질은 빛을 바래기 십상이다. 그저 자기 실력만 믿고 섣불리 시장에 뛰어들기보다는 먼저 시장진입과 철수계획을 세우고 그에 따라 매매해야 하지 않을까.

또 갑자기 널뛰는 가격에 부화뇌동하는 것을 경계해야 한다. 평범한 트레이더에게 상처를 입히는 속임수인 경우가 많기 때문이다. 설령 그것이 속임수가 아니더라도 자본규모가 고만고만한 투자자들을 쫓아내기 위한 극심한 가격 변동이 뒤따르기도 한다.

여기에 특별한 비법이 있는 건 아니다. 속된 말로 '다 아는 얘기'다. 그런데 경멸하듯 말하는 '다 아는 얘기' 속에 정답이 숨어 있다. 파랑새만 우

---

10) 김재현, 부자 멍거의 투자철학 9, 머니투데이, 기사입력 2018. 9. 15.

리 곁에 있는 게 아니다. 트레이딩의 비책은 실은 우리 곁에 있다. 단지 그걸 눈여겨보지 않을 뿐.

8.4 로마인의 유연하고 현실적인 사고방식

믿거나 말거나 예부터 전해지는 전설 하나.

옛날 우리나라 낙동강 상류에 백룡(白龍)과 청룡(靑龍)이 살았다. 두 용은 낙동강을 놓고 싸움을 벌였는데, 백룡은 청룡을 기습하기 위해 산에 구멍을 뚫었다고 한다. 산을 뚫는 작전이 통했는지 결국 백룡이 이겨 낙동강을 차지하게 됐고, 그 후에는 백룡이 뚫어 놓은 구멍으로 물이 흐르기 시작했다. 강물은 산을 뚫고 지나가 낙동강을 이루는데, 사람들은 산속에 흐르는 강을 '구문소'라고 이름 붙였다. '구문'은 '구멍', '굴'의 옛말이다.

정말 용이 있어서 산에 구멍을 뚫었을 리는 없고, 강물이 아주 오랜 세월에 걸쳐 조금씩 산 밑을 갉아먹어 구멍을 내고 강이 흐르게 된 것이다. 연약하지만 유연한 물이 단단한 바위를 뚫은 셈이다.

노자는 물보다 부드럽고 연약한 것은 세상에 없지만 굳고 강한 것을 닳아 없어지게 하는 데에는 물을 능가하는 것이 없으며 물을 이길 수 있는 것은 아무것도 없다[11]면서, 강한 군사력에 의지하는 나라는 곧 멸망하고 너무 강한 나무는 꺾어진다[12]고 말했다. 노자가 강조한 '유연함'은 우리

---

11) 노자, 앞의 책, 210쪽.
12) 위의 책, 206쪽.

나라 '구문소'에서 그 힘을 확인할 수 있다.

요양병원에 입원한 환자들 중에는 몸이 굽은 채로 딱딱하게 굳어져 제대로 몸이 펴지지 않는 경우를 종종 볼 수 있다. 예를 들어 어떤 환자의 다리는 'ㄱ'자 모양으로 구부러져 있는데, 몸을 웅크리면서 구부린 다리가 그대로 굳어져 똑바로 펴지지 않는 것이다. 억지로 그 다리를 펴다간 환자가 크게 다칠 수 있어 병원에선 그대로 놔둔다.

환자의 다리가 구부러진 채 펴지지 않는 이유는 간단하다. 그 다리를 움직이지 않아서다. 침대에 누워만 있는 그 환자는 다리를 움직일 일이 없으니, 한 번 굽어진 자세로 다리는 굳어져 가고, 병원에서는 굳어져 가는 다리를 억지로 펴다가 자칫 없던 문제를 일으키느니 그대로 방치한다.

몸을 조금이라도 움직일 수 있을 때 부지런히 움직여야 몸이 굳는 걸 막을 수 있는데 몸과 마음이 지칠 대로 지친 환자에게 그런 의지가 있을 리 없고, 격무에 시달리는 병원 간호사들은 그런 것까지 일일이 신경 쓸 여유가 없고, 환자를 돌보는 간병인은 억지로 환자를 움직이게 할 힘도, 이유도 없다.

사진기자들은 취재현장에서 사진을 찍기 전에 어떻게 취재를 할 것인지 미리 계획을 세운다. 아무 생각 없이 사진을 찍는 게 아니라 미리 예상되는 상황을 그리고 그 상황에서 사진을 찍기 적합한 곳은 어디인지, 어떤 구성을 가지고 사진을 찍을지 미리 이야기를 구성한다. 그래야 어떤 상황에 부딪혔을 때 어찌해야 할지 몰라 멍하니 서서 중요한 순간을 필름에 담지 못하고 놓치는―그런 상황을 그곳 업자들은 '눈으로 (사진을) 찍는다'고 한다― 불상사를 조금이나마 줄일 수 있어서다.

인문학이 들려주는 트레이딩 원리

물론 기자가 예상한 대로 일이 벌어지는 경우는 별로 없다. 취재현장에서는 돌발변수가 불쑥 튀어나올 때가 비일비재해서다. 모두가 원하는 사진을 찍기 위해 이른바 '포토라인'을 만들고 그 선을 넘지 말고 취재를 하자고 약속을 하는데, 그 포토라인은 무시하라고 만든 경우가 많다. 또 시위현장에선 시위대와 진압경찰, 때에 따라선 기자들까지 모두가 격앙된 상태라 어디서 무슨 일이 터질지 아무도 모른다.

그때마다 기자들은 임기응변으로 대응한다. 예상 시나리오와는 다르게 취재현장이 돌아가면 자기 시나리오를 고집하지 않고—하고 싶어도 그렇게 못하긴 하다— 현장 상황에 맞게 대응하며 취재를 계속한다.

상황이 시시각각 변하기로는 민간인의 영역인 취재현장뿐 아니라 군인들의 영역인 전쟁터도 마찬가지다. 당연히 여기서도 임기응변과 그를 위한 유연한 사고방식은 요구될 것이다. 그래서 전투를 벌이기 앞서 작전을 세울 때 미리 세세하게 짜는 대신 기본적인 것만 결정하고 나머지는 전투 중에 상황을 봐 가며 대응한다고 한다. 전투를 치르기 전에 미리 세세하게 결정하고 그걸 고집하면 돌발변수로 가득한 전투에서 예상치 못한 상황에 제대로 대처할 수 없다는 것이다. 로마 황제 오토[13]나 리키니우스[14]는 그런 점이 부족해 전쟁에서 큰 곤욕을 치렀다.

고대 이집트인들이 피라미드를 쌓는 동안 고대 로마인들은 로마 각지를 하나로 잇는 도로를 건설하는 데 열중하며, '모든 길은 로마로 통한다'는 평가를 만들어 냈다. 그리고 이집트인은 피라미드를 쌓을 때 필요한

13) 시오노 나나미, 김석희 옮김, 로마인 이야기 8, 위기와 극복, 파주:한길사, 1999, 70쪽.
14) 시오노 나나미, 김석희 옮김, 로마인이야기 13, 최후의 노력, 파주:한길사, 2005, 261쪽.

자재는 멀리서라도 가져다가 사용한 데 비해, 로마인은 현지에서 구할 수 있는 재료를 가지고 도로와 요새를 건설했다.

시오노 나나미(塩野七生)는 그녀가 쓴 《로마인 이야기》를 통해 고대 로마가 1,000년 이상 존재할 수 있었던 이유로, 있는 그대로의 모습에서 애써 눈을 돌리는 대신 현실을 받아들이고 개선하려는 용기[15]를 들었다. 우리 역시 시장에서 오랫동안 살아남으려면 아집을 버리고 현실을 직시하기 위해 생각의 유연함을 갖추려는 노력을 아끼지 말아야 할 것이다. 경직된 사고방식은 시장에서 환영받지 못할 테니 말이다.

시장에 참여한 사람들이 시장에 진입하면 자기 고집을 굽히지 않는 경우를 본다. 주식값이 오를 것으로 보고 어떤 주식을 사들였는데, 기대와는 달리 가격이 오르기는커녕 떨어졌을 때 손절매하지 않고 무작정 기다리는 경우가 그렇다. 기다리는 것 자체는 문제가 아닐 것이다. 다만 단순한 본전심리 때문에, 혹은 자기 판단이 틀렸다는 걸 인정하기 싫어서 무작정 포지션을 들고 있다가 손실만 쌓는 건 아닌지 각자 진지하게 생각해볼 일이다.

노자의 말에 기댈 것도 없이 사람은 이승에서 생을 다해 가면 몸이 뻣뻣하게 굳는다. 생각하고 그걸 행동에 옮기는 것 역시 마찬가지일 것이다. 시장에서 오래 살아남으려면 일단 사고가 유연하고, 가끔 자기 고집을 꺾기도 해야 한다고 본다. 자기 마음대로 시장을 움직일 수 없다면 시장의 순리에 따라야 하지 않을까.

---

15) 시오노 나나미, 한성례 옮김, 또 하나의 로마인 이야기, 서울:부엔리브로, 2007, 23쪽.

인문학이 들려주는 트레이딩 원리

8.5 단순함의 미학

지금도 있는지 모르겠다. 서울의 어느 언론사 건너편에는 맛집으로 소문난 음식점이 있었다. 그 집은 김치찌개 하나만 식당을 찾은 손님들에게 내놓았다. 메뉴가 하나뿐이니 벽에 차림표 같은 게 있을 리 없다. 조금은 불친절하고 가격도 안 적어 놓은 게 흠이긴 하다.

도심 재개발사업으로 사라진 종로 뒷골목은 예로부터 '피맛골'이라고 불렸다. 여기에는 유명한 순댓국집이 있었다. 그곳에서는 순댓국이 주된 메뉴였고, 다른 메뉴라 봤자 가짓수가 다섯 손가락도 채우질 못했다.

한국 사람 절반이 지겨워하는 이야기. 내가 학교에서 배운 전공은 81㎜ 박격포였는데 세부전공으로는 지도에 나와 있는 좌표에서 사격제원을 산출하는 일이었다.

가끔씩 반에서 뽑힌 몇 사람들이 팀을 이뤄 포 사격장에 가서 실기시험을 보곤 했는데, 나와 같은 계산병들은 신속하고 정확한 계산을 위해 전자계산기를 따로 마련해 가지고 갔다. 시험을 치르고 일상으로 돌아가면 선배들은 계산병들을 보고 한마디씩 했다.

"쟤네들 계산기 열심히 두드려서 어려운 계산하는 줄 알았는데, 알고 보니 나눗셈을 못해서였어!"

그들 말대로 나와 같은 학교를 다니던 학생들 가운데 계산병으로 불리며 사격제원을 산출하던 이들은 나눗셈을 빨리하려고 개인적으로 전자계산기를 마련했고, 우리가 치른 시험은 '수능시험'이 아닌 덕분에 통제관이라고 불리는 시험 감독관들은 그걸 보고도 못 본 체했다. '계산병', '사격지휘통제소'라는 뜻을 지닌 'FDC'로도 불리는 우리들은 초등학생들도 하는 간단한 계산을 못해서 계산기를 들고 시험장에 간 것이다.

박격포가 포탄을 토해 내기까지 과정과 원리는 내 머리로 이해하기에는 조금 복잡하다. 관측병이 좌표를 따는 방법, 거기에서 사격제원을 산출하는 원리와 공식, 그리고 포구에서 포탄이 나가는 원리에는 갖가지 과학지식과 수학공식들로 가득하다.

하지만 병사들은 그런 것 몰라도 임무를 수행하는 데 아무 지장 없다. 포를 발사하는 포진(砲陣)에 속한 병사들은 정해진 시간 안에 포를 조립하고 각도만 맞추면 되고, 나와 같은 계산병들은 그저 주어진 간단한 공식에 따라 나눗셈만 열심히 하면 되었다.

포진은 조립만, 계산병은 간단한 나눗셈만 하게 한 것은 전쟁터에선 병사들이 차분히 원리를 생각하며 작전을 수행할 시간적 여유가 없기 때문일 것이다. 그저 지휘부나 참모부에서 단순하게 만들어 준 임무를 수행하기만 하면 전체적인 군대가 움직이는 것이다.

무협영화를 보면 고수는 한 가지 권법을 부지런히 연마해 무림을 제패하거나 부모의 원수를 갚지, 자기가 속한 일파의 권법, 철천지원수 쪽 권법, 동맹을 맺은 가문의 권법을 모두 익혀서 실전에 사용하지 않는다.

'오마하의 현인'이라 불리는 워런 버핏이 파생상품시장에 손을 댔다는 소리는 못 들어 본 것 같다. 그리고 미국의 '아마존'이나 '구글' 같은 정보기술기업에 투자하지 않아 큰 수익을 남길 기회를 놓쳤다는 고백을 얼마 전 기사로 읽은 적이 있다. 소로스는 헤지펀드 시장에서, 버핏은 전통 산업 분야 주식에서, 짐 로저스는 상품시장에서 자기들의 가치를 뿜어내고 있다.

우리들의 롤 모델들을 언급한 다음 필자의 얘기를 꺼내는 게 부끄럽고

인문학이 들려주는 트레이딩 원리

우습기 짝이 없지만, 내 얘기도 꺼내자면—다행히 시장이나 투자와는 관련이 없다— 학생시절부터 옷차림 때문에 여러 사람으로부터 한결같은 지적을 받았다. "옷이 그것밖에 없냐?"

학생시절 여름철을 제외하곤 '야상(야전상의)'이라 불리는 군복만 입다시피 했는데, 학교에서 후배들은 '예비역 티 낸다', '분위기 칙칙하게 만든다'고 놀려댔고, 교수는 "넌 그 옷만 대여섯 벌 있냐?"라고 묻곤 했다. 물론 내게는 늦가을에 제대하면서 입고 나온 옷 한 벌밖에 없었다. 직장 생활하느라 더 이상 그 옷을 입지 않게 된 다음부터도 직장 상사나 동료들로부터 '같은 옷을 계속 입고 다니면 보는 사람이 질린다'는 지적을 받아야 했다.

'패션 테러리스트'라는 말을 듣긴 해도, 나 역시 옷차림에 대한 나름의 철학이 있는데 바로 '미니멀리즘'이고 옷차림에서 가장 우선하는 것은 '기능성'이다.

페이스북 창업자 저커버그(Mark Elliot Zuckerberg) 역시 옷을 입을 때 한 가지 스타일만 고집한다는 건 널리 알려진 바다. 옷 입는 데 고민하는 시간과 에너지가 아깝다는 이유도 말이다. 우리나라 한 유명 연예 기획사 대표는 어디서든 모자를 쓰고 다닌다. 머리 모양에 신경 쓰느라 허비하는 시간을 아끼기 위해서라고 한다.

옷 입는 방식과 이유는 똑같은데 누구는 패션 테러리스트로 놀림받고, 누구는 자기 자신을 상징하는 아이콘이라고 칭찬받는 걸 보면, 여러 가지 생각이 머릿속을 맴돌게 된다.

옷 입는 거야 각자 취향이라 하더라도, 시장에서 거래를 할 때는 그런 단순함이 종종 환영받는다. 트레이딩 기법은 '미니멀리즘'이란 말처럼 단순해야 한다는 것이다. 트레이딩에서 단순함은 기본기에 충실함을 뜻한다. 싸게 사서 비싸게 판다는 기본 원칙, 투자는 여유 자금을 가지고 한다는 당연한 사실에 충실하는 것이다.

과거 명품으로 인정받은 필름 카메라는 '보잘것없다'는 말이 떠오를 정도로 내부구조가 단순하기 짝이 없었고, 현대 군인들에게 사랑받고 널리 보급된 소총은 갖가지 첨단 기능이 들어 있는 게 아니라 튼튼하고 잔고장 없고 구조가 그저 단순하기 짝이 없다.

또 "코드 3개만 알면 기타를 칠 수 있다."는 나카타니 아키히로(中谷彰宏)[16]의 말도 떠올릴 필요가 있다.

단순한 방법으로 거래하는 모습은 여러 트레이더들에게서 실례를 찾아볼 수 있다. 추세추종론자로 알려진 케이스 캠벨(Keith Campbell)은 "나는 내가 하는 모든 것을 봉투 뒷면에 연필로 적을 수 있다."는 '봉투 뒷면' 발언[17]을 남겼다.

한편 좋은 기업에서 위대한 기업으로 성장하는 데 성공한 기업들의 공통점은 단순성에 있다고 한다. 매우 단순한 개념을 습득해 모든 결정의 준거 틀로 삼았다[18]는 것이다.

찰리 멍거도 1997년 버크셔 해서웨이 주주총회에서 "사람들은 신비로운 방법을 알려 달라고 계속 요청하지만, 우리 아이디어는 매우 단순하

---

16) 나카타니 아키히로, 이선희 옮김, 20대에 하지 않으면 안될 50가지, 서울:바움, 2006.
17) 마이클 코벨, 이광희 옮김, 추세추종전략, 서울:더난출판, 2005, 115쪽.
18) 짐 콜린스, 이무열 옮김, 좋은 기업을 넘어 위대한 기업으로, 파주:김영사, 2005, 162쪽.

인문학이 들려주는 트레이딩 원리

다."[19]라고 말한 바 있다.

시장을 전쟁터에 비유한다면 트레이더는 일선에서 총 들고 싸우는 병사에 견줄 수 있다. 시시각각 변하는 차트, 널뛰기하듯 정신없이 오르내리는 가격이라는 공세 속에서 트레이더들은 쉴 새 없이 치열한 전투를 치른다. 여기서 한가하게 이런 상황에선 어떤 방법이 적당할까 생각하며 필요한 자료를 뒤적이면서 시장에 대응할 짬이 있을까. 트레이딩을 마치고 거래를 복기하는 시간이 아니라 트레이딩을 하고 있는 동안에 말이다.

지난 2010년 유럽에서는 유럽은행들에 대해 대대적인 스트레스 테스트를 벌였다. 그 결과가 발표될 당시 차트는 널뛰는 수준이 아니라 해일이 몰아치는 것처럼 요동쳤다. 상승추세였다 하더라도 되돌림 수준이 상승분을 모두 반납하고 추세전환이 이뤄졌나 하는 착각을 부를 정도였다. 차트가 요동치는데 트레이더가 차분하게 시장을 바라보고 분석할 여유가 있을 리 없다. 미국에서는 월초마다 '비농업부문 고용지수(Non-Farm Payrolls)'를 발표한다. 외환시장에서 중앙은행의 기준금리 발표만큼이나 영향력이 큰 경제지표로, 'FX마진'이나 '통화선물'을 거래하는 사람들은 이 지표가 발표되는 순간을 '불꽃쇼'라고 부를 정도다.

지나고 보면 차트가 이해되고 이를 분석할 수 있지만 그 순간에는 냉정하게 판단하기 힘들다. 무술을 연마한 사람이 한창 무림고수와 겨루고 있는데, '지금은 당랑권법을 써 볼까, 아니지, 소림권법이 적당할 것 같아.'라고 따지며 대응하겠는가. 그동안 연마한 한 가지 권법만 가지고 대

---

19) 대니얼 피컷; 코리 렌, 이건 편역, 워런 버핏 라이브, 서울:에프엔미디어, 2019, 77쪽.

런하지 않겠나.

사람들은 자신의 실력이 평균 이상이라고 생각하는 경향이 있다고 한다. 남자들의 경우 자기 운전 실력이 평균은 넘는다고 여기는(혹은 착각하는) 식으로 말이다. 시장에서 거래를 할 때도 이런 경향은 나타난다. 그래서 거래를 할 때 여러 가지 실수를 저지르곤 하는데, 행동경제학자들은 시장 참여자들이 합리적인 투자자가 되기 어려우니 수동적으로 매매를 해야 비이성적 매매행태를 조금이나마 줄일 수 있다고 충고한다.

자기 실력만 믿고 섣부르게 상품을 사고팔다가 점점 자산을 망가뜨리지 말고 시장의 대표지수를 따라가는 '인덱스 펀드'에 투자하는 것이 최선[20]이라는 주장도 있다. 행동경제학의 창시자로 평가받는 대니얼 카너먼(Daniel Kahneman) 교수 역시 투자자들이 "좀 더 시스템적이 될 필요가 있다."며, "투자할 때 자신의 두뇌를 믿기보다는 자동적으로 매매가 이뤄지도록 만들어진 시스템에 의존하는 게 더 낫다."[21]고 말한다.

지난 2019년 초 타계한 뱅가드 그룹 설립자 존 보글(John Clifton Bogle)이 창시한 '인덱스 펀드(Index Fund)'는 독자 여러분이 잘 아는 것처럼 그저 시장 수익률 정도만을 추구한다. 인덱스 펀드는 시장 수익을 뛰어넘는 경이적인 수익률을 기록하며 세간의 관심을 끌지는 못하지만 그렇다고 시장보다 더 나쁜 손실을 입지도 않는다.

인덱스 펀드를 운용하는 뱅가드 그룹이 그동안 거둔 성과를 보면, 우리 할아버지, 할머니의 말씀이 떠오른다. '느릿느릿 걸어도 황소걸음'이

---

20) 권성희, 줄리아 투자노트, 머니투데이, 기사입력 2012. 3. 9.
21) 위의 글.

라고.

추세추종론자로 이름을 알린 에드 세이코타(Edward Arthur Seykota)는 "가장 좋은 방법은 추세를 따라 매매하는 것이다."[22]라고 했다. 이렇듯 거래비법은 단순하다.

훌륭한 과학자가 되겠다는 수많은 학생들의 꿈을 사정없이 짓밟는 물리학이란 학문도 실은 물질의 본질을 찾기 위해 세상을 단순화하여 설명하는 학문이다. 단지 거기에 사용되는 도구들이 필자 같은 둔재에게는 난해하기 짝이 없는 수식일 뿐이다.

'단순함'은 전쟁터나 시장뿐 아니라 논리학에서도 존재감을 드러내는데, '경제성의 원리(principle of economy)'로도 설명된다. '오컴의 면도날(Occam's razor)'로 더 잘 알려진 이 원리는 영국의 논리학자이자 수도사인 윌리엄(William of Ockham)이 주장했는데, "같은 현상을 설명하는 두 개의 주장이 있다면, 간단한 쪽을 선택하라."[23]라는 말로 요약할 수 있다.

또 단순한 매매기법이 정교하지 않음을 뜻하는 것은 아니라는 추세추종론자들의 말도 염두에 둘 필요가 있다.

한편 노자는 《도덕경》에서 "도를 행하면 날로 줄어들어 무위에 이른다."며, "무위가 되면 하지 못하는 것이 없다."[24]고 했다. 성철 스님도 오래전 신년법어를 통해 '지식만능'을 경계하며 삿된 지식과 학문을 버리라

---

22) 마이클 코벨, 이광희 옮김, 앞의 책, 281쪽.
23) 에른스트 페터 피셔 지음, 박규호 옮김, 슈뢰딩거의 고양이, 파주:들녘, 2009, 333쪽에서 재인용.
24) 김광하, 노자 도덕경, 서울:너울북, 2005, 283~284쪽.

고 했다. 잡다한 지식에 파묻혀서 정작 큰 숲을 보지 못하는 건 아닌지 다 같이 생각해 볼 일이다.

8.6 당랑거철

영화 〈인디아나 존스〉 시리즈 가운데 첫 번째 편인 〈레이더스〉(스티븐 스필버그 감독, 1981)에서 인디아나 존스는 자신을 해치려는 악당과 시장에서 대결을 앞둔다. 그는 칼을 휘두르며 자신을 위협하는 악당을 향해 권총을 꺼내 발사하곤 그대로 돌아선다. 검술에선 실력이 월등한 악당이지만 작은 권총 앞에선 속수무책이었다.

주제와 아무 상관없는 얘기를 한마디 하자면 원래 대본에는 인디아나도 모험을 할 때마다 가지고 다닌 채찍으로 상대와 맞서기로 했다고 한다. 그런데 그날 영화 촬영을 앞두고 인디아나 역을 맡은 해리슨 포드의 컨디션이 말이 아니었는데, 그 장면에서 NG가 계속됐다고 한다. 결국 대본을 살짝 바꿔 채찍을 휘두르는 대신 권총을 발사하는 장면으로 마무리했다. 영화 속에서 상대를 처치하고 돌아서는 주인공 얼굴이 어두운 건 연기가 아니라 실제 몸이 아파서였다고 한다.

제아무리 검술에 능하고 강호를 평정할 무술실력을 갖췄더라도 손바닥만 한 권총 한 자루 당해 내지 못한다. 영화 〈더블 타겟〉(안톤 후쿠아 감독, 2007)에서 특수부대원 스웨거는 실력이 뛰어난 저격수였지만 헬리콥터의 기총사격에는 도망가는 게 그에겐 최선의 방도였다.

《장자》에는 "당랑거철(螳螂拒轍)"[25] 이야기가 나온다. 사마귀는 달려오는 수레를 막기 위해 팔을 치켜드는데, 달려오는 수레는 감당할 수 없다는 사실을 사마귀 자신은 알지 못하고 도리어 자기 능력이 뛰어나다고 자만한다. 사마귀는 거대한 수레를 막기 위해 과감하게 팔을 뻗지만, 그 다음 결과는 뻔하다.

달려오는 수레를 온몸으로 막겠다는 사마귀의 기개와 담력은 칭찬하더라도 그 결과에 대해선 냉정한 평가를 내리지 않을 수 없다. 사마귀가 놓친 것은 자기 자신을 객관적으로 바라보고 솔직하게 인정하는 모습이 아닐까.

'당랑거철' 고사를 통해 장자(莊子)는 사람들에게 지기(知己)와 지피(知彼)를 동시에 요구하며, 내 능력으로 감당할 수 없다면 과감히 포기하는 용기를 사람들에게 주문한다.

장자의 이러한 사상은 우리들 가치관에 큰 영향을 끼치고 있는 유가(儒家)와 대립한다.

공자를 위시한 유학자들은 '불가능하다는 것을 알면서도' 인간으로서 해야 할 일은 마땅히 해야 한다고 말한다. 비록 자기 능력 밖의 일이더라도 인간으로서 해야 하는 일이라면 자기 목숨을 초개처럼 여겨야 한다고 가르친다.

임금이 폭정을 펼치고 있으면 자기 목숨에 연연하지 않고 직언을 해야 하고, 싸움에서 중과부적임을 알면서도 후퇴하는 대신 적과 맞서 싸워 옥쇄(玉碎)를 불사해야 한다는 것이다.

---

25) 왕보, 김갑수 옮김, 장자를 읽다, 서울:바다, 2007, 100~101쪽.

그에 반해 장자는 불가능하다는 것을 알면 안 하는 쪽을 선택한다. 그래서 폭군이나 독재자에게 직언을 하는 만용을 부리는 대신 그곳을 떠나 은둔하는 쪽을 택한다.

밤에 산불이 났다. 마을을 삼킬 듯이 휘몰아치는 산불 앞에서 평범한 마을 주민들이 할 수 있는 일은 무엇일까. 기껏해야 수도꼭지와 조금 긴 고무호스를 가지고 위험을 무릅쓰며 산불 진화에 나서 산불로부터 마을을 지키는 데 일조할 것인가, 아니면 가족들을 데리고 안전한 곳으로 대피할 것인가.

목숨이 위태롭더라도 산불에 맞서 조금이나마 자신과 이웃의 안전을 위해 움직이는 게 공자의 가르침이라면, 안전한 곳으로 몸을 피해 자신과 가족의 안녕을 도모하는 게 장자의 가르침이라고 한다면 너무 자의적이고 도식적인 해석일까.

여러분이 알다시피 제2차 세계대전에서 태평양 전쟁은 미드웨이 해전을 기점으로 승세가 미국으로 기울었다. 그러자 일본제국은 국민들에게 죽창으로 맞서다 결국 옥쇄할 것을 명했다. 첨단 무기와 풍부한 자원으로 무장한 미군을 상대로 말이다. 유가(儒家)의 가르침에 충실하자면 국가의 명을 따라 자신을 희생해야 한다. 하지만 고작 죽창을 가지고 최신 무기로 무장한 적을 상대한다는 건 무모한 짓이라는 걸 인식하고 그에 맞는 행동을 하라는 게 장자의 가르침이 아닐까.

2010년 유럽 각국은 금융위기로 만신창이가 된 은행들의 체력을 점검하기 위해 '스트레스 테스트'를 대대적으로 벌였다. 스트레스 테스트 결과가 발표되는 순간 FX마진, 통화선물을 비롯한 통화관련 차트는 크게 요동쳤다. 잔잔하던 바다에 갑자기 폭풍우가 몰아친 격이었다.

인문학이 들려주는 트레이딩 원리

2010년 유럽 은행의 스트레스 테스트 발표 당시 유로/달러 차트

    미국의 중앙은행 격인 연방준비제도는 지난 2017년 6월 기준금리를 0.25%포인트 인상했다. 시장은 6월의 금리 인상을 이미 예견하고 있었고, 연방준비제도 이사장 재닛 옐런(Janet Louise Yellen)은 시장이 예상하는 만큼 금리를 올렸다. 그리고 트레이더들이 예상하는 대로 시장은 출렁였다. 이때 시장의 방향은 일관성을 유지했다 해도 되돌림의 폭은 무시 못 할 정도였다.

    금융위기 이후 2010년 유럽에서 진행된 스트레스 테스트도 그렇고, 미국 연방준비제도의 금리 인상 발표 때도 그렇고, 이렇게 출렁거리는 시장에 뛰어든다는 것은 필자의 눈엔 작은 배를 몰고서 폭풍우가 몰아치는 바다로 나가는 것으로밖에 보이지 않는다.

    전쟁터에서 진지를 쌓고 참호에서 적과 싸우고 있는데 상대방이 온갖 포탄을 퍼붓고 있다면 어찌해야 할까. 들고 있는 소총으로 보이지 않는 산 너머 포병진지를 향해 대응사격을 해야 할까, 아니면 미사일을 퍼붓고 있는 전투기나 헬리콥터를 조준해야 할까. 그보다는 일단 안전한 곳으로 대피하고 반격할 때를 기다려야 하지 않을까.

시장 흐름을 잘 읽고 유연하게 대응하면 된다고 말하는 이도 있다. 그리 틀린 말은 아니다. 단, 그 트레이더가 대단히 노련한 경우에는 말이다. 영화를 보면 주인공이 빗발치는 총알을 잘도 피하면서 전장이나 거리를 뛰어다니는 장면을 심심찮게 본다. 그게 실제에서도 가능할까. 가능은 할 것이다. 대신 그렇게 할 수 있는 군인은 극소수일 것이다.

달마다 찾아오는 주요 경제지표 발표와 재정위기와 같은 돌발변수가 나오면 시장은 크게 출렁거린다. 고수의 단계를 넘어 '구루(guru)' 소리를 듣는 이들에게도 만만치 않은 상황에 평범한 트레이더가 자기 실력만 믿고 일부러 폭풍우에 맞서는 게 용기 있는 일일지 의문이다.

그런 큰 시장 속에서 단련돼야 실력과 경험이 쌓이는 건 사실이다. 그 상황에서 살아남든 아니든 간에 어떤 식으로든 큰 교훈과 값진 경험을 얻을 것이다. 그런데 그 경험이 내 모든 것을 걸 만한 가치가 있을까. 시장에서 완전히 퇴출된 다음에 그게 무슨 의미가 있을까. 더구나 트레이딩은 '기법'보다는 '관리'라면 말이다.

호랑이가 담배 피우다가 금연을 선언한 시절 얘기다. 그 시절 우리나라 항공사에서 발생한 항공기 사고 건수는 외국 항공사에서 발생한 것보다 많았다.

그 당시엔 우리나라 조종사의 실력이 외국인 조종사에 비해 떨어져서일까. 오히려 한국인 조종사들의 비행실력은 외국인 조종사들보다 월등히 높았다고 한다. 그래서 외국인 조종사들이라면 포기했을 악천후에도 이착륙을 강행했고, 비행은 성공적으로 마무리됐다.

인문학이 들려주는 트레이딩 원리

하지만 한국인 조종사들도 사람인지라 어쩌다 실수를 하기 마련이다. 아흔아홉 번 그리한 비행에 성공하다가 마지막 한 번 저지른 실수가 돌이킬 수 없는 참사를 부르는 것이다.

근본적인 물음을 해 보자. 우리가 시장에 참여하는 이유는 무엇인가. 유능한 트레이더라는 세간의 명성을 얻기 위해서인가, 수익을 얻기 위해서인가.

트레이딩할 때에는 일단 살고 봐야 한다. 그래야 큰 손해를 입더라도 그걸 만회할 기회라도 있다. 그래서 영화 〈황산벌〉(이준익 감독, 2003)에서 김유신 장군이 외치지 않았는가. "강한 자가 살아남는 게 아니라 살아남은 자가 강한 거."라고.

8.7 일단 살고 봐야

한 예능 토크쇼에서는 '다음 주에 만나요, 제발'이라는 작별인사로 프로그램을 마무리한다. '다음 주에 만나자'는 인사는 어느 프로그램에서나 할 수 있는데, 거기에 덧붙여 '제발'이라니.

그 프로그램은 원래 다른 예능 프로그램 속의 한 꼭지로 프로그램 후반부에 편성돼 있었다. 그런데 앞서 편성된 꼭지에서는 각계각층의 유명인사를 섭외해 이야기를 나누었는데, 인기가 워낙 많았고 방송시간도 들쑥날쑥했다. 이야깃거리가 많아서 방송시간을 늘리다 보면 전체 프로그램 방송시간을 맞추기 위해 다음 꼭지 방송분량을 줄여야 했다. 그래서 다음 꼭지는 긴 시간 녹화를 하더라도 정작 방송은 5분 남짓하거나 아예 통편집돼 전파를 타지 못하는 경우도 있었다. 그래서인지 마무리 인사는 일상적인 '다음 주에 만나요'에 '제발'이라는 말을 덧붙여 그 프로그램만의 독특한 마무리 인사를 만들어 냈다. 그래도 고정 시청자층을 확보한 덕에 독립된 프로그램으로 편성됐다. 이 꼭지에 굴욕을 안긴 앞 꼭지도 큰 인기를 바탕으로 역시 독립된 프로그램이 되었다.

그리고 시간이 한참 지난 지금, 큰 인기를 끌었던 프로그램은 조용히 사라졌고 '다음 주에 만나요, 제발'을 외치던 프로그램은 지금도 전파를 타며 B급 감성으로 시청자에게 재미를 선사하고 있다.

프로그램 인기나 사람들 인지도 면에서 두 프로그램은 비교가 곤란할 정도로 큰 차이를 보였지만 지금까지 장수하며 꾸준한 인기를 끌고 있는 프로그램은 걸핏하면 방송분량이 가위질당하고 심하면 통편집이라는 수모를 당하던 프로그램이었다.

코미디 프로그램에서 자기가 직접 나서기보단 주로 다른 출연자의 연기를 받쳐 주는 역할을 하던 방송인이 있었다. 방송 프로그램을 진행하고 있는 그는 오랜 세월이 흐른 뒤에도 시청자들로부터 큰 인기와 존경을 한 몸에 받고 있다. 한 시대를 풍미하던 인물들은 한 명씩 TV 화면에서 사라졌지만, 그는 아직까지 현역으로 활동하며 누구 못지않은 인기와 성원을 받고 있다.

《손자병법》 가운데 '군형 편'은 "전쟁을 잘하는 자는 먼저 적이 이길 수 없도록 만들고, 적으로부터 승리할 수 있기를 기다린다."[26]라고 말한다. 싸움을 눈앞에 둔 나는 상대방이 나를 이길 수 없는 상황을 만들 수 있지

---

26) 손자, 김원중 옮김, 손자병법, 파주:글항아리, 2011, 2012(9쇄), 120쪽.

만, 상대방을 물리칠 수 있는 상황을 만드는 것[27] 내가 아니라 상대방이라는 것이다. 전쟁이든, 평화로운 시기에 벌이는 경기든, 학생들의 입시 경쟁이든 자기 노력에 따라 결과가 정해진다고 쉽게 단정할 수 있지만, 실은 그렇지 않다. 제아무리 피나는 노력과 훈련을 아끼지 않았다 하더라도 권투 같은 운동경기에서는 모두가 승자가 될 수 없고, 방송에서 종종 선을 보이는 오디션 프로그램이나 서바이벌 프로그램에서도 누군가는 탈락의 고배를 마셔야 하는 현실을 보면 손자의 주장에 수긍이 간다.

그리고 손자(孫子)는 '오사칠계(五事七計)'[28]라 해서 전쟁을 시작하기 전에 다섯 가지를 생각하고 일곱 가지를 따져 볼 것을 주문했는데, 이는 '오사칠계'를 통해 전쟁에 대한 확신이 섰다면 그다음에는 싸움에서 승리할 작전을 세우는 게 아니라 싸움에서 지지 않을 대책을 강구하는 게 아닐까 한다. 일단 싸움에 지지 않아야 다음 대책을 생각할 수 있다.

그의 주장을 시장에도 적용할 수 있지 않을까. 시장에 참여하는 사람들과 기관 대부분은 시장을 제 마음대로 움직일 수 없다. 심지어 한 국가를 대표하는 중앙은행도 그렇다. 지난 1992년 영란은행은 파운드 약세에 맞서다 무참히 깨졌고, 2008년 한국 금융당국은 외환시장에서 시장 흐름을 무시한 채 환율 안정에 나섰지만 투기꾼들에게 좋은 일만 해 주고 말았다.

트레이더가 자기가 원하는 대로 시장을 움직여 큰 수익을 내기는 불가능에 가깝지만, 위험천만한 시장에서 퇴출당하지 않는 것은 각자의 노력

---

27) 박재희, 손자병법과 21세기 1, 서울:한국교육방송공사, 2002, 223쪽.
28) 위의 책, 83쪽.

에 따라 가능하다는 것은 독자 여러분들도 수긍할 것이다. 그 방법이 꾸준한 훈련이든 철저한 관리든 간에 말이다.

동명소설을 원작으로 한 일본 만화영화 〈은하영웅전설〉(1988~1997)은 군주제를 지지하는 세력과 공화정을 지지하는 세력 간의 다툼을 그리고 있다.

48회에서 공화제를 지지하는 자유동맹은 쇠락해 가는 가운데 군주제를 지지하는 은하제국과 일전을 벌인다. 계속 밀리던 자유동맹의 사령관 뷰코크가 제국군을 물리치는 대신 버티기로 전술을 바꾸자, 은하제국의 참모 오베론은 주군인 라인하르트 폰 로엔그람에게 한마디한다.

"지지 않는 데만 전념하는 싸움방식을 취하면 제아무리 미터마이어 제독이라 해도 힘들 것 같군요."

《손자병법》에서 손자가 역설했듯이, 또 만화영화 속 뷰코크 사령관이 그랬던 것처럼 일단 우리는 거래에서 지지 않을 상황을 갖추고 나서 수익을 낼 수 있는 기회를 노려야 하지 않을까. 지지 않을 상황이라고 해서 손실을 조금도 입지 않는다는 것은 아닐 테다. 자신이 정한 위험관리 규칙에 따라 손실을 최소화하고 자기 계좌를 관리해야 수익을 노릴 수 있다는 말이다.

영화 〈아나키스트〉(유영식 감독, 2000)에서 독립운동가의 활동을 증언한 사람은 끝까지 살아남은 상구(김인권 분)였다. 그는 우연찮게 마지막 작전에 참여하지 못했고 덕분에 유일하게 살아남은 단원이 됐다. 그마저 살아남지 못했다면 그가 속한 독립운동단체의 존재와 활약상은 세상에 제대로 알려지지 못했을 것이다.

오래전에 친구가 요즘 읽고 있는 책이 뭐냐고 내게 묻기에, 《손자병법》

인문학이 들려주는 트레이딩 원리

을 읽고 있다고 대답해 줬다. 그러자 "나는《손자병법》하면 '36계 줄행랑' 밖에 모르는데."라는 대답이 돌아왔다.

《36계》는 전쟁에서 승리하는 서른여섯 가지 계책을 중국 역사상 널리 알려진 고사(故事)에서 가져왔다. 그리고《36계》에 나온 서른여섯 가지 전술 가운데 마지막 전술이 바로 '줄행랑'인데, '주위상(走爲上)'을 한글로 표현한 '줄행랑'은 우리가 이미 알고 있는 것처럼 안 될 것 같으면 도망치는 것이다. '도망치다'라는 말이 귀에 거슬리면 '후퇴'라고 해도 좋고, 이말도 꺼림칙하다면 '철수'라고 해도 된다. 온갖 전술을 구사해도 목적을 이루기 어렵거나 중과부적이라면 전장에서 철수하는 것도 괜찮은 전술이다.

도망친다는 것은 결코 치욕이 아니다. 나폴레옹이 러시아로 진격했을 때 도망치기만 하던 러시아군은 치욕을 겪었는가. 나폴레옹의 원정길에서 최후에 웃음 지은 사람은 누구였는가. 제2차 세계대전에서 독일과 소련과의 전투는 또 어떻고. 최후의 승자는 히틀러였는가, 스탈린이었는가.

도망친다는 것과 포기한다는 것은 엄연히 다른 말이다. '줄행랑'은 단순히 전장에서 빠져나오는 게 아니라 자기 힘을 고스란히 간직한 채 다음 기회를 노리는 전술이다. 그래서 서른여섯 가지 계책 중에서 도망치는 것이 최상의 계책[29] 이라고《36계》에선 적고 있다.

만약 전쟁에서 질 게 뻔하다면, 장수가 전투력을 보존한 채 사용할 수 있는 카드는 세 가지다. '항복', '강화', '후퇴'다. 질 것을 알면서도 적과 결연히 맞설 수도 있다. 실제로 그렇게 해서 후세에 이름을 남기는 경우도

---

29) 장연 지음; 조준상 그림, 만화병법36계, 서울:김영사, 1999, 283쪽.

많다. 장수와 그의 부하들은 몰살당하고 말이다. 그런데 전장에서 벌어지는 전투가 아니라 시장에서 트레이딩을 하는 경우라면 마진콜을 넘어 굳이 '퇴출'이라는 전멸을 불사할 필요가 있을까. 그렇게 한다고 해서 누가 그 용기를 높이 평가해 역사책에 시장 참여자의 이름을 기록해 줄까.

후퇴는 아직 싸움에서 진 게 아니다. 지지 않았다는 것은 전세를 역전할 가능성이 아직 남아 있음을 뜻한다. 오히려 적극적인 후퇴는 적을 유인해 싸움에서 이길 수 있다.[30] '이 보 전진을 위한 일 보 후퇴'라는 말이 괜히 나왔겠는가.

중국 천하를 놓고 항우(項羽)와 유방(劉邦)이 서로 다툴 때 유방은 걸핏하면 싸움에서 패하고 도망[31]친 데 반해, 항우[32]는 해하성 전투에서 후퇴해 훗날을 도모할 기회가 있었음에도 자존심 때문에 '사면초가(四面楚歌)'라는 고사를 남기고 역사의 뒤안길로 사라졌다.

유비, 조조, 손권이 천하를 놓고 다툴 때, 조조는 적벽대전에서 '유비-손권 연합'에 대패하고 도망쳤다. 그리고 도망칠 때마다 곳곳에 매복된 연합군의 공격을 받아야 했다. 나관중의 소설 《삼국지연의》에서 패주를 거듭하는 조조를 보고 독자들은 통쾌함을 느꼈을지도 모른다. 하지만 삼국을 통일한 국가는 어디였으며, 역사는 누구를 최후의 승자라고 기록하고 있는가.

우리들은 어떤 식으로든 시장에 발을 들여놓고 있거나 관심을 갖고 있다. 그리고 우리가 시장에 참여한 목적은 무엇인가. 시장에서 얻고자 하

---

30) 박재희(1), 앞의 책, 196쪽.
31) 장연, 앞의 책, 283쪽.
32) 박재희(1), 앞의 책, 197쪽.

는 것은 무엇인가. 수익인가, 세간의 명성인가. 상처뿐인 영광이 시장 참여자들에게 얼마나 가치가 있는 일일까. 지금 시장이 어떻게 돌아가고 있는지 제대로 이해할 수 없다면 무심히 구경만 하고, 때로는 겁쟁이처럼 시장에서 도망치듯이 빠져나오는 게 소인배의 모습은 아닐 것이다. 적어도 시장에서 객기 부리다 큰코다치고 심지어 퇴출단계를 밟는 것보단 낫지 않을까.

조지 소로스 역시 시장에 남아 있기만 하면 기회가 올 것이라고 믿었다. 주변의 시선을 의식한 나머지 무리한 운영으로 회사를 위험에 빠뜨리는 실수는 하지 않았다. 1987년[33] 월 스트리트를 주름잡던 펀드매니저들이 심각한 타격을 입고 휘청거리고 있을 때 소로스도 큰 손실을 입었지만 다시 일어설 수 있었다.

이쯤 해서 우리는 영화 〈짝패〉(류승완 감독, 2006) 속 대사를 음미해 볼 필요가 있다.

"강한 자가 오래가는 게 아니라 오래가는 자가 강한 자더라."

8.8 강태공이 낚은 건 세월

강이나 호수 등지에서 낚시를 즐기는 사람을 '강태공(姜太公)'이라고 부른다. 낚시꾼에 대한 상투적인 비유로 쓰이는 강태공은 고대 중국에 실존했던 인물로 본디 이름은 강상(姜尙)이며, 태공망(太公望)으로도 불

---

33) 마이클 카우프만, 김정주 옮김, SOROS, 서울:Best In Korea 출판부, 2002, 274쪽.

린 그는 천하를 평정한 공으로 제(齊)나라 제후(諸侯)에 봉해졌다. 그리고 '한 번 엎지른 물은 다시 주워 담을 수 없다'는 고사의 주인공이며, 여기서 인용한 《육도삼략》의 저자로 알려져 있다.

어쩌다가 강태공은 낚시꾼을 비유하는 말이 됐을까. 그 이유는 간단하다. 그 역시 긴 세월 동안 낚시만 해서다. 큰 뜻을 품고 때가 오기를 기다리는 것을 일컬어 '강태공의 곧은 낚시질'이라는 속담이 있을 정도다.

그가 주(周)나라 문왕에게 발탁되게 된 계기는 강태공이 위수(渭水)라는 강에서 낚시를 하다가 문왕을 만났고, 문왕이 대화를 통해 강태공의 됨됨이를 높이 평가해서였는데, 그때 강상의 나이는 일흔이 다 됐었다고 한다.

그는 생업을 등지고 낚시만 하며 긴 세월을 낭비했을까. 전해지는 이야기에 따르면 그의 낚싯대에는 미끼도, 바늘도 없었다고 한다. 좋게 말하면 세월을 낚고 있었지만, 나쁘게 말하면 그냥 허송세월을 보냈다고 할 수 있겠다.

물론 그는 헛되이 세월을 낭비하지 않았다. 낚시를 하면서 오가는 사람들로부터 세상 돌아가는 얘기, 바로 정보를 챙기며 천하를 다스릴 대책을 강구했다. 그리고 그것을 실행에 옮길 수 있는 때를 기다렸다. 그가 마음만 먹었으면 주나라 문왕을 만나기 훨씬 전에 세상에 나가 자기 뜻을 펼칠 수도 있었을 것이다. 하지만 그는 때를 기다렸다.

여기서 수수께끼 하나. '3년 동안 날지도 않고 울지도 않은 새'는 무슨 새인가? 답은 나도 모른다. 중국의 역사책 《사기(史記)》와 《여씨춘추(呂氏春秋)》에 각각 소개된 고사에서 나랏일을 돌보지 않고 주색에 빠진 임금에게 간하기 위해 충신들이 낸 수수께끼로, 오늘날 '불비불명(不蜚不

인문학이 들려주는 트레이딩 원리

鳴)'이라는 고사로 전해진다. '날지도 않고 울지도 않는다'는 뜻의 '불비불명'은 큰일을 하기 위해 때를 기다린다는 뜻으로 쓰인다.

강태공의 낚시 얘기도 그렇고, 불비불명의 고사가 알려 주는 바는 '기다림'이다. 큰 뜻을 펼칠 때가 올 때를 기다리는 것이다. 그렇다고 감나무에서 감 떨어지길 기다리듯이 무작정 기다리기만 하는 것은 결코 아니다. 태공망으로도 불린 강태공은 낚시라는 기다림 속에서 부지런히 때가 왔을 때 능력을 발휘할 실력을 갈고 닦았다. 영화 〈리틀 포레스트〉(임순례 감독, 2018)에서 혜원 엄마(문소리 분)는 자기 뜻을 펼치겠다는 결심이 선 순간 곧바로 집을 나서지 않았고, 혜원(김태리 분)은 맛있는 음식을 먹기 위해 곡식과 과일이 영글고 음식이 만들어지기까지 걸리는 긴 시간을 기꺼이 기다렸다. 그때를 위해 두 사람이 결실을 얻기 위한 노력을 아끼지 않았음은 물론이다.

우리가 시장에 발을 담그고 있다고 해서 한시도 쉬지 않고 트레이딩을 하는 것은 아니다. 또 그래서도 안 된다. 시장에 있다고 해도 포지션을 보유하고 있을 때가 있고, 그냥 관망만 해야 할 때가 있다. 경우에 따라선 과감히 시장에서 나와야 할 때도 있다.

자연 다큐멘터리에서 포식자가 먹이를 사냥하는 모습을 보면, 먹이가 있다고 곧바로 달려가는 법은 없다. 무작정 달려가면 먹잇감은 저 멀리 달아나기 때문이다. 자칫하면 초식동물인 먹잇감에게 육식동물인 포식자가 죽임을 당할 수도 있다. 그래서 결정적인 한 방을 위해 포식자는 먹잇감 주변에서 몸을 숨기고 기회를 엿본다.

바닷가에 밀물과 썰물이 있듯이 시장에도 들어갈 때와 나와야 할 때가 있다. 때를 거스르면 그 대가는 혹독하다. 앞서 말한 바 있는 달려오는 수레를 상대한 사마귀의 결말을 생각해 보자.

'무엇이든 때가 있다'는 말은 굳이 저 멀리 태공망의 고사를 들먹이거나 고대 중국의 제(齊)나라, 초(楚)나라 임금의 고사를 얘기할 것도 없이 사실 우리는 상식으로 알고 있다. 특히 학생시절엔 부모님과 선생님들로부터 '공부에는 때가 있다'는 말을 귀가 따갑도록 듣지 않았나.

전설적인 투자가로 평가받는 제시 리버모어(Jesse Lauriston Livermore)는 열 가지 투자원칙을 제시하면서 시기를 잘 따져 볼 것을 주문했다. 그는 투자원칙에서 '때'를 강조했다.

그래서 '무모한 사람이야말로 쉬지 않고 투자한다,' '방향 확인 후의 매매는 보험에 드는 것과 같다'고 개인 투자자들에게 충고했다. 또 '판단이 틀렸다면, 변명하지 말고 다음 기회를 노리라'고 조언하며 '손절매'를 강조했다. 시장 흐름을 무시하는 행동에 대한 경고나 다를 바 없다.

'오마하의 현인' 워런 버핏은 원하는 주식이 있으면 그 주식의 값이 충분히 내려갈 때까지 기다렸다는 건 널리 알려진 이야기다.

기회를 엿보지 않고 무작정 시장에 진입하는 것은 경거망동과도 같다. 일찍이 노자는 "무거운 것은 가벼운 것의 뿌리가 된다. 고요함은 조급함의 주인이 된다."고 말했다. 또 "몸을 가볍게 여기면 근본을 잃고, 조급하면 주인을 잃는다."[34]라고 했는데, 때를 기다리지 않고 무작정 시장에 진입해 뼈아픈 후회를 하는 시장 참여자들에게 시사하는 바가 크다.

---

34) 김광하, 앞의 책, 160쪽.

8.9 무능함이 죄가 되지 않는 시대

딱딱한 책 이야기를 떠나 앞서 언급한 만화영화 얘기를 또 한 번 해 볼까 한다. 동명의 SF 소설을 원작으로 한 〈은하영웅전설〉에서 라인하르트 폰 로엔그람 황제는 '자유행성동맹'을 정벌한 다음 "평화는 무능이 악덕으로 여겨지지 않는 행복한 시대"라고 말한다.

'난세에 영웅이 난다'는 말은 해석하기에 따라 난세엔 영웅이 반드시 필요하다는 뜻으로도 읽힌다. 반대로 평화로운 시대에는 필자처럼 고만고만한 사람이 조직의 중책을 맡아도 그 조직은 잘 돌아간다는 뜻이기도 하다.

만화영화에서는 은하계 통일을 앞두고서 제국군과 동맹군의 영웅들이 하나씩 스러져 갔고, 제국의 황제도 숨을 거두며 대단원의 막을 내렸다. 새로운 인물들에게 새 시대의 희망과 책임을 남기고서 말이다.

고대 중국 역사를 살펴보면 혼란에 빠진 후한이 영웅호걸들의 각축장으로 변모하고, 결국 위-촉-오 삼국으로 나뉘었다가 다시 하나로 통일될 무렵엔 당대의 영웅들이 역사의 뒤안길로 사라졌다. 물론 삼국통일 이후에도 그 전의 영웅호걸에 버금가거나 오히려 능가하는 인물들이 있었을 것이다. 하지만 어지러운 세상이 평화를 되찾은 다음에는 그런 인물들을 필요로 하지도, 기억하지도 않았을 뿐이다.

조선왕조가 막 건국되고 안정기에 들어설 무렵, 태종은 자기 뒤를 이을 인물로 첫째인 양녕대군 대신 셋째인 충녕대군을 골랐다. 양녕대군이 방탕한 생활을 하고 사람 됨됨이가 셋째에 비해 크게 떨어져서였을까. 아니면 양녕 스스로 왕위에 뜻이 없어서 일부러 아버지 눈 밖에 나는 행동을 했을까.

태종은 새로운 왕조가 자리를 잡은 만큼 난세의 영웅호걸로 손색이 없는 양녕대군보다 문약해 보이는 충녕대군을 후계자로 삼았다고 한다. 새로운 왕조가 자리를 잡았다고 판단한 이상, 왕조를 번영시키기 위해선 무인 기질의 큰아들보다는 문인 기질이 다분한 셋째 아들이 필요하다고 본 것이다.

굳이 시장에 발을 들여놓지 않았더라도 시장에서 이름을 떨친 사람들에 대해 듣게 마련이다. 그들의 공통점은 시장에 닥친 위기를 한두 번은 겪어 봤고 그 위기에서 살아남았을 뿐만 아니라 시장에서 막대한 수익을 올렸다는 것이다.

남 말하기 좋아하는 호사가들은 어려운 시기에 도리어 큰 수익을 올린 사람들을 이야기하고, 그들은 다시 평범한 대중들에게 전설로 다가온다.

하지만 시장에 발을 담그고 있는 대다수의 사람들은 평범한 사람들이다. 이런 평범한 시장 참여자들에게 적당한 시장은 조용한 시장이 아닐까 한다. 무능이 악덕이 되지 않는 시장, 그래서 최악의 상황에서 만신창이가 될 가능성이 낮은 시장 말이다.

여기서 주의할 점이 있다. 우리 모두 알고 있듯이 투기적 트레이더에게 조용한 시장, 즉 변동성이 적은 시장은 손가락이나 빨고 있어야 하는 시장이다.

미국 트레이더 리치 데니스의 수련생, 바로 '터틀'들은 시장이 바라는 만큼 움직이지 않으면 거래를 하지 않았는데, 이는 그들에게 매우 중요한 규칙이었다. 거래에 중독돼 무작정 시장에 진입하지 않은 것이다. 한 수

련생은 "시장이 움직이지 않으면 전화가 울리지 않았다."[35]는 말로 시장이 조용했을 때의 그들 분위기를 전했다.

사정이 이러할진대, '평화는 무능이 악덕으로 여겨지지 않는 시기'라니. 시장이 조용하다는 것은 지난 세기의 대공황이나 10년 넘게 후유증이 이어지고 있는 미국발 금융위기, 끔찍한 참상을 부르는 대재앙에 비해 조용하다는 것이지 거래가 뜸한 시간대의 시장 모습을 말하는 것은 아니다.

한 시대를 풍미하던 '시라소니', '쌍칼', '구마적' 같은 협객들이 활약하던 때의 위기 상황은 종로와 명동을 놓고 일본에서 온 낭인들과 한판 대결을 벌일 때이지 6·25 전쟁 때 적의 고지를 향해 폭탄을 들고 뛰어가는 상황이 아닌 것처럼 말이다.

'난세에 영웅'이 나는 건 맞지만, 일제 강점기 시대 때 협객들의 난세와 고대 중국 춘추전국시대의 난세, 컴퓨터 키보드가 무기인 시장 참여자들의 난세가 같을 리 없다.

한국에서 활동하는 트레이더들에게 중동에서 일어난 전쟁은 큰 수익을 노릴 수 있는 '난세'일 수 있겠지만, 한반도에서 터진 전쟁은 당장 목숨을 부지하기도 버거운 끔찍한 비극일 뿐이다. 시장에서 영웅호걸은 경이적인 수익률을 거둔 고수이지 전쟁을 승리로 이끈 장군이나 자기 목숨을 초개처럼 버린 무명용사들이 아닌 것처럼 말이다.

아울러 무능이 악덕이 되지 않는 평화로운 시기 역시 기준점을 금융위기나 대공황에 두느냐, 아니면 2011년 유럽 은행에 대한 스트레스 테스트나 월례행사인 미국 연방준비제도의 연방은행 기준금리 발표 시점으

---

35) 마이클 코벨, 정명수 옮김, 앞의 책, 165쪽.

로 잡느냐에 따라 평화로운 시기는 각각 달라질 것이다.

결국 무능이 악덕이 되지 않는 시기를 언제로 할 것인지는 전적으로 시장 참여자의 자본규모와 거래습관에 따라 스스로 결정할 문제다. 그리고 폭풍우가 몰아치는 때를 피해 그 평화로운 시기에만 거래를 하는 것이다.

노자는 "편안할 때 지키기 쉽고, 조짐이 아직 나타나지 않을 때 대책을 세우기 쉽다."[36]고 했다. 우리와 같은 시장 참여자들에게 편안한 때는 언제이겠는가. 이렇듯 평화로운 시기, 조용한 시장은 심리적으로 안정을 주기도 한다.

특히 투기적 거래자들에게 '변동성'은 중요한 거래 조건 가운데 하나다. 하지만 윈드서핑을 즐기는 사람들이 높은 파도를 찾아 나서긴 해도, 폭풍우가 몰아치는 날씨에는 서핑을 하지 않는다.

증시 격언 중에는 '소나기는 피하라'는 말도 있다. 자기 처지에 맞는 변동성을 찾는 건 각자의 숙제다.

8.10 하인리히 법칙

끔찍한 대참사가 터지면 우리나라 언론은 으레 '예고된 인재'였다는 말을 붙인다. 사고를 충분히 예상할 수 있었음에도 '안전 불감증' 때문에 미리 막을 수 있었던 큰 화를 불렀다는 것이다.

---

36) 김광하, 앞의 책, 361쪽.

인문학이 들려주는 트레이딩 원리

그런데 큰 사고는 그 자체 하나만 발생하진 않는다고 한다. 사고가 발생하기 전부터 여러 징후가 나타난다는 것인데, 이는 1930년대 초 미국의 어느 보험회사에서 근무하던 허버트 하인리히(Herbert William Heinrich)가 여러 사고들을 분석하다가 발견했다.

대형사고는 어느 날 갑자기 터지지 않고 그 전에 29번의 경미한 사고가 발생해 대형사고의 가능성을 경고하며, 또다시 경미한 사고 이전에 300번의 사고 징후가 생긴다는 것이다. 예를 들어 노동재해로 한 사람의 중상자가 나오기 전에 같은 원인으로 29명의 부상자가 발생하고, 같은 원인으로 부상을 당할 뻔한 사람이 300명에 이른다는 것이다.

이를 '1대 29대 300의 법칙' 또는 '하인리히 법칙'[37]이라고 한다. 대형사고는 발생하기 전에 수많은 경고신호를 보낸다는 것인데, 노동 현장뿐만 아니라 역사 속 대제국의 흥망성쇠에서도 '하인리히 법칙'을 찾아볼 수 있다.

조그만 도시국가에 불과했던 로마가 유럽과 중동을 아우르는 대제국으로 거듭나기까지 수많은 우여곡절을 겪었듯이, 로마제국의 멸망도 많은 징후를 보이며 진행됐다.

멀리 볼 것도 없이 우리 역사를 보아도 그렇다. 조선왕조가 순식간에 문을 닫았는가. 구한말 열강의 침략 손길 앞에서 망국의 조짐을 보였지만, 그 이전에 세도정치와 '삼정(三政)의 문란' 등으로 조선은 이미 역사의 뒤안길로 사라질 채비를 하고 있었다. 또 병자호란에서 남한산성으로 향한 피란길과 이어지는 '삼전도의 치욕'을 겪기 전에, 급변하는 동북아

---

37) 정진홍, 인문의 숲에서 경영을 만나다, 파주:21세기북스, 2007, 313쪽.

시아 정세 속에서 당시 조정은 헛발질을 거듭했고, 최소한 그들이 몰아낸 폐군(廢君) 광해군의 정책을 검토하지도 않았다.

산업재해의 위험이 도사리는 현장이나 국가의 존망을 좌우하는 역사의 물줄기에선 그렇다 하더라도, 그 중간의 어중간한 곳에 자리 잡은 경제에서도 '1대 29대 300의 법칙'이 적용될까.

하인리히의 발견은 큰 사고 뒤에는 수많은 징후가 있었고 이를 무시해 왔다는 것이 핵심인 만큼 우리들의 관심영역인 시장에서도 그 가치를 발휘할 것이다.

사업을 하다 보면 아주 작은 일에서 문제가 발생하는 것을 겪는다. 그동안 해 온 방식으로 해도 문제가 없을 정도의 일들이 수없이 생긴다. 하지만 이를 외면하거나 대수롭지 않게 여기다가 걷잡을 수 없는 위기가 발생하고 결국 사업을 접는 일도 벌어지고 만다.

하인리히의 발견처럼 위기는 어느 날 갑자기 오지 않는다. 미묘한 상황 변화가 큰 위기[38]로 이어질 수 있다. 그래서 우리 조상들은 '방귀가 잦으면 X 나온다'고 하지 않았을까.

시장에서도 마찬가지다. 사소한 원칙쯤은 대수롭지 않게 무시하고, 시장상황을 챙기는 데 게으름을 피우다 보면 작은 실수와 잘못이 모여 거래에서 큰 손실을 볼 뿐 아니라 계좌 자체를 망가뜨릴 수 있다.

지난 2008년 중반까지 'FX마진'에서 '유로/달러(EUR/USD)' 통화쌍을 거래할 때 매매전략은 비교적 단순했다. 그냥 버티면 됐다. 무리하게 자본금을 운용하지 않고 욕심을 부리지 않는다면 유로화를 매수한 다음 그

---

38) 권성희, 줄리아 투자노트, 머니투데이, 기사입력 2016. 2. 6.

인문학이 들려주는 트레이딩 원리

냥 보유하면 그만이었다. '유로/달러' 통화쌍이 오르내림을 반복하더라도 큰 흐름은 유로화가 상승하는 '우상향' 곡선을 유지해 왔기 때문이다.

그리고 2008년 여름 이후 유로화는 변곡점을 지났는데, 1.60까지 상승한 '유로/달러' 가치가 대세 하락으로 돌아선 것이다. 더구나 그해 가을 리먼브라더스의 파산으로 촉발된 세계적인 금융위기는 추세전환을 더욱 극적으로 몰아갔다. 주간 차트와 월간 차트를 보면 유로화는 대세 하락의 길을 10여 년째 이어 가고 있다. 긴 시간대 차트를 가지고 거래하던 사람은 금융위기 이후 유로화에 대한 관점을 바꿔야 했다. 만약 유로화 하락을 조정으로 보고 금융위기 이전에 가졌던 관점을 계속 고수했다면, 한때 1.60까지 치솟았던 유로화 가치가 2019년에는 1.12대도 위태롭게 지켜 가고 있는 모습을 절망적인 모습으로 봐야 했을 것이다.

그래서 어떤 사람은 늘 깨어 있을 것을 강조한다. 그리고 겸허할 것을 주문한다.[39] 겸허해야 위기와 대세 하락의 징후를, 우리들의 경우 추세전환 징후를 발견할 수 있기 때문이다.

시장을 주시하다 보면 잘 보이던 차트가 제대로 눈에 들어오지 않을 때가 가끔 있다. 그래서 시장을 분석하는 데 어려움을 겪기도 한다. 그리고 시장에 진입할 때 실수를 저질러 손실로 이어지는 경우도 있고, 경제뉴스를 읽고도 뻔한 정보를 놓칠 때도 있다. 자잘한 실수가 모여 거래를 망치지는 않는지 각자 조용히 자기 거래 내용을 되짚어 볼 필요가 있다.

시장에서 겸허함은 시장 참여자들에게 필수적인 덕목일 것이다. 시장을 하인으로 삼으라는 그레이엄의 말이 시장을 자기 멋대로 이해하고 대

---

39) 정진홍(2007), 앞의 책, 314쪽.

응하라는 소리는 아닐 것이다. 시장에 맞서는 만용을 부리거나 자기 실력을 과신하다가 시장에서 쫓겨난 사람들을 봐 왔다면 어렵지 않게 수긍하지 않겠는가.

8.11 싸움닭은 싸우지 않는다

고대 중국에 기성자라는 사람이 왕을 위해 싸움에 나갈 닭을 기르고 있었다. 싸움닭을 사육한 지 열흘이 되자 왕은 기르고 있는 닭이 싸움에 나설 준비가 됐는지 물었다. 기성자는 아직 싸울 준비가 안 됐다면서 닭이 허세를 가득 부리고 자기 기운만 믿고 교만하다는 이유를 들었다.

다시 열흘이라는 시간이 지나고 왕이 기성자에게 물으니, 그는 여전히 싸울 준비가 안 됐다고 답했다. 아직도 다른 닭의 소리나 그림자에 반응한다고 덧붙였다.

그 후로 시간이 한참 흐르자 비로소 기성자는 닭이 싸울 준비가 거의 됐다고 왕에게 아뢰며 다음과 같이 말했다.

"닭 무리에서 우는 닭이 있어도 이젠 반응이 없고, 멀리서 보면 마치 나무로 만든 닭 같으니 덕성이 온전해졌습니다. 다른 닭들은 감히 이 닭에게 대응하지 않고 도리어 달아납니다."[40]

《장자-외편》에 소개된 싸움닭 우화를 통해 장자는 위험한 상황이 생겼

---

40) 장자, 김창환 옮김, 장자 외편, 서울:을유문화사, 2010, 499~501쪽.

인문학이 들려주는 트레이딩 원리

을 때 작위적으로 대처하기보다는 오히려 그 상황에 무관심[41]할 것을 충고한다. 《도덕경》에서도 "싸움을 잘하는 자는 화를 내지 않으며, 적을 잘 이기는 자는 겨루지 않는다."[42]라는 말이 나온다.

고대 중국 병법서인 《육도삼략》에서도 "큰 지혜를 가진 자는 겉으로 드러내지 않아 지혜롭지 않은 것처럼 보이고, 큰 이익을 꾀하는 자는 모든 사람들에게 자기 이익을 나눠 주므로 자신은 이롭지 않은 것처럼 보인다."[43]고 했다.

세이코타는 투자자들에게 "손실을 만회하기 위해 반대 포지션을 취했다가 이중 손실을 보는 것을 피하려면 매매를 중단하라."[44]고 조언한다. 무작정 손실을 회피하려 하지 말고 손실을 받아들이라는 의미겠지만 한편으로는 무리한 거래를 하지 말라는 경고가 아니겠는가.

초단타매매를 통해 수익을 얻는 트레이더를 '스캘퍼(scalper)'라고 한다. 오래전 신문에 난 기사를 읽어 보면 스캘퍼들은 한 손은 키보드 위에 또 다른 한 손은 마우스 위에 얹어 놓고 언제고 주문을 입력할 준비를 한다. 또 1초도 안 되는 찰나 같은 시간에 주문을 체결하기 위해 거래소에서 얼마 떨어지지 않는 곳에 사무실을 얻는다고 한다. 한번은 스캘핑을 하는 트레이더가 거래소가 있는 서울 여의도에서 조금 떨어진 상암동으로 사무실을 옮겨서 거래를 했는데, 주문을 넣고 주문이 체결되기까지 시간이 걸린다고 해서 다시 원래 사무실로 자리를 옮겼다. 스캘퍼들은 전

---

41) 양승권, 장자, 너는 자연 그대로 아름답다, 파주:한길사, 2013, 193쪽.
42) 김광하, 앞의 책, 383쪽.
43) 태공망; 황석공, 앞의 책, 77쪽.
44) 마이클 코벨, 이광희 옮김, 앞의 책, 106쪽.

산망 속도에도 목숨을 걸다시피 하는 모양이다.

필자가 이용하는 HTS는 주문을 내면 곧바로 주문이 들어가지 않고 주문확인 팝업 창이 뜬다. 매수 주문을 내면 '얼마에 몇 계약 주문하시겠습니까' 하는 창이 뜨고 '확인' 단추를 눌러야 다음 단계로 넘어간다. HTS 설정을 바꿔 주문확인 창이 뜨지 않게 할 수 있을 것이다. 하지만 그걸 생략할 방법을 모르고 군이 없앨 필요성도 느끼지 않아서 미리 설정된 방식대로 쓰고 있다. 또 후다닥 거래를 진행하기엔 내 손가락 움직임이 너무 둔하다.

다른 곳도 아닌 선물시장에서 굼벵이 같은 내 모습을 보면 스캘퍼들은 나를 한심하게 볼지 모르겠다. 아니면 좋은 먹잇감으로 생각할 수도.

하지만 느릿느릿 걸어도 황소걸음이라고 하지 않는가. 그리고 필자는 파생상품 가운데 통화선물을 주로 거래한다. 현물과 선물의 성격을 동시에 지닌 'FX마진'을 하다 통화선물을 하게 됐는데, 둘은 쌍둥이 형제라는 착각이 들 만큼 비슷한 점이 많아서였다.

평범한 주식투자자가 주식을 사고파느라 마우스를 연신 누르지 않는 것처럼 FX마진을 거래할 때도 스캘퍼가 아닌 이상 자기 손가락에 뻗어 있는 운동신경까지 신경 쓸 필요는 없다. FX마진과 비슷한 통화선물에서도 그렇다.

파생상품이라고 반드시 초단타매매를 해야 한다는 법은 없다. 대신 레버리지 때문에 여기선 '기법'보다는 '자금관리'에 더 신경을 써야 한다고 다시 한 번 강조하고 싶다.

매매형태 가운데 '고빈도 매매(high frequency trading)'라는 게 있다. 1초에 수백 번에서 수천 번씩 상품을 사고파는 거래방식이다. 한국에서 이뤄지는 '고빈도 매매'를 하는 부류는 대부분 외국투자자나 기관으로 알려져 있다. 제아무리 손놀림이 빠르더라도 사람이 직접 1초에 수천 번을 거래할 수는 없는 노릇이다. 사람이 알고리즘을 설계하면 기계, 바로 컴퓨터가 거래를 한다.

한편 손자는 《손자병법》 '모공 편'에서 "힘이 약한 군대가 고집스럽게 적과 대치하면 힘이 강한 군대에 모두 포로가 될 수밖에 없을 것"[45]이라며 무모한 행동을 경고했다.

스캘핑은 엄연히 트레이더들이 즐겨 사용하는 거래방법 가운데 하나이니 이에 대해 필자가 감히 옳고 그름을 논할 수는 없지만, 스캘퍼의 거래 상대자는 스캘퍼라는 점을 떠올리면 이것이 '고빈도 매매'를 무기로 내세운 트레이더와의 게임이라는 것을 반드시 유념해야 할 듯싶다.

'약육강식'의 논리가 지배하는 야생에서 초식동물은 육식동물의 먹이가 되지만 육식동물끼리는 서로 잡아먹지 않는다. 약한 육식동물이 사냥한 먹이를 강한 육식동물이 빼앗아 가는 경우는 있어도 말이다.

이런 야생의 질서는 시장에서도 적용된다. 호시탐탐 먹잇감을 노리는 프로 트레이더들은 자기보다 약한 투자자들, 막 시장에 발을 디딘 초보자나 개미 투자자들에게 눈독을 들이지 이른바 '선수'들끼리는 본능적으로 서로 피하려고 한다.[46] 허영만 화백의 《타짜》에서 이른바 '타짜'들은 호구들을 상대하지 '타짜'들끼리는 서로 다투지 않는 식으로 말이다.

추세추종론자이자 '터틀' 출신으로 유명한 제리 파커(Jerry Parker)는

---

45) 박재희(1), 앞의 책, 194쪽.
46) 헨릭, 앞의 책, 146쪽.

이렇게 말했다. "스스로에게 옳은 것을 원하는지 아니면 승리하고 싶은 지를 물어보라. 이 두 가지는 서로 다른 질문이다."[47]

만약 자기 실력이 이들과 대결할 정도가 아니라면 어떤 매매방법을 구사해야 하는지 답은 뻔하지 않을까. 트레이더 스스로가 시장이 주목할 만한 구루가 아니라고 생각한다면 육식동물 같은 트레이더와 상대해서 이기는 방법은 딱 하나, 바로 그들과 상대하지 않는 것이 아닐까. 더구나 자금관리 측면에서 거래를 바라본다면 말이다.

8.12 가치부전

생사가 오가는 살벌한 전쟁터든 노력하는 자, 즐기는 자, 절박한 자 그리고 운 좋은 자들이 엉겨 붙는 치열한 시장이든 그곳에 발을 디딘 이들은 시작부터 상대방과 한판 대결을 펼치기보다는 처음에는 상대방 진영을 탐색하며, 어떤 점이 자신보다 우세한지, 그리고 상대의 약점이 무엇이며 어떻게 파고들어야 하는지 살피곤 한다.

이때 우리는 '허허실실(虛虛實實)'이라는 말을 들먹이기도 하는데, 사전에는 계략이나 수단을 써서 서로 상대의 약점을 비난하여 싸우거나, 허실을 살펴서 상대의 동정(動靜)을 알아냄을 이르는 말이라고 풀이한다. 즉, 상대방을 공격할 때 남이 보기에는 빈 것같이 하면서 내실[48]을 키워

---

47) 마이클 코벨, 이광희 옮김, 앞의 책, 121쪽.
48) 박재희, 손자병법과 21세기 2, 서울:한국교육방송공사, 2002, 34쪽.

가는 것을 일컫는다. 병법《36계》는 '허(虛)'와 '실(實)'을 자유자재로 변화시켜 갈 것을 독자에게 주문한다.

'허허실실'을 실전에 응용하는 방법 가운데 하나로, 개인적으로 필자는 '가치부전(假癡不癲)'을 꼽는다. '36계' 가운데 제27계인 '가치부전'은 "어리석은 척은 하되 미친 척은 말라."[49]는 가르침을 전하고 있다. 어리석은 바보처럼 보이면서 조심하는 것이 잘난 척하며 엉뚱한 일을 벌이는 것보다는 낫다는 뜻이다. 이 때문에 "싸움을 잘하는 자는 지혜와 술수가 뛰어나다는 명성이 없고, 용감하고 열심히 싸우는 행동이 쉽게 드러나지 않는다."고 한 것이다.

따라서 어리석은 척하다가 인정받지 못할지언정, 잘난 척하면서 행동을 함부로 하지는 말아야 한다.[50] '선무당이 사람 잡는다'는 우리 속담이 가르쳐 주듯이, 어설프게 알면서 모든 것을 통달한 것처럼 나서다간 도리어 일을 그르치기 십상이다.

노자는 "기술이 뛰어난 사람은 서투른 것처럼 보이고, 정말로 말을 잘하는 사람은 어눌한 듯이 보인다."[51]고 했다. 성철 스님도 신년법어에서 "지식과 학문이 쌓일수록 마음의 눈은 더욱 어두워진다."며 삿된 지식에 대해 경고했다. 혜민 스님도 "지혜롭지 못한 사람은 '나는 그 정도는 다 안다'에서 시작하므로 새로운 것이 들어갈 틈이 없는 반면, 지혜로운 사람은 '나는 아직 모른다'는 마음으로 다른 사람 이야기에 귀 기울이니 더

---

49) 여상; 황석공; 단도제, 신동준 옮김, 무경십서4, 고양:위즈덤하우스, 2012, 401쪽.
50) 장연, 앞의 책, 214쪽.
51) 노자, 앞의 책, 128쪽.

큰 지혜가 쌓인다."[52]고 말했다.

그리고 노자는 "자신이 아무것도 모른다는 것을 아는 사람은 내적인 통찰력이 있는 사람"이고 "자기 지식을 최고로 여기는 사람은 깊은 병에 걸린 사람"[53]이라고 했는데, '가치부전'이 일러 주는 '어리석은 체하되 미친 척하지 말라'의 뜻을 다시금 되새겨 보게 된다.

어설프게 아는 것은 아무것도 알지 못하느니만 못하다. 수박 겉핥기식의 얇은 사람의 자만심만 높여 줄 뿐이다. 골프에 막 입문한 사람이 PGA 투어에 참가하는 프로골퍼보다 더 많이 알고, 실력도 뛰어난 것처럼 행동하는 것을 보라.

옛사람들의 '지식'에 대한 경고는 지식 그 자체보다 어설프게 알고 그것만 믿고 경거망동하는 모습을 향한 게 아닐까. 알려면 제대로 알아야 한다고 말이다.

---

52) 혜민, 멈추면, 비로소 보이는 것들, 파주:쌤앤파커스, 2012, 136쪽.
53) 노자, 앞의 책, 194쪽.

인문학이 들려주는 트레이딩 원리

9.

무엇을
할 것인가

9.1 역사란 무엇인가

역사는 반복된다는 세계적인 석학 아널드 토인비(Arnold Joseph Toynbee)의 말은 굳이 인용표시를 하지 않아도 될 정도로 사람들에게 널리 알려져 있다. 역사학자의 통찰력에 기대지 않더라도, 과거의 일이 그대로 재현되지는 않지만 과거에 있었던 일들은 현재에도 어떤 식으로든 되풀이된다는 것을 우리는 길지 않은 인생에서 경험을 통해 알고 있다.

최신 유행이라며 입고 다니는 옷차림도 전혀 새로운 패션이 아니라 20~30년 전 유행했던 것을 약간 변형해 다시 선보이는 경우가 많다.

그래서 선배 기자는 후배에게 심드렁하게 말하지 않는가. "하늘 아래 새로운 거 없다."고.

'하늘 아래 새로운 거 없다'는 사실은 이미 오래전부터 시장에서 확인할

인문학이 들려주는 트레이딩 원리

수 있는데, 제시 리버모어(Jesse Lauriston Livermore)는 "월 스트리트에서는 새로운 일이 일어나지 않는다."[1]라고 말하며 과거의 경험을 강조했다. 그리고 그 역시 미국 남북전쟁 시절부터 투자시장을 기웃거린 어느 노인에게서 "태양 아래 새로운 일은 일어나지 않으며 주식시장이야말로 특히 그렇다."[2]는 교훈을 들었다.

그리고 영국의 역사학자 E. H. 카(Edward Hallett Carr)는 "역사는 과거와 현재와의 대화"라고 했다. 역사란 과거에 있었던 일을 적어 박제화한 게 아니라 현재에도 살아 숨 쉬는 존재로 본 것이다.

이렇듯 역사는 그저 과거 사실을 기록한 게 아니라 현재를 돌아보는 거울이기도 하다.

우리가 거래를 마치고 나서 방금 전 거래를 복기하고 거래일지를 작성하는 이유 역시 그렇다. 남에게 자신의 거래실력을 자랑하기 위해서가 아니라 과거의 거래내역을 통해 현재의 거래행태를 반성하고, 현재 어떤 상황에 부딪혔을 때 비슷한 상황을 과거에는 어떻게 대처했으며 현명한 대응책은 무엇인지 살펴보기 위함이다.

게다가 앞서 언급했듯이 필자를 비롯한 평범한 인간들의 기억력은 전적으로 신뢰할 만한 게 못 된다. 당시 기분 상태에 따라 별것 아닌 것을 침소봉대하기도 하고, 심각하게 여겨야 할 것은 애써 외면하기도 한다.

---

1) 제시 리버모어; 에드윈 르페브르, 윤지호; 노혜숙 옮김, 위대한 투자자, 제시 리버모어, 서울:원앤원북스, 2007, 30쪽.
2) 위의 책, 214쪽.

9.2 거래일지

내가 그동안 기억해 온 영화 〈말레나〉(쥬세페 토르나토레 감독, 2000) 마지막 장면.

'고향'을 떠났던 말레나 부부가 돌아왔다. 마을 사람들은 놀란 얼굴로 부부를 멍하니 바라볼 뿐이었다. 두 사람은 시장에 들렀다. 말레나(모니카 벨루치 분)에게 모욕을 줬던 시장 상인들은 말레나에게 물건을 권한다. 여느 고객처럼 대하는 상인들과 여느 고객처럼 행동하는 말레나는 그렇게 서로 화해한다.

세월이 한참 지난 후 잠이 오지 않아 텔레비전 리모컨을 이리저리 돌리다 우연히 보게 된 〈말레나〉의 마지막 장면.

'고향'이 아니라 '마을'을 떠났던 말레나 부부가 마을로 다시 돌아왔다. 마을 사람들은 놀란 표정으로 광장을 가로질러 걷는 두 사람을 보기만 했다. 그리고 '다음 날' 말레나 부인이 '혼자서' 시장을 보러 나왔다. 한때 그녀를 모욕했던 시장 상인들은 과일을 살 것을 권하고, 어떤 상인은 재킷을 그냥 주기도 했다.

나는 부부가 마을로 돌아온 날 같이 시장을 거닌 것으로 기억하고 있었는데, 부부는 마을 광장에 같이 모습을 보였고, 다음 날 말레나 혼자서 시장에 나왔다. 상인들은 호객행위를 한 것뿐만 아니라, 한 상인은 말레나에게 '돈은 다음에 내도 된다'며 옷을 선물하기도 했다. 내 기억 속에는 남편이 전쟁에서 한쪽 팔을 잃은 것과, 두 사람이 돌아왔을 때 말레나를 짝사랑하던 소년 레나토만이 여자 친구와 함께 두 사람의 귀향을 보고 있었던 장면은 조금도 남아 있지 않았다.

부끄러운 얘기를 또 하나 하겠다. 어느 날 환자가 병원에서 도망갔다. 어쩌다가 나는 병원에서 그 환자의 마지막 모습을 본 목격자가 됐고, 간호사에게 환자의 인상착의를 말해 줬다. 병원에서 환자는 환자복을 입고 있겠지만 도망치는 마당에 그 옷을 그대로 입고 있을 순 없을 테니 말이다. 내가 기억하는 대로 윗옷은 환자복을 입고 있었지만 바지는 반바지를 입었다고 말했다. 하지만 나중에 간호사가 CCTV로 확인한 환자의 모습은 윗도리는 환자복이 아닌 회색 티였고 바지는 체크무늬 반바지였다. 바지가 어떤 모양이었는지 기억하지 못하는 것은 물론이고 상의는 환자복을 입고 있었다고 틀리게 기억하고 있었다.

아무리 예상치 못한 일을 겪었다 해도, 형편없는 내 기억력은 그리 정확하지도 않다는 부끄러운 사실을 간호사 앞에서 확인해야 했다.

사람의 기억이 그다지 정확하지 않다는 것은 비단 나만의 부끄러움은 아닌가 보다. 배우 정보석과 이은주가 열연한 영화 〈오! 수정〉(홍상수 감독, 2000)에서는 함께 겪은 일상을 놓고 재훈(정보석 분)과 수정(이은주 분)이 서로 다르게 기억하고 있는 모습을 묘사했으니 말이다.

홍상수 감독뿐 아니라 심리학자 엘리자베스 로프터스(Elizabeth Loftus)[3]도 실험을 통해 기억의 왜곡은 평범한 사람들한테서 일어나는 현상이라며 기억력이 평균 이하인 나를 위로해 준다.

로프터스는 실험에 참가한 사람들에게 그들 부모에게 전해 들었다며 '어린 시절 쇼핑몰에서 길을 잃었던 경험'에 대해 말해 달라고 요청했다. 물론 그들은 그런 적이 한 번도 없었다. 그런데 그들 가운데 사분의 일가

장근영, 심리학오디세이, 고양:위즈덤하우스, 2009, 14쪽.

9. 무엇을 할 것인가

량은 그런 요청을 받자 정말로 어렸을 적에 쇼핑몰에서 길을 잃었다고 믿고 있었고 심지어 그 경험을 생생하게 들려주기까지 했다. 실제로 길을 잃은 적이 없는 그들은 주위들은 이야기를 짜 맞춰 있지도 않은 기억을 만들어 낸 것이다.

카이사르의 지적처럼 인간은 보고 싶은 것만 볼 뿐 아니라, 기억하고 싶은 대로 기억하는 모양이다.

시장 참여자들은 그들이 시장에 진입해 매매하던 당시를 기억한다. 특별했던 순간에 대해선 왜 시장에 진입했고 무슨 이유로 철수했으며 결과가 어땠는지 기억하고 있을 것이다. 그런데 로프터스의 실험 결과처럼 그 기억이 왜곡된 것이라면 어찌해야 할까. 영화 〈오! 수정〉의 재훈과 수정처럼 실제와 조금 다르게 기억하고 있다면, 자신의 기억에 대해 무작정 신뢰를 보낼 수 있을까.

실제로도 기억에 남는 어떤 거래가 있다면, 비디오를 돌려 보듯이 있는 그대로 기억하기보단 어떤 인상이나 감정에 왜곡된 기억을 간직할 때가 많다.

필자의 경우를 예로 들면, 달마다 발표되는 독일의 'Ifo 기업환경지수'에 호되게 당한 경험 때문인지 이 지수의 영향력을 실제보다 더 크게 받아들인다.

어렸을 적 기억이나 옛사랑에 대한 추억이야 사실과 조금 달라도 상관없겠지만, 시장을 주시하는 사람들의 매매 당시 기억이라면 얘기가 달라질 테고 그에 대한 대책이 필요할 것이다.

지난 시절에는 초등학교에 입학하면 학생들은 의무적으로 일기를 써서 담임에게 검사를 받았다. 변변찮은 내 기억을 더듬어 보면 학기 중에는 일주일에 한 번씩 검사받았고, 방학 때는 개학식을 마치고 방학숙제로 한 달여 동안의 내 행적을 적은 공책을 냈다. 방학하고 며칠 동안은 열심히 일기를 썼지만 그다음부터는 게으른 내 성격 덕에 하루 이틀 일기가 밀리기 시작하더니 급기야는 개학을 며칠 앞두고 보름치 일기를 몰아서 썼다. 날마다 똑같은 생활을 반복하면서 어떻게 보름 전 일을 기억하고 적었는지, 인터넷도 없던 시절에 그때 날씨는 어땠는지 기억해 기록한 것을 돌이켜 보면 지금의 내 기억력으로 봤을 때 불가사의한 일이다.

남에게 검사받기 위해 쓰는 일기는 학교를 졸업한 다음에도 계속된다. '업무일지'니 '작업일지'니 하는 이름으로 작성되는 일지는 이젠 담임교사가 아닌 직장 상사에게 검사받거나, 직장 동료들끼리 그 내용을 공유한다.

학교생활이나 직장생활에서 쓰는 '일기'와 '일지'는 여러분이 짐작하다시피 시장에서도 어렵잖게 볼 수 있다. '매매일지'를 쓰는 것은 기관에 속한 트레이더들만의 숙제가 아니다. 전업이든 부업이든 개인 투자자 역시 '매매일지'라는 숙제에서 그리 자유롭지 못하다.

개인 투자자들의 경우 이 숙제를 할 것인지 말 것인지는 전적으로 자기 뜻에 달렸다. 성인이 되어 일기검사를 받지 않게 된 다음에 일기를 쓰는 일은 각자의 판단과 의지에 따르는 것처럼 말이다. 일지를 작성한다고 누가 칭찬하는 것도 아니고 반대로 귀찮은 일로 치부해 버린다고 해서 비난하는 사람도 없다.

주위를 둘러보면 개인 투자자들 가운데는 매매일지를 작성하며 차분히 자기 거래를 돌아보는 사람보다 그렇지 않은 사람이 더 많다. 그래서 많은 개인 투자자들은 과거의 기억을 더듬는 것으로 일지를 들춰 보는 일을 대신하곤 한다. 영국 드라마 〈셜록〉 시즌 3에 나오는 신문사 사주 매그너슨처럼 비상한 기억력을 갖고 있지도 않으면서 왜곡된 기억을 매매일지로 삼는 것이다.

매매일지를 작성하든 안 하든 그건 전적으로 개인이 알아서 할 일이다. 매매하기 적당하지 않은 날에도 매매에 임해야 하는 기관 투자자가 아니라면 말이다.

한편, 우리 모두가 아는 바처럼 제2차 세계대전 당시 연합군은 노르망디 상륙작전을 통해 대대적인 반전을 노렸다. 그리고 그 작전을 계기로 전세는 연합군 쪽으로 기울었으며, 인류에게 끔찍한 결과를 남긴 전쟁은 전환점을 맞이했다.

그런데 독일군이 연합군의 상륙작전을 몰랐냐면 그렇지 않았다고 한다. 연합군의 유럽대륙 상륙계획을 입수한 독일은 그에 대한 대비를 게을리하지 않았고, 강력한 독일군의 전력 또한 연합군 공격에 밀릴 정도가 아니었다. 실제로 연합군이 '디데이'를 개시했을 때 독일군의 강력한 저항 때문에 연합군 피해도 만만치 않았다.

결국 독일군은 연합군의 노르망디 상륙을 허용하고 마는데, 그 원인으로 독일군의 상황 '오판'이 꼽힌다. 독일군은 연합군의 반격을 예상하고 그에 대한 대비를 했지만, 상륙지점에 대한 오판과 대응 실수가 전세 역전의 빌미를 제공했다고 한다.

노르망디 상륙작전을 소재로 한 어느 영화에서는 연합군의 공격사실을 보고받은 독일군 수뇌부가 이 사실을 히틀러에게 제대로 보고하지 않는 장면이 나온다. 총통에게 즉각적인 보고를 주저한 이유는 그가 아직

인문학이 들려주는 트레이딩 원리

자고 있어서였다. 불면증에 시달리고 있는 히틀러가 겨우 잠들었는데 보고를 위해 그를 깨울 수 없다는 것이었다.

독일군 수뇌부가 히틀러를 깨워서 보고할 것인지 주저하는 사이, 연합군은 상륙작전을 마무리했고, 잠에서 깬 총통은 왜 깨우지 않았냐며 수뇌부를 질책하는 장면으로 영화는 끝을 맺는다. 이후 독일군의 저항은 격렬했고 연합군의 피해도 적지 않았지만 전세는 이미 대륙에 발을 디딘 미군 주축의 연합군 쪽으로 기울어졌다.

이렇듯 한 번의 실수가 결정적인 영향을 미치는 것을 '패자의 게임'이라고 하는데, 이 원리가 적용되는 것은 비단 전쟁뿐 아니라 정치세계에서의 선거나 사람들이 보고 즐기는 운동경기에서도 찾아볼 수 있다.

2018년 한국 프로야구의 왕좌는 SK 와이번스가 차지했다. SK는 두산 베어스와 벌인 한국 시리즈에서 안정된 모습으로 경기를 이끌어 갔다. 그에 비해 두산은 한 경기 한 경기가 중요한 한국 시리즈에서 어이없는 실책을 연발했고, 두산이 범한 실책 하나가 승부를 가르기도 했다. 정규리그 1위 두산과 2위 SK가 맞붙은 한국 시리즈는 어느 팀이 실수를 덜했느냐에 따라 승패와 최종 우승자가 가려졌다.

골프에서도 경기에 승리하는 최선의 방법은 실수를 최소화하는 것이라고 한다.

이런 '패자의 게임'은 우리들의 관심분야인 시장에서도 적용될 수 있는데, 자기만의 기법으로 경이로운 수익을 올리는 것보다 실수를 줄여서 손실을 최소화하는 것이 시장에서 살아남는 길이라는 점에서 시장 참여자들 역시 '패자의 게임'을 한다고 볼 수 있다. 그래서 "용돈을 벌려고 증권시장에 들어온 사람은 목돈을 만지고, 목돈을 벌려고 설치는 사람은 용돈까지 날린다.[4]라는 속설에 수긍하지 않을 수 없고, "강한 자가 오래가는 게 아니라 오래가는 자가 강한 자"라는 영화 대사를 허투루 넘길 수 없을 것이다.

처음 아흔아홉 번 거래에서 수익을 거두더라도 마지막 백 번째 거래에서 입은 손실 때문에 계좌 전체가 망가지는 일이 비일비재한 곳이 바로 투자시장이다. 필자도 전반기엔 나름 좋은 성적을 냈지만 후반기에 몇 번의 거래로 힘들게 쌓아 온 수익률을 모조리 까먹고 수익률이 마이너스로 돌아선 아픈 경험을 갖고 있다.

좋은 성적을 거두기 위해선 우선 시장에서 살아남아야 하고 반복되는 실수를 줄여야 한다. 거래기법을 개발하기에 앞서 자금관리에 힘써야 하고 자금관리와 반복되는 실수를 막기 위해선 매매일지를 작성해야 하지 않을까.

9.3 티핑 포인트

20세기 전후의 사회상을 묘사한 영화나 드라마를 보면 고전적인 모습을 한 자동차들이 나오는데, 여기에는 자동차 운전수와 조수가 등장한다. 귀티가 흘러내리는 사람들이 자동차에 올라타면 조수는 차에서 내려 엔진이 있는 자동차 앞부분에 요철모양의 쇠막대기를 꽂은 다음 부지런히 돌려서 멈춰 있던 자동차 엔진에 시동을 건다. 그러면 자동차 운전수

---

4) 김정환, 차트의 기술, 경기 고양:이레미디어, 2006, 462쪽.

는 차를 몰고 상류층 사람들을 목적지까지 데려다준다.

자동차 경주용으로 쓰이는 카트(kart)에 시동을 거는 방법도 19세기 말과 20세기 초에 등장한 자동차에 시동을 거는 방법과 그리 다르지 않다. 엔진이나 모터를 작동시키기 위해 운전자는 몇 번이고 줄을 잡아당기거나 카트를 밀며 앞으로 내달린다.

고전적인 자동차를 움직이게 하는 장면을 보면 조수가 쇠막대기를 한 번 돌렸을 때 시동이 안 걸리는 건 물론이고 한 번 돌린 만큼만 엔진이 작동하지도 않는다. 두 번 돌릴 때도 엔진은 꿈쩍하지 않는다. 자동차 엔진은 조수가 어느 수준까지 직접 돌려 주지 않는 이상 스스로 움직일 생각을 안 한다. 현재 우리가 이용하는 자동차도 실상은 초창기 자동차와 크게 다르지 않다. 이제는 조수 없이 운전자 혼자서 쉽게 시동을 걸지만, 지금도 엔진이 움직이려면 어떤 기준점 이상의 에너지를 한 번에 받아야 한다. 자동차 엔진이라는 시스템에 1만큼의 에너지를 주면 1만큼의 성과를 얻는 게 아니라 어느 기준점, 이를테면 10만큼의 에너지를 가해야 비로소 그 시스템이 움직이며 10만큼의 출력을 낸다는 소리다.

이런 모습은 자동차 엔진에서만 볼 수 있는 게 아니다. 우리 눈에 보이지 않는 원자세계에서는 원자가 갑자기 에너지를 방출할 때 빛을 내기도 하는데, 독일 물리학자 막스 플랑크(Max Planck)는 1900년 12월 14일 물리학회 세미나에서 '양자' 개념을 발표하며 이런 현상을 설명하고자 했다.

당시 그는 물체에 열을 가해 뜨겁게 달굴수록 색깔이 빨간색에서 노란색으로 그리고 다시 하얀색으로 바뀌는 이른바 '흑체복사'에 대해 설명하는 데 골몰했다. 차갑던 난로에 땔감을 넣고 불을 피우면 난로는 달아오르기 시작한다. 주위에 따뜻함을 전해 주는 난로는 점점 뜨거워지면서 벌겋게 달아올라, 어두운 곳에서 보면 붉은빛을 띤다. 더욱 가열되면 난로는 흰빛을 발산하는데, 용광로에 녹아 있는 쇳물이나 영화에서 폭발 직전인 보일러를 떠올리면 되겠다.

나처럼 아무 생각 없는 사람은 '뜨거워졌으니까 벌겋게 달아오르고 하얗게 변하겠지'라며 가볍게 넘기겠지만, 19세기 말 물리학자들에겐 그 이유를 설명하는 게 간단한 문제가 아니었다.

막스 플랑크는 이런 '흑체복사'를 설명하기 위해 '양자(quantum)'라는 개념을 도입하고, 빛을 발산하는 원자가 에너지를 조각조각 끊어서 내보내는 경우에만 온도에 따라 난로가 보여 주는 색깔이 달라지는 현상을 설명할 수 있다고 보았다.[5]

그가 발견한 원자세계에서 에너지 흐름은 연속적인 게 아니라는 점, 그래서 일정량 이상의 에너지를 가하지 않는다면 변화가 없다는 점은 현대 물리학의 출발점이 됐다.

그래서 그게 어쨌냐고, 그건 단순한 자연과학 현상일 뿐인데 우리가 얘기하고 있는 시장과 무슨 상관이 있냐고 되물을지 모르겠다.

우리가 학생시절 때 수학이든 영어든 아무리 머리를 싸매고 공부해도 공부한 만큼 성과를 얻지 못한 경험을 갖고 있을 것이다. 아무리 영어단어를 외우고 문법을 공부해도 생각만큼 실력이 늘지 않는 것이다. 그리고 시간이 흘러 어느 순간, 이를테면 재수를 하며 다시 대학 입시를 준비할 때 그동안 통 이해가 안 되던 영어문법이나 풀이과정을 이해할 수 없

---

5) 에른스트 페터 피셔 지음, 박규호 옮김, 슈뢰딩거의 고양이, 파주:들녘, 2009, 27쪽.

인문학이 들려주는 트레이딩 원리

었던 수학문제를 어렵지 않게 풀고 있는 자기 모습을 발견하게 된다.

이렇듯 당장 실력이 늘지 않더라도 포기하지 않고 꾸준히 노력하다 보면 어느 순간 비약적으로 발전한 자기 모습을 보곤 하는데, 그런 순간을 "티핑 포인트(tipping point)"[6]라고 부른다. 이 지점에서 모든 것이 한꺼번에 변화하는 극적인 모습을 관찰할 수 있다. 물의 온도가 섭씨 99도일 때는 액체상태지만 1도 높은 100도에서는 액체가 아닌 기체상태로 달라지는 식이다.

티핑 포인트를 맞이하기 위해선 대가가 필요한데, 그 지점에 도달하기 위해선 각종 유혹을 참으며 끊임없이 준비하고 노력해야 한다는 점이다. 물이 액체상태에서 기체상태로 바뀌기 위해, 그리고 뜨거운 난로가 검정색에서 불그스레한 빛으로, 다시 하얀빛을 내는 데 필요한 에너지를 축적하듯 말이다.

자연현상에서 분자나 원자, 전자가 한 단계 도약하기 위해 묵묵히 에너지를 계속 축적하듯이 우리들도 지금과 다른 모습으로 탈바꿈하려면 '끈기', '인내'라는 요소를 담담히 받아들이고 한 단계 성숙한 모습을 위해 실력을 쌓아야겠다.

'티핑 포인트'는 개인뿐 아니라 기업에서도 발견할 수 있다. 짐 콜린스(James C. Collins)가 소개한 기업들에서 볼 수 있듯이, 좋은 회사에서 "위대한 기업"[7]으로 도약한 기업들 역시 아날로그적으로 점진적인 변화를 겪은 게 아니었다. 곤충이 변태(變態)라는 과정을 거쳐 어른벌레로 성장

---

6) 김혜남, 심리학이 서른살에 답하다, 서울:걷는나무, 2009, 248쪽.
7) 짐 콜린스, 이무열 옮김, 좋은 기업을 넘어 위대한 기업으로, 파주:김영사, 2005, 32쪽.

하듯이 위대한 기업이 되기까지 중간중간에 도약이 있었고, 역량을 축적하는 동안 기업 내부에는 치열함이 있었다. 그리고 거창한 이름으로 선포식을 열고 도약을 준비한 게 아니라 묵묵히 그 순간 최선을 다해서 한 단계 도약한 기업으로 탈바꿈했다.

개인 생활에서도 그렇고 기업에서도 그렇듯이 티핑 포인트는 인내하고 노력하는 가운데 발생한다. 그렇다면 시장에 참여하는 우리들은 어떤가? 지금은 시장이란 먹이 피라미드에서 맨 아랫부분을 차지하고 있더라도 인내하고 노력하면 어느 순간 피라미드 윗부분에 자리하고 있는 자기 자신을 발견하지 않을까?

9.4 실수를 인정하자

셰익스피어(William Shakespeare)는 "실수를 변명하면 늘 그 변명 때문에 또 하나의 실수를 범하게 된다."고 말한 바 있다. 자신의 실수를 인정하고 선선히 받아들이지 못한다면 또 다른 실수를 저지를 수 있다는 말일 것이다.

유대인 경전에서도 "승자는 실수를 했을 때 '내가 잘못했다'고 말하지만 패자는 '너 때문에 이렇게 됐다'고 핑계를 댄다."는 말로 실수를 인정하는 자세의 중요함과 용기를 언급했다.

실수는 누구나 한다. 그래서 실수를 두려워하거나 부끄러워할 필요는 전혀 없다.

스코틀랜드의 전기작가 새뮤얼 스마일스(Samuel Smiles)는 "실수 없이 큰 발명을 한 사람은 없다."라고 한 바 있고, 미국의 목사 윌리엄 채닝(William Ellery Channing)은 "실수와 패배는 우리가 전진하기 위한 훈련"이라고 말했다. 발명가 에디슨이 백열전구를 발명하기까지 수많은 시행착오를 겪었다는 일화는 유명하다.

전설적인 투자자로 평가받는 제시 리버모어는 그의 저서 《어느 주식 투자자의 회상》[8]에서 "평생 동안 나는 실수를 저질러 왔지만 돈을 잃으면서 경험을 얻었고, 몇 차례나 완전히 빈털터리가 됐지만 그러면서 배운 것도 있었다."라고 회고했다. 그는 자기가 범한 실수를 은폐하거나 외면하지 않았고 거기서 가르침을 얻으려 했다.

헤지펀드 매니저 조지 소로스도 실수를 범하기는 다른 이들과 다를 바 없었다. 대신 그는 실수를 되새기면서 일련의 과정을 점검했다. 실수를 전혀 하지 않겠다는 게 아니라 될 수 있으면 잘못된 점을 일찍 발견하고 빨리 고쳐 간다는 게 그의 태도였다. 그는 "다른 투자자들처럼 실수를 많이 하지만 실수를 보다 빨리 찾아낼 수 있어서, 그 실수로 큰 손해를 보기 전에 미리 궤도 수정을 할 수 있었던 것"[9]이라고 말했다.

워런 버핏(Warren Buffett)도 예외는 아니었다. 직물회사를 경영하다 곤욕을 치르기도 했고, 좋은 투자기회를 여러 번 놓치기도 했다. 마이크로소프트나 아마존, 구글 등 IT 기업에 투자할 기회가 있었음에도 하지 않았고, 그것이 큰 실수였다고 고백한 사실은 세간에 널리 알려진 일화다.

아울러 그는 앞으로도 실수를 계속할 것이라고 말했다. 그는 실수를 조

8) 제시 리버모어; 에드윈 르페브르, 앞의 책, 71쪽.
9) 마이클 카우프만, 김정주 옮김, SOROS, 서울:Best In Korea 출판부, 2002, 200쪽.

금도 저지르지 않으려는 완전무결함은 일찌감치 포기하는 대신 큰 실수를 저지르지 않으려고 노력한다고 했다. 여러 사람들의 실수를 분석하며 실수를 줄여 나간다는 것이다.[10]

이렇듯 위대한 투자자라는 명성을 얻은 사람들도 번번이 실수를 저지르고 있는데 평범한 투자자인들 오죽할까.

많은 사람들의 롤 모델이 된 그들은 실수를 저질러도 그것을 외면하거나 감추려 하지 않았고 거기에서 교훈을 찾으려 했다. 사람들에게 중요한 점은 실수를 하지 않는 완벽함을 추구하는 것보다 실수를 저지르고 나서 그다음을 어떻게 처리하느냐일 것이다. 그래서 IT계의 거물인 빌 게이츠(William Henry Gates)는 '잘못했을 때는 과감히 인정'하고, 거기에서 '뭔가를 배우라'고 하지 않았는가. 고대 로마 사람들[11] 역시 잘못이 있으면 그것을 바로잡으려는 노력을 멈추지 않았다.

필자를 비롯한 대부분의 사람들은 안정된 생활에 목말라한다. 하지만 안정된 생활에서는 고난과 고통이 없지만 새로움도 없다. 현실에 안주하니 자연히 더 이상 발전을 기대하기도 힘들 뿐 아니라 앞서 '붉은 여왕 효과'에서 보았듯 도리어 퇴보하게 된다.

하지만 사람은 새로운 문제에 부딪히고 실수와 실패를 겪는 과정 속에서 성숙해지고 한 단계 도약하지 않겠는가. 실수하는 사람은 실수하지 않는 사람보다 빨리 배우고 깊게 배우고 쉽게 적응한다. 실수하기를 두

---

10) 대니얼 피컷; 코리 렌, 이건 편역, 워런 버핏 라이브, 서울:에프엔미디어, 2019, 374쪽.
11) 시오노 나나미, 한성례 옮김, 또 하나의 로마인 이야기, 서울:부엔리브로, 2007, 23쪽.

려워하는 것 자체가 가장 큰 실수[12]라는 지적에 귀 기울일 필요가 있겠다. 많은 실수를 저질러 봐야 그 실수를 이겨 내는 법을 알게 된다는 말도 있지 않은가.

앞에서 언급한 '인지부조화 현상'에서 알 수 있듯이 대개의 인간들은 좀처럼 자기 실수를 인정하려 들지 않는다. 시장에서도 그런 모습은 어렵지 않게 찾아볼 수 있다. 문제는 실수를 인정하지 않으려는 태도가 더 큰 실수를 부르기 십상이라는 점이다. 앞서 말한 셰익스피어의 경구가 시장에서도 고스란히 빛을 발하는 것이다.

스스로 자기 실수를 인정하고 겸허히 받아들여야 실수를 통해 배우고 이를 바탕으로 성장할 기회를 마련할 수 있다. 그래야 그다음을 위해 얼마나 노력해야 할지[13] 판단할 수 있다.

거래를 하다 보면 시장을 오판하는 경우가 흔하다. 그래서 자기 바람과는 반대로 움직이는 차트를 보며 자기 실력이나 어딘가 있을지 모를 이른바 '작전세력'의 농간을 탓하기도 하고, 심하면 망연자실하기까지 한다.

거래에서 실수를 하고 시장을 잘못 읽는 것 자체는 큰 문제가 되지 않는다. 중요한 것은 그다음이다. 거래가 잘못됐다고 판단하면 서둘러 수습하고 한 걸음 물러나 가만히 시장을 지켜봐야 한다. '크게 무너져 봐야 큰 깨달음을 얻는다'는 말도 먼저 자기 실수를 인정해야 한다는 전제를 바탕으로 한다. 그런데 시장 참여자 가운데 일부는 자신이 실수했다는

---

12) 노구치 테츠노리, 신은주 옮김, 확률은 성공의 답을 알고 있다, 서울:스마트비즈니스, 2007, 68쪽.
13) 구스타보 피에라, 김수진 옮김, 항해, 18일간 바다에서 펼쳐지는 리더십 수업, 서울: 황금가지, 2008, 279쪽.

사실을 인정하기 싫어서 자기가 내린 결정을 고집하다가 더 큰 실수와 손실을 입기도 한다.

9.5 공부

야구에 관심이 없는 사람이라도 지난 2016년 한국 프로야구에서 경기 운용 방식을 놓고 어느 팀이 논란에 휩싸인 바 있다는 사실을 기억하고 있을 테다. 정확히는 그 팀을 이끌고 있는 감독에 대한 논란이었다. 아직 힘이 남아 있는 선발투수를 조기에 강판하고 믿을 만한 중간 계투진을 쉬지 않고 투입하는 방식은 야구인들뿐 아니라 평범한 시민들 사이에서 이른바 '퀵 후크' 논란을 불러일으켰다.

감독의 투수 운용 방식을 놓고 다른 팀 감독은 "나도 할 수만 있다면 저렇게 해 보고 싶다."[14]고 했지만 따라 하진 않았다. '할 수만 있다면'이란 조건을 충족시킬 수 없기 때문이었다. 우리들도 야구뿐 아니라 조직 운용에 '무리수'가 들어가면 꼭 그 대가를 치러야 한다는 걸 경험적으로 안다.

한 박자 빨리 투수를 교체하는 '퀵 후크'는 '한국 시리즈'와 같은 포스트 시즌에서는 효과가 있다고 한다. 하지만 몇 달 동안 계속되는 긴 정규리그에서는 많은 사람들이 우려한 대로 '퀵 후크' 때문에 여러 투수들이 시즌을 다 마치기도 전에 병원 신세를 져야 했다. 왜냐하면 죽이 되든 밥이

---

14) 김영준, 김성근의 '노력'이 불편한 이유, 동아일보, 기사입력 2016.6.30.

되든 한 번 마운드에 올린 선발투수는 일정 이닝은 책임지도록 해야 하는데 그러지 못하고 조기 강판되면, 선발투수를 대신해 중간 계투 투수들이 우르르 마운드에 올라선다. 그러면 선발진이든 중간 계투진이든 등판 간격이 엉망이 돼 투수들이 충분한 휴식 없이 마운드에 오르게 된다. 게다가 조기에 강판된 투수들은 주눅이 들어 다음 경기 때 자신감 있는 투구를 보여 주지 못해 다시 조기 강판이라는 악순환을 불렀다.

결국 그 팀은 '가을야구'에 초대받지 못했고, 투수들은 몸만 상했다. 그에 따른 후유증은 다음 시즌에도 이어졌다. 모름지기 변칙이 아닌 정도(正道)를 걸어야 한다는 평범한 상식을 야구팬들에게 일깨워 준 것이다.

'퀵 후크', 선발과 구원투수 간의 '보직 파괴'라는 변칙 대신 원칙을 지켜야 한다는 평범한 가르침은 시장에 발을 디디고 있는 우리들에게도 시사하는 바가 크다. 수익을 극대화하기 위한 '기법'을 찾아 나서지만 결국은 기본에 충실한 거래가 최선의 거래라는 말이다. 워런 버핏도 "투자의 핵심은 현실을 직시하며 원칙을 고수하는 것"[15]이라면서 기본을 강조했다는 점을 상기하자.

이 글도 여러 고전을 통해 성현들의 말을 전하고 있지만, 결국은 기본으로 돌아가자는 말 한마디로 집약된다. 그리고 기본에 충실하는 과정 가운데 하나는 시장에 대한 '공부'와 '독서'다.

학생시절 '공부'라면 진절머리 나고 책은 수면제 대용이라고 생각하던 사람도 시장에 발을 들여놓고 시장에서 살아남기로 결심했다면, 시장에 대한 공부와 독서를 피할 수 없다. 이는 비단 나뿐 아니라 자본시장에 대

---

15) 대니얼 피컷; 코리 렌, 앞의 책, 137쪽.

한 지식이 전혀 없는 옛사람들도 강조했던 바다.

후세 역사학자들이 재위기간을 '정관의 치'라고 평가한 중국 당나라의 태종(재위 627~649년)은 끊임없는 공부를 강조했다. 그의 언행을 기록한 《정관정요》에 따르면, 그는 "천하가 태평해져 궁궐 안에 있긴 하지만, 직접 책을 잡기 어려워 다른 이에게 읽도록 하여 듣고 있다."[16]며 책읽기, 즉 공부를 게을리하지 않음을 신하들에게 밝혔다.

버크셔 해서웨이 주주총회에서 워런 버핏은 자료를 많이 읽는다고 말해 오면서 "계속 많은 지식을 흡수해야 한다."[17]는 가르침을 전한다. 그의 오랜 동업자인 찰리 멍거(Charles Thomas Munger) 역시 "지속적으로 학습하지 않으면 남들에게 추월당한다."[18]며 꾸준히 책을 읽을 것을 강조했다.

노자(老子)도 "발끝으로 서는 사람은 오래 서 있을 수 없다."는 말로 폭넓은 독서와 끊임없는 공부를 강조했다. 또 "제 생각대로 남을 공격하는 사람은 공적이 없고, 제 생각대로 자랑하는 사람은 오래가지 못한다."[19]는 말로 얄팍한 자기 지식을 가지고 세상 모든 것을 다 아는 양 뽐내는 일을 경계했다.

제시 리버모어 역시 "투기와 투자에서 스스로 공부하는 사람이 성공할 수 있다는 사실은 아무리 강조해도 지나치지 않다."[20]고 했고, 찰리 멍거는 버크셔 해서웨이의 성공 요인으로 "10세부터 온갖 책을 읽는 학습기

---

16) 정진홍, 인문의 숲에서 경영을 만나다 2, 21세기북스, 2008, 23쪽.
17) 대니얼 피컷; 코리 렌, 앞의 책, 140쪽.
18) 위의 책, 164쪽.
19) 김광하, 노자 도덕경, 서울:너울북, 2005, 144~145쪽.
20) 제시 리버모어; 에드윈 르페브르, 앞의 책, 529쪽.

계였던 한 명의 소년 덕분"[21])이란 표현으로 워런 버핏의 풍부한 '독서'와 '공부'를 들었다.

여러 사람들의 말에서 찾아볼 수 있듯이 공부와 독서의 중요성은 아무리 강조해도 지나치지 않는다.

9.6 1만 시간의 법칙

정확한 근거는 모르겠지만 고개를 끄덕이게 되는 말.

"머리 좋은 사람은 노력하는 사람 못 따라가고, 노력하는 사람은 즐기는 사람 못 따라간다."

그리고 이 말은 "즐기는 사람은 절박한 사람 못 따라간다."는 말로 이어지는데, 사람들은 '절박함'을 이기는 것은 없다고 말하곤 한다. 한 유명 연예기획사 오디션에서 다섯 시간이나 춤을 췄다는 어느 유명 가수의 일화는 '절박함'이 주는 무게감을 느낄 수 있다.

냉소적이거나 매우 현실적인 사람들은 여기에 한마디 덧붙인다.

"절박한 사람은 운 좋은 사람 못 따라간다."

이 말이 그저 우스갯소리에 그치면 그저 웃고 지나가면 그만인데, 경험상 이게 그리 틀린 말은 아니라는 걸 알게 되면 기분이 묘해진다.

미국에서 금융계량분석회사를 경영하는 배리 리트홀츠는 업무상 많은 부자들과 기술기업 창업자들을 만났는데, 이들은 운이 좋아 성공할 수 있

---

21) 대니얼 피켓; 코리 렌, 앞의 책, 240쪽.

었다고 입을 모았단다. 그들은 한결같이 "똑똑하면 좋겠지만 운이 좋은 것이 더 좋다."[22]고 말했다는 것이다.

그런데 우리가 시장에서 운에 기대는 것은 시장에 진입한 다음 기도하는 것 말고는 할 게 없다는 점에서 너무 허무하지 않은가.

그러나 성공한 사람들이 말하는 '운'은 우리가 쉽게 생각하는 요행수가 아니라는 데 주목할 필요가 있다. 그들이 말하는 '운'은 한국 사람들이 큰일을 앞두고 주문처럼 내뱉는 '진인사대천명(盡人事待天命)'이란 말에서 '대천명'에 가깝다. 운이 따르기 위해선 먼저 '진인사'라는 전제가 깔려 있어야 한단 소리다.

로마시대 철학자 세네카(Lucius Annaeus Seneca)도 "행운이란 준비가 기회를 만났을 때 생긴다."는 말로 성공한 사람들이 말하는 '행운'을 정의했다.

지난 '2014 인천 아시안 게임'에 참가한 중국 야구 대표팀 이야기를 해 보자. 야구 경기를 중계하던 해설가 말에 따르면 중국 대표팀 선수들은 그해에 자국 리그에서 고작 여섯 경기밖에 치르지 못했다고 한다. 중국에는 야구 팀이 그리 많지 않고 각 팀 연고지가 너무 멀리 떨어져 있어 한국이나 일본 프로야구 팀처럼 경기를 충분히 치를 수 없었다는 것이다.

그리고 아시안 게임에 출전해서 정규리그 경기 수와 맞먹는 다섯 경기를 치렀다. 중국 팀은 준결승전인 네 번째 경기에 이르러서야 비로소 달라진 모습을 보여 주기 시작했다고 야구 경기를 중계하던 해설자가 말했다. 아시안 게임 예선전부터 실전 경험을 쌓아 가면서 실력이 향상되기

---

22) 권성희, 줄리아 투자노트, 머니투데이, 기사입력 2011.7.22에서 재인용.

시작한 것이다. 이렇듯 훈련과 실전경험은 매우 중요하다.

우리에게 '영원한 캡틴'으로 기억되는 축구선수 박지성은 선수 시절 지독한 연습벌레로 유명했다. 그는 축구선수로는 적합지 않은 신체조건에도 불구하고 부단한 훈련으로 세계적인 선수가 됐다. 영국 맨체스터 유나이티드에서 활약할 당시, 영국 현지 언론은 그의 성공 뒤에는 '중노동'에 가까운 연습이 있었다[23]는 말로 그를 평가했다.

오래전에 개봉한 영화 〈아마데우스〉(밀로스 포먼 감독, 1984)에서 음악가 안토니오 살리에리(Antonio Salieri)는 천재적인 재능을 가진 볼프강 아마데우스 모차르트(Wolfgang Amadeus Mozart)를 보며 절망하고 그를 파멸시킬 음모를 꾸민다. 여담인데 살리에리[24]는 모차르트와 사이가 안 좋았지만 영화에서 그려진 것처럼 나쁜 사람은 아니며, '레퀴엠'을 모차르트에게 의뢰하여 그를 죽음으로 몰고 가지도 않았다. 오히려 살리에리는 모차르트의 능력을 높이 평가했을 뿐 아니라, 모차르트가 죽고 난 다음 모차르트의 제자를 문하생으로 받아 주기까지 했고 1802년까지 루트비히 판 베토벤(Ludwig van Beethoven)을 가르치며 베토벤의 초기 작품들에 영향을 미쳤다. 베토벤은 살리에리에게 헌정하는 곡을 작곡하기까지 했다.

궁정음악가 살리에리에게 굴욕과 자괴감을 안겨 준 모차르트는 우리가 익히 알다시피 어렸을 적부터 '음악 신동'이란 소릴 들었다. 그래서 노는 것이 최고의 공부인 아주 어린 시절부터 연주여행으로 유럽 곳곳을 돌

---

23) 문형남, 경제수명 2050시대- 40대, 초조함을 버리고 전력투구하라, 서울:거름, 2005, 79쪽에서 재인용.
24) 홍세원, 고전파음악, 서울:연세대출판부, 2005, 268쪽.

아다녔다. 다시 말해 그는 어린 나이 때부터 쉴 틈 없이 연주와 작곡으로 혹사당하고 있었단 소리다. 필자가 텔레비전 만화영화에 푹 빠져 있던 시절부터 말이다.

베토벤 역시 어렸을 적부터 마음껏 뛰노는 평범한 어린이들과는 다른 삶을 살아야 했다. 우리가 어렸을 적에 읽은 위인전이 서술한 그의 어린 시절은 아버지 욕심에 희생돼 줄곧 피아노 연습에 매진한 모습이었다.

전문적으로 그림을 그리는 사람이 아니더라도 학교 미술시간에 석고 데생이라는 것을 해 봤을 것이다. 석고상을 앞에 두고 연필이나 목탄으로 그것을 그리는 '데생(dessin)'은 회화의 기초다.

주위들은 바로는 데생을 가장 잘하는 화가는 파블로 피카소(Pablo Ruiz Picasso)였다고 한다. 미술에 문외한인 내가 보기에 괴상망측한 그림을 그린 화가도 데생이라는 기본적인 훈련에는 아주 철저했다는 말이다.

미국의 제45대 대통령 도널드 트럼프 하면 부정적인 모습이 먼저 떠오르기 십상이다. 한 나라뿐 아니라 세계 평화라는 막중한 임무를 부여받은 미국 대통령임에도 불구하고 세계 평화는커녕 긴장을 고조시키는 말들을 거침없이 뱉어 내고, 세계와 자국민들을 상대로 겁박(劫迫)하길 서슴지 않으니 말이다. 그의 막말과 기행은 대통령에 당선되기 이전에도 널리 알려져 있었다.

하지만 우리가 잘 알다시피 그는 엄청난 부동산 재벌이다. 아버지로부터 부동산 기업을 물려받았지만 그것을 거대한 기업으로 키운 것은 그의 성과다. 그가 텔레비전 예능 프로그램에 출연하고, 실수로 입에 담지 못할 농담을 뱉어 낼 뿐 아니라 딸뻘 되는 모델과 결혼하고, 거리낄 것 없이 행동한다고 해서 그의 업무와 일상도 한국 TV 드라마나 불미스러운 일로 텔레비전 뉴스에 등장하는 재벌2, 3세들의 것과 같을까.

기업인으로서 트럼프[25]는 무슨 일이 있어도 밤 열 시면 집에 들어와 세 시간 동안 책을 읽는 독서광이었다. 이 책을 읽고 있는 독자들은 금융시장에 관심을 갖고 있거나 시장 참여자이지만 이 책을 통해 금융과 경제뿐 아니라 역사, 철학, 심리학, 과학 등 여러 분야의 지식과 지혜를 맛보듯이, 그가 읽는 분야는 단순히 경제 분야에 한정된 게 아니라 매우 광범위하다고 한다. 그리고 그가 사람들에게 한 번 읽어 볼 것을 권하는 저자는 의외로 심리학자인 칼 융이다.

트럼프는 "열심히 일해서 보답을 받으면 사람들은 운이 좋았을 뿐이라고 말한다. 그럴 수도 있다. 열심히 일해야 한다는 사실을 알 만큼 좋은 두뇌를 가졌다는 점에서 말이다."[26]라는 말로 성실함을 강조했다.

그런데 언론에서 소개한 대통령이 된 다음 그의 일상은 기업가 시절의 그것과 상당히 달라져 어느 것이 그의 진짜 모습인지 모르겠다.

'모나리자', '최후의 만찬'과 같은 미술 작품뿐 아니라 수많은 과학 발명품으로 이름을 남긴 레오나르도 다 빈치(Leonardo da Vinci)는 "쇠붙이에 그치지 말고 면도날이 돼라."[27]고 말했는데, 단순한 쇠붙이보다 더 쓸모 있는 면도날 같은 사람이 되는 방법은 분명하지 않을까.

조정래의 《태백산맥》에서 이태식은 말한다.

"총소리 많이 들어 보면 고것이 무신 총알인지 금시 알아지대끼 쌈도

---

25) 권성희, 줄리아 투자노트, 머니투데이, 기사입력 2011. 3. 11.
26) 권성희, 줄리아 투자노트, 머니투데이, 기사입력 2014. 9. 6.
27) 정진홍, 인문의 숲에서 경영을 만나다, 파주:21세기북스, 2007(18쇄; 2009), 58쪽.

많이 겪어 보면 저절로 알아지는 것 아니드라고?"[28]

여기서 언급한 사람뿐만이 아니다. 예술·체육뿐 아니라 사회 여러 분야에서 두각을 나타낸 사람들은 평범한 사람보다 축적된 연습량이 압도적이다.

그럼 여기서 필자가 할 말과 독자 여러분들이 떠올리는 결론은 뻔하지 않을까. 바로 '훈련'과 '공부'다. 아무리 노력하는 사람보다, 즐기는 사람보다, 절박한 사람보다 운 좋은 사람이 최고라는 말을 선뜻 부정하지 못하더라도, 시장에서 살아남기 위해선 훈련과 공부를 게을리할 수 없다는 평범한 상식 역시 부정하지 못할 것이다. 굳이 '훈련이 장인을 만든다'는 독일 격언을 들먹일 것도 없다. 천재[29]는 끊임없는 훈련으로 만들어지고 연습이 가장 중요한 재능이다.[30]

추세추종론자인 에드 세이코타(Edward Arthur Seykota)는 "가장 효과적인 성공 비법은 어디에도 없다."며 "성공적인 매매를 위한 비법을 찾겠다는 생각은 버려라."[31] 라고 말했다. '학문에는 왕도가 없다'는 경구는 시장에서도 그 진가를 발휘하고 있으며, 끊임없는 훈련과 공부만이 우리를 시장에서 오래 살아남게 해 준다.

하루아침에 이루어지지 않은 건 비단 로마만이 아니다. 포도주가 숙성하는 데도, 김치가 익는 데도 시간이 필요하다. 무언가를 배우고 익히는 것도 다를 바 없다. 자신이 들인 노력과 시간만큼 성과가 나타나지 않고

---

28) 조정래, 태백산맥 9, 서울:해냄, 2004, 93쪽.
29) 정진홍(2008), 앞의 책, 123쪽.
30) 마이클 코벨, 이광희 옮김, 추세추종전략, 서울:더난출판, 2005, 269쪽.
31) 위의 책, 102쪽.

아무리 노력해도 실력이 제자리이거나, 도리어 슬럼프라는 이름으로 퇴보하기까지 할 때도 있다. 끈기가 없는 사람들은 자기가 들인 품에 비해 성과가 보잘것없을 때 좀 더 노력을 기울이고 시간을 투자하는 대신 배움과 연습을 중단[32]해 버리기 일쑤다.

'티핑 포인트'라는 말에서 알 수 있듯이 우리가 노력을 기울인다고 해도 곧바로 그만큼의 결과물을 얻는 것은 아니다. 거기에는 우리가 흘린 땀과 노력을 숙성할 시간이 필요하다. 워런 버핏의 말처럼 한꺼번에 아홉 명의 여자를 임신시킬 수는 있어도 한 달 만에 아기를 얻을 순 없지 않은가.[33]

미국 심리학자 앤더스 에릭슨(Anders Ericsson)은 《브리지 핸드북: 전문성 및 전문가 성과 실행편》이란 900여 쪽에 달하는 두툼한 책을 2006년에 동료들과 함께 썼다. 이 책이 내린 결론은 "연습을 통해 대가가 될 수 있다."[34]는 평범한 상식인데, 여기에 사람들 귀에 매우 친숙한 조건 하나가 덧붙는다. 어떤 일을 하더라도 그 분야에서 일가(一家)를 이루려면 최소 1만 시간을 몰두해야 한다는 것이다. 또 맬컴 글래드웰(Malcolm Gladwell)이란 작가도 그가 쓴 《아웃라이어(Outliers)》에서 자신을 유명하게 만든 '1만 시간 법칙'에 대해 자세히 설명했다.

한국에서 학창시절을 보냈다면 경험으로 알 것이다. 그저 책상머리에 오래 붙어 있다고 해서 성적이 오르는 건 아니라는 것을. 책상 앞에 앉아

---

32) 김혜남, 앞의 책, 248쪽.
33) 권성희, 줄리아 투자노트, 머니투데이, 기사입력 2015. 8. 23.
34) 요헨 마이; 다니엘 레티히, 오공훈 옮김, 현실주의자의 심리학 산책, 서울:지식 갤러리, 2012, 425쪽에서 재인용.

서 어영부영 책 보고 문제 푸는 건 시간 때우기에 불과할 뿐, 책상머리에 오랫동안 붙어 있다 해도 반드시 성적 향상이 이뤄지는 것은 아니다. 운동 연습도 마찬가지다. 똑같이 하루 8시간 훈련을 하더라도 시간 때우기 식으로 훈련하는 것과 절박한 심정으로 훈련에 임하는 것과 결과물은 하늘과 땅 차이라는 것쯤은 상식으로 안다.

어느 한 분야에서 성공하려면 '1만 시간'이라는 긴 시간을 투자해야 하는데, 시간만 투자해서는 성공을 기대하기 곤란하다. 단순히 시간만 투자하는 게 아니라 거기에 자기 모든 것을 걸고 몰입하는 태도를 첨가해야 한다. 한마디로 '양보다 질' 정도가 아니라 양과 질 모두에서 압도적인 모습을 보여야 한다는 소리다.

그리고 사람은 기계가 아닌 이상 집중력을 다해 훈련에 몰입하는 데에는 한계가 있다. 에릭슨은 온 힘을 다해 하루에 집중할 수 있는 시간은 고작 4~5시간[35]에 불과하다고 주장했는데, 1만 시간의 성과를 얻는 데에는 주말과 휴일에도 쉬지 않고 훈련을 거듭해도 5~6년이라는 적지 않은 시간이 필요하단 소리다.

필자가 통화상품을 알게 된 것은 2005년이었고 FX마진을 시작한 때가 2006년이니 '외환쟁이' 경력도 10년을 훌쩍 넘겼고, 주식투자 경험까지 따지면 내 투자 경력은 20년을 훌쩍 넘긴다. 아무리 쉬엄쉬엄해도 1만 시간은 채웠을 것인데 아직까지 '개미' 수준에서 벗어나지 못한 걸 보면, '1만 시간 법칙'은 그냥 시간만 채운다고 되는 게 아님을 알 수 있다.

훈련의 중요성은 아무리 강조해도 지나치지 않다. 이 글을 읽는 독자

---

35) 위의 책, 426쪽.

들도 훈련의 중요성을 외면하는 이는 없을 것이다. 그리고 부단한 훈련과 노력 끝에 정상에 오른 이야기는 셀 수 없이 들어 왔을 것이다. 발레리나는 하루만 연습을 안 하면 그걸 자신이 느끼고, 사흘만 쉬면 모두가 알아차린다고 한다. 이렇듯 훈련을 게을리하지 말아야 자기 실력을 유지할 수 있고 마침내 한 단계 도약할 수 있는 밑거름이 된다.

타고난 재능을 부여받지 못한 예술가는 매우 불행한 사람이라는 말이 있다. 예술은 노력만 가지고 되는 것이 절대 아니라[36]는 이유에서다. 영화 〈아마데우스〉에서 살리에리는 누구 못지않게 음악에 대한 열정과 신에 대한 믿음이 컸지만 자신은 결코 모차르트의 재능을 따라갈 수 없다는 것을 잘 알고는 절망한다. 그가 신과 모차르트를 증오하고 결국은 자기 자신마저 파멸로 이끄는 모습을 보면 이해할 만한 일이다.

하지만 다행스럽게도 우리들이 발을 담그고 있는 시장은 예술분야처럼 천재적인 재능을 타고나야만 성공하는 곳이 아니다. 워런 버핏도 주식투자란 IQ 160인 사람이 IQ 130인 사람을 이기는 게임이 아니라고 말했을 정도다.[37] 그러니 투자에 대한 재능이 없다고 자신과 자신을 낳아준 부모를 원망할 시간에 묵묵히 실력을 연마하고 훈련에 열중할 일이다. 후천적 노력은 선천적 재능을 압도한다[38]고 하지 않는가.

사실 여러 연구 결과와 성공한 사람들의 예를 들지 않더라도 우리 모두 훈련의 중요성을 알지만 제대로 실천을 하지 않는다는 게 문제다. 아무리 노력해도 실력이 생각대로 늘지 않는다면, 여전히 시장에서 얻어맞기

---

36) 진회숙, 영화로 만나는 클래식, 파주:청아출판사, 2005, 215쪽.
37) 권성희, 줄리아 투자노트, 머니투데이, 기사입력 2011. 2. 25.
38) 마이클 코벨, 정명수 옮김, 터틀 트레이딩, 서울:위즈덤하우스, 2008, 291쪽.

일쑤라면, 프랑스의 철학자 몽테뉴(Michel Eyquem de Montaigne)의 말이 조금이나마 위안이 될지 모르겠다.

"고통을 주지 않는 것은 쾌락도 주지 않는다."

9.7 긍정적 사고방식

한 케이블 방송국의 시사예능 프로그램 한 장면.

사회자들은 이름만 대면 우리 모두 아는 인물을 스튜디오로 초대해 이야기를 나누는데, 한 사회자가 게스트로 나온 그와 또 다른 사회자를 번갈아 보며 말했다.

"긍정적 마인드를 가진 사람하고, 늘 불안해하는 사람하고 다른 거야."

그러자 졸지에 비관론자가 된 사회자가 맞장구를 쳤다.

"그러니까 저는 쫄딱 망했죠."

모든 일을 긍정적으로 바라보는 게 부정적으로 대하는 것보다 정신건강에 도움이 된다는 것은 널리 알려진 바다. 그래서 작가 나카타니 아키히로(中谷影宏)는 "어둠 속에서 희망을 볼 줄 아는 낙관적인 마음이 인생을 즐겁게 만든다."[39]고 했다. 작은 일에도 감사하며 웃는 얼굴로 세상을 보면, 세상은 행복하게 보일 수밖에 없다는 것이다.

언제나 긍정적으로 생각하는 사람이라고 해서 부정적인 생각이 전혀

---

39) 나카타니 아키히로, 이선희 옮김, 30대에 하지 않으면 안될 50가지, 서울:홍익출판사, 1998.

인문학이 들려주는 트레이딩 원리

없는 건 아니지만, 이들은 아무리 부정적인 일을 겪어도 자기 운명을 비관하기보단 그것을 긍정적으로 받아들이고 어려움을 극복하려고 노력한다.[40]

한편《참을 수 없는 존재의 가벼움》이란 책으로 널리 이름을 알린 체코 작가 밀란 쿤데라(Milan Kundera)는 "낙관주의는 인민의 아편"이라며 긍정적 사고방식에 냉소를 보낸다. 그의 주장을 이해 못하는 바는 아니다. 하지만 마약도 잘만 쓰면 괜찮은 진통제가 되지 않겠는가. 병원 금고를 채우고 있는 각종 향정신성 약품과 마약들을 보라. 그러니 아무리 나쁘게 보더라도 긍정적으로 생각하는 건 지금 겪고 있는 고난을 견뎌 낼 수 있는 좋은 약이기도 하다.

긍정적 사고방식이 그저 정신건강에만 도움이 되는 것은 아니라고 한다. 자신이 운이 좋다고 믿거나 목표를 이룰 수 있다고 확신하면 그대로 된다는 주장이 있는데, '피그말리온 효과'는 '반드시 성공한다'는 긍정적인 사고를 늘 마음속에 품고 있으면 그 말대로 성공할 수 있음을 말해 준다.[41]

의사로서《뇌내혁명》이란 책을 쓴 하루야마 시게오(春山茂雄)는 '좋다, 될 것이다, 할 수 있다'는 긍정적인 생각을 계속하면 뇌에서 좋은 호르몬을 분비시켜 무언가 성취하려는 의욕을 북돋우고, 인내력과 창의력 역시 발달할 뿐만 아니라 건강 증진에도 도움이 된다고 주장했다.[42]

물론 긍정적인 생각만 갖고 있다고 해서 바라던 바가 이뤄지는 것은 아

---

40) 김혜남, 앞의 책, 111쪽.
41) 노구치 테츠노리, 앞의 책, 74쪽.
42) 문형남, 앞의 책, 148쪽에서 재인용.

니다. 오히려 '간절히 원하고 상상만 해도 꿈이 이루어진다'는 식으로 그저 긍정적으로만 생각하는 게 도리어 목표 달성에 걸림돌이 될 수도 있다는 연구 결과도 여럿 존재하니 말이다.

심리학자 리엔 팜(Lien Pham)과 가브리엘레 외팅겐(Gabriele Öttingen)의 연구 결과에 따르면, 막연히 긍정적으로 생각하는 것은 그렇지 않는 것보다 오히려 더 낮은 성과를 가져온다고 한다.

사람들이 생각하는 '피그말리온 효과'가 역효과를 부르는 경우가 의외로 많은 것에 대해 2002년 노벨 경제학상을 받은 대니얼 카너먼(Daniel Kahneman) 교수는 "계획오류(Planning Fallacy)"[43]로 설명하고 있다. 그는 지나친 자신감은 현실을 도외시한 채 계획을 지나치게 크게 세우기 때문에 긍정적 사고가 역효과를 부른다고 설명한다.

사람들은 대개 자신이 선택한 결과에 대해 근거 없이 낙관하는 경향이 있다.[44] 우리가 주식시장에서 주식을 살 때 매수한 주식값이 오르길 예상하지 떨어질 것을 예상하며 주식을 매수하는 경우는 거의 없다. 망할 걸 예상하며 은행 대출받아 사업을 시작하는 사람이 누가 있겠는가. 심지어 흡연이 건강에 매우 해롭다는 게 상식임에도 불구하고 담배를 피우는 사람들은 '나는 괜찮을 거야.'라고 생각하지 '지금 내 몸속에는 폐암이 진행 중이야.'라고 생각하며 담배 연기를 뿜어대는가. 비관적으로 보기보다는 낙관적으로 생각하는 게 더 마음 편안하다는 건 사람들의 보편적인 심리 아닌가. '계획오류'도 그런 인간의 마음에서 비롯됐다고 볼 수 있다.

---

43) 이민규, 실행이 답이다, 서울:더난출판, 2011, 19~20쪽.
44) 조준현, 사람은 왜 대충 합리적인가, 서울:을유문화사, 2013, 92쪽.

그래서 어쩌란 말인가. 긍정적으로 생각하라는 것인가, 늘 인상을 찌푸리며 세상을 부정적으로 보라는 것인가. 긍정적 사고방식에 대해 이의를 제기할 생각은 없다. 대신 긍정적으로 생각만 할 뿐 아무것도 하지 않으면 어느 것도 할 수 없다[45]는 말은 해야겠다. 시장에서 성공하고 싶으면 일단 시장에 발을 디뎌야 한다. 긍정적 사고는 현실에 발을 딛고 난관을 극복해 가는 과정에서 필요한 것이다.

지난 베트남 전쟁에서 많은 미군들이 포로로 붙잡혀 고초를 겪어야 했다. 그런데 참혹한 포로수용소 생활을 견뎌 내지 못한 미군은 의외로 낙관주의자들이었다고 한다. 막연히 석방돼 곧 고향으로 돌아갈 것이라고 기대하다가 크게 실망하고 말았다는 것이다. 여기서 유추할 수 있듯이 긍정적 사고방식은 냉혹한 현실을 직시하는 것부터 시작한다.

북베트남군에 잡혀 1965년부터 8년간 포로생활을 경험한 제임스 본드 스톡데일(James Bond Stockdale) 장군은 한 인터뷰에서 포로생활 동안 석방돼 고향으로 돌아갈 것이란 희망을 조금도 의심한 적이 없었고, 한 걸음 더 나아가 결국에는 성공해 생애의 전환기로 삼겠다는, 당시 품었던 마음가짐을 회고했다.

그렇다고 그가 목격한 낙관주의자들처럼 막연한 희망에 사로잡히지는 않았다. "우린 크리스마스 때까지는 나가지 못할 겁니다. 그에 대비하세요."[46]라는 그의 말은 그의 이름을 따온 '스톡데일 패러독스(Stockdale paradox)'의 본질을 명쾌히 설명한다.

---

45) 노구치 테츠노리, 앞의 책, 65쪽.
46) 짐 콜린스, 앞의 책, 147쪽.

이렇듯 '스톡데일 패러독스'는 암울한 현실을 비관하며 전의를 상실하는 것도, 막연히 앞으로 잘될 것이라고 낙관주의에 빠지는 것도 아니다. 냉철한 현실 인식을 통해 얻은 합리적인 낙관주의다.

　현재 '위대한 기업'이란 평가를 받는 회사들은 역경을 거치며 성장했다. 그 회사들은 어려움에 부딪혔을 때 자신들이 업계 최고가 될 것을 의심치 않았고, 최고가 되기 위해 '먼저 현실을 냉정하게 바라보고, 스스로를 현혹시키지 말아야 한다'고 스스로를 다그쳤다.

　신라의 승려 원효는 의상과 함께 중국 당나라를 향해 유학길에 오른다. 당나라를 향해 며칠씩 길을 걷던 두 사람은 어느 날 노숙을 하게 됐는데, 한밤중에 목이 말라 잠에서 깬 원효는 마침 옆에 물이 담긴 바가지가 있어 갈증을 풀고 다시 잠을 청할 수 있었다. 그런데 아침에 눈을 떠 보니, 그가 마신 물은 해골에 담긴 썩은 물이었다. 나 같으면 하루 종일 욕지기에 시달리며 운수 사납다고 투덜댔겠지만, 원효는 진리는 밖에서 찾을 것이 아니라는 깨달음을 얻고 당나라로 향하던 걸음을 거둔다. 우리가 잘 아는 원효대사에 얽힌 일화다.

　그의 깨달음은 세상 모든 일은 마음먹기에 달려 있다는 《화엄경》의 핵심사상인 '일체유심조(一切唯心造)'로 이어진다. 암담한 시장과 망가진 자기 계좌를 보고 절망할 것인지, 또 다른 희망의 불씨를 찾아 일어설 것인지는 누구의 조언이 아니라 자기 마음속에서 결정할 일일 것이다.

　긍정적인 시각은 우울한 시장에서 희망의 불씨를 발견하기도 하는데, 물론 그것은 막연한 희망이 아니라 시장 자료에 바탕을 두어야 한다. 예를 들어 정부가 재정적자에 시달리면 주식시장이 맥을 못 출 것이라고 생각하는 경향이 있다. 그런데 그런 생각이 정확한 사실에 바탕을 두었는지 의문을 표하는 사람도 있다. 투자자들에게 자문을 해 주는 켄 피셔 (Kenneth Lawrence Fisher)는 그동안의 자료를 통해 사람들의 생각은 편견에 불과하다고 밝히고 있다. 그는 과거의 자료를 살펴보면 미국뿐만 아니라 전 세계적으로 대규모의 재정적자가 있은 후에 실제로 시장은 평균 이상의 수익률을 거뒀다[47]며 정부의 재정적자를 두려워할 이유가 없다고 말한다. 시장을 부정적으로만 본다면 적자에 시달리는 정부를 통해 침체된 경제를 연상할 것이고 시장에 대한 확신은 크게 줄어들지도 모른다.

난세에 영웅이 난다고 했다. 어지러운 세상에 모두 절망하고 있을 때 긍정적인 마음가짐을 갖고 있어야 성공의 기회를 포착할 수 있지 않을까. 금융위기와 외환위기가 한반도에도 몰아쳐 다들 주식을 내던지며 투매에 나섰을 때, 시장은 없어지지 않을 것이란 생각으로 폭락한 주식을 주워 담았던 사람은 지금 어떻게 지내고 있을지 생각해 보자.

이제 우리는 시장뿐 아니라 세상을 긍정적으로 볼 것인가, 아니면 부정적으로 볼 것인가.

9.8 휴식

새천년이 열리고도 시간이 어느 정도 흐른 지금도 그러는지 모르겠다. 내가 다녔던 학교의 20세기 모습은 학생들이 쉬는 꼴을 그냥 지나치지 못

---

47) 켄 피셔; 제니퍼 추; 라라 호프만스, 우승택; 김진호 옮김, 3개의 질문으로 주식시장을 이기다, 서울:한국물가정보, 2008, 60쪽.

하는 것이었다. 학교 선생들과 선배들은 우리들이 늘 바쁘게 움직이며 무언가 할 것을 강요했다. 때로는 담임이 우리 반 학생들에게 직접 지시를 내리곤 했는데, 그 가운데 하나는 점심시간에도 사격연습을 하라는 것이었다. 그래서 우리 반 학생들은 부리나케 점심을 먹고는 교실 앞마당에서 '피 터지고 알 박히고 이가 갈린다'는 'PRI(preliminary rifle instruction)'를 하고, 점심시간이 끝나면 우리 12반의 주 전공인 박격포를 다시 챙겨 들어야 했다. 만약 교장, 교감이나 학생주임이 우리 모습을 봤다면 12반 학생들을 휴식시간에도 훈련에 매진하는 성실한 학생들로 봤을지 모르겠다. 그리고 그렇게 지도하는 담임에게 후한 점수를 줬을지도.

그래서 우리 반 학생들 사격 실력이 크게 향상됐을까. 물론 아니다. 오전 내내 교육인지 얼차려인지 구분이 안 가도록 학교 운동장에서 박격포와 함께 몸을 굴리고 나서, 점심시간에는 밥 먹을 순서가 올 때까지 간단히 청소를 하고, 그다음 시간에 쫓겨 허겁지겁 밥을 입에 쑤셔 넣고서 총을 들었으니 훈련에 열중할 힘과 의욕이 남아 있겠는가. 당연히 우리들은 시간 때우기식으로 '사격 예비 훈련'을 할 수밖에 없었다. 게다가 나는 정규과정이 아닌 단기과정을 밟아야 할 정도로 눈이 굉장히 나쁘다. 가늠쇠 너머로 표적이 제대로 보이지 않는데 'PRI'를 열심히 한들 그게 나한테 무슨 소용이 있었을까. 남들에게 보여 주기식으로는 딱이겠지만 실속은 하나도 없는 비능률을 맛본 쓸쓸한 경험이었다.

학교를 졸업하고 사회에 발을 들여놓고 보니, 그런 비능률과 비효율적인 행태가 사회에선 비일비재하다는 것과 오히려 학교는 순진한 면이라도 있었다는 사실을 곱씹게 되면서 여러 가지 감정에 사로잡힌다.

학교 얘기 하나 더. 나를 포함해 200여 명 남짓한 신입생들은 '당나라 부대'라고 불리는 학교에 입학하고 약 한 달 동안 오리엔테이션을 받았다. 오리엔테이션이 끝날 무렵 학교 본부에서 선생—자신을 정훈장교라고 소개했다—이 나와 강연을 했는데, 정확한 말은 기억나지 않지만 누구보다도 우리 신입생들이 좋다고 했다. 그 이유는 나를 비롯한 우리 동기들이 졸업하는 날짜보다 자신이 학교를 떠나는 날짜(그 선생은 그걸 전역이라고 표현했다)가 더 앞서기 때문이란다.

제대할 날이 까마득히 남은 훈련병들 가슴에 비수를 꽂는 말을 서슴지 않았던, 이름도 얼굴도 기억나지 않는 정훈장교에 대한 일화를 꺼내 든 이유는 그가 남겼던 말이 지금까지도 기억에 남아 있어서다.

100m 달리기를 할 때 선수가 발을 딛는 실제 땅의 크기는 얼마 되지 않는다. 그런데 선수가 발을 딛지 않은 땅을 그대로 두는 건 낭비라며 그 땅을 파 버리면 어떻게 될까. 자기가 밟을 땅만 띄엄띄엄 있는 트랙에서 선수는 제 기량을 발휘할 수 있을까. 제 기량은 고사하고 뛸 수나 있을까. 휴식이라는 건 선수가 트랙에서 밟지 않은 쓸모없어 보이는 땅과 같다고 그는 말했다.

그의 말처럼 쉰다는 것은 아무것도 안 하는 것이 아니며, 오히려 다음을 위해 필요한 에너지를 차곡차곡 축적하는 시간이다.[48]

하지만 우리나라에서는 쉬는 것을 죄악시 여기는 풍조가 있다. 공자(孔子)는 낮잠을 자는 제자 재여에게 "썩은 나무에는 조각을 할 수 없다."[49]고 꾸짖었다는 일화가 《논어(論語)》에 나와 있는데, 한국 사람, 특

---

48) 전미옥, 경제수명 2050시대, 30대, 반드시 승부를 걸어라, 서울:거름, 2005, 121쪽.
49) 김광하, 앞의 책, 162쪽.

히 관리자나 경영자들도 여전히 휴식을 게으름으로 치부하고, 그 밑에서 일하는 사람들은 '노는 꼴을 못 본다'고 투덜대기 일쑤다.

야구라는 운동종목에서도 이런 모습을 어렵지 않게 찾아볼 수 있었다. 오직 쉴 틈 없는 훈련만이 살길이라는 이른바 '쌍팔년도'식 논리가 지금도 통하는 걸 보면 안타까움마저 일 정도다.

정규리그를 앞두고 한국 프로야구 팀들은 해외로 전지훈련을 떠나곤 하는데, 그때 어느 팀의 점심시간은 30분 남짓이었다고 한다. 나머지 시간은 쉴 새 없는 훈련이었다. 그래서 그 팀이 시즌에서 좋은 성적을 거뒀느냐면 그것도 아니었다. 오히려 전지훈련 기간에 힘을 너무 써서 정작 정규리그 때는 힘이 빠졌다며 팬들이 그 팀의 훈련방식을 비판했다. 또 정규리그 때는 제대로 쉴 시간을 주지 않고 계속 투수들을 마운드에 올린 결과 여러 선수들이 크고 작은 부상[50]에 시달렸고, 심지어는 수술까지 받아 시즌이 채 끝나기도 전에 부상으로 일찍 시즌을 마쳐야 하는 경우도 생겼다.

한국 사람 대부분이 직간접적으로 경험하는 대학입시를 생각해 보자. 내가 공부할 당시에는 '4당 5락', '3당 4락'이라는 말을 당연히 여겼다. 네 시간 자면서 공부하면 시험에 합격하고 다섯 시간 자면서 시험공부하면 불합격한다는 말이 '4당 5락'이다. 그걸 더 극단적으로 밀어붙인 게 세 시간 자면 붙고 네 시간 자면 떨어진다는 '3당 4락'이다.

우리 한번 솔직해지자. 하루에 서너 시간만 자면서 공부할 때마다 모든 정신과 에너지를 쏟아 가며 공부를 열심히 했을까. 그것도 몇 년 동안

---

50) '논란+추락' 한화를 바라보는 우려와 안타까움, OSEN, 기사입력 2016.8.25.

인문학이 들려주는 트레이딩 원리

이나 말이다. 그저 이렇게 열심히 했다는 자기만족만 있었지 서너 시간만 자고 나머지 시간에 공부만 한 효과를 거뒀을까. '공부시간은 많지만 효과는 그다지……'라고 평가를 내리는 게 우리들의 솔직한 평가가 아닐까. 아니라면 여러분의 노력을 폄훼한 것에 사과드린다.

사실 무리하게 잠을 줄이면 다음 날 생활에 지장을 받는다는 것을 우리 모두 안다. 성인에게 적당한 수면시간은 7시간으로 알려져 있는데, 수면 과학자 대니얼 가텐버그(Daniel Gartenberg)는 생산성을 극대화하는 수면시간은 8시간 30분이라고 주장한다. 또 성공한 사람들의 평균 수면시간은 7시간 29분이었다고 한다.[51]

이걸 회사 버전으로 바꿔 보자. 알다시피 이 글을 쓰고 있는 지금까지도 한국 근로자들의 노동시간은 살인적이다. 이건 세계가 인정하는 바로 걸핏하면 밤늦게까지 사무실 불을 밝힌다.

그런데 한국 사람들은 근무시간 내내 긴장의 끈을 놓치지 않고 열심히 일하고 있는가. 근무시간은 세계 1, 2등을 다투지만 생산성은 형편없다는 게 안팎의 평가다. 무작정 오랫동안 일을 한다고 그에 비례해 성과가 나오는 게 아니라는 말이다.

참고로 OECD 국가 가운데 한국보다 노동시간이 더 긴 나라가 있는데, 그 나라는 2017년 기준 일 년에 2,258시간 일하는 멕시코이고, 한국은 2,024시간으로 그 뒤를 잇고 있다.[52] 2019년 국제노동기구(ILO)가 조사한 바에 따르면, 조사 대상국 가운데 주당 48시간 이상 일하는 근로자 비

---

51) 권성희, 줄리아 투자노트, 머니투데이, 기사입력 2019.6.8.
52) KBS, 기사입력 2019.4.30.

율이 가장 높은 국가는 터키(57%)였고 한국은 48%로 2위였다. [53]

야근을 당연시하다 보니 이 땅의 직장인들은 그에 적응하는 쪽으로 진화했다. 정규근무시간에는 설렁설렁 일을 해서 퇴근시간이 한참 지나 일이 마무리되도록 작업속도를 조절하는 것이다. 퇴근시간을 앞두고 부서장이 던져 준 일감 때문에 야근을 할 때도 많지만, 야근을 할 필요가 없는 경우에도 8시간에 마칠 일을 12시간, 14시간에 끝마치게 해 스스로 야근거리를 만들어 놓기도 하는 것이다. 모든 직장인들이 그런 건 아니지만 근무시간에 웹 서핑이나 인터넷 쇼핑, 심지어 주식투자를 하는 경우를 어렵지 않게 찾아볼 수 있다. 근무시간이 세계에서 최상위권을 기록하는 한국 사회의 민낯이기도 하고, 우리들만 아는 비밀이기도 하다.

이쯤 되면 쉬는 것하고 시장에 참여하는 것 사이에서 어떤 관계를 발견할 수 있지 않을까.

개인 투자자의 경우 누가 강요하지 않아도 식음을 전폐하고 모니터 속 차트만 들여다보는 경우를 심심찮게 찾아볼 수 있다. 해외선물이나 FX마진처럼 하루 종일 장이 열리는 시장에서는 더욱 그러하다.

하루 종일 차트만 들여다본다고 그만큼 수익이 발생하는 건 아니다. 도리어 체력이 방전돼 중요한 순간에 현명한 매매를 제대로 못할 수도 있다. 결국은 자기 욕심과 조바심 문제인 것이다.

쉴 때는 철저히 쉬어야 한다. 휴식을 위해 시장에서 한 발자국 떨어졌을 때 오히려 시장이 잘 보인다. 놓쳤던 것을 챙길 수 있고, 부족한 부분을 채울 수 있다. 그래서 고대 로마 시인 오비디우스(Publius Ovidius

---

53) KBS, 기사입력 2019. 5. 8.

Naso)는 이렇게 말하지 않았는가.

때론 푹 쉬도록 하라. 한 해 놀린 밭에서 풍성한 수확이 나는 법.

9.9 끝날 때까지 끝난 게 아니다

중국 베이징에 자리한 우커송 야구장. 2008년 8월 이곳은 올림픽 야구 결승전으로 후끈 달아올랐다.

결승에 오른 한국 대표팀은 아마야구 최강으로 꼽히는 쿠바를 상대로 3대 2로 앞섰지만 금메달을 눈앞에 두고 위기를 맞이했다. 1회부터 한국 대표팀 마운드를 책임지던 류현진은 9회 말 첫 타자에게 좌측 안타로 출루를 허용한 데 이어 다음 타자들을 연달아 볼넷으로 출루시켜 1사 만루를 허용하고 말았다. 이 과정에서 포수 강민호는 볼넷을 연발하는 심판의 편파판정에 무언의 항의를 하다가 퇴장까지 당했다.

이 순간 중계화면에 비친 쿠바 대표팀은 생수병에 담긴 물을 뿌리며 환호하고 미리 승리를 즐기고 있었다. 희생플라이 하나면 동점이고, 안타 하나면 역전승으로 금메달을 차지할 테니 그들의 흥분은 충분히 이해할 정도였다.

환호하는 쿠바 팀을 중계화면으로 보는 한국 응원팀, 바로 우리들은 착잡한 마음이었다. '여기까지인가', '이만큼도 훌륭해'라는 마음이 사람들의 쓰린 속을 위로하고 있지 않았을까.

한국 대표팀은 투수와 포수를 모두 교체해 위기 수습에 나섰다. 한국 대표팀을 이끄는 김경문 감독은 구원투수로 정대현을, 포수로는 진갑용을 경기장에 내보냈다. 정대현은 다음 타자를 병살로 잡아내며 한국 팀의 우승으로 경기를 마무리했다.

사람들이 베이징 올림픽에서 명승부 가운데 하나로 꼽는 야구 결승전 9회 말 모습이다. 아마야구 최강이라는 쿠바를 상대로 9회 말 1사 만루, 안타 하나면 경기가 끝나는 위기상황에서 '여기까지인가 보다'며 자포자기했다면 올림픽 금메달이라는 값진 열매를 거둘 수 있었을까. 끝까지 경기를 포기하지 않은 자세가 위기를 명승부라는 결과물로 승화시키지 않았을까 싶다.

아직 프로야구가 우리나라에 도입되기 전에는 고등학교 야구대회가 큰 인기를 끌었다. 대회에 나가면 막판에 역전승으로 경기를 마무리하곤 했던 어느 야구 명문 고등학교를 빗대 '야구는 9회 말 투아웃부터'라는 말이 나왔다.

이번에는 축구 얘기 하나 할까 한다. 지난 '2018 러시아 월드컵'에서 F조에 속한 한국 대표팀은 6월 27일 독일과 예선 마지막 경기를 치르고 있었다. 두 팀 모두 이 경기에서 반드시 승리해야만 16강 진출을 기대해 볼 만한 처지라 경기에 임하는 자세는 두 팀 모두 남달랐다.

시작부터 독일은 한국을 거칠게 몰아붙였지만 한국 팀은 상대의 파상 공세를 잘 막아 냈고, 한국의 역습도 번번이 막혀 좀처럼 승부가 나지 않았다. 양 팀 모두 득점을 하지 못한 가운데 어느덧 시간은 전·후반 경기시간 90분이 흘렀다. 무승부로 끝날 것 같던 경기는 후반전 추가시간에 승부가 판가름 났다. 후반전에 주어진 추가시간 3분에 김영권이 골을 터뜨려 경기 흐름을 한국으로 돌리면서 경기장을 가득 채운 독일 응원단을 순식간에 침묵 속에 빠뜨렸다. 그리고 3분 뒤 손흥민은 경기에 쐐기를 박

인문학이 들려주는 트레이딩 원리

는 추가골로 세계 랭킹 1위 독일을 꺾었고, 독일은 월드컵에서 처음으로 조별 예선 탈락이라는 수모를 겪었다.

무승부로 끝날 경기가 후반 추가시간에 얻은 득점으로 한국의 승리로 끝날 것이라 예상한 사람이 얼마나 됐을까. 그리고 한국 선수들이 끝날 때까지 집중력을 유지하지 못했다면, '세계 최강'이라는 상대방의 명성에 눌려 소극적으로 경기를 풀어 갔다면, 월드컵 역사상 명승부 가운데 하나로 꼽히는 '한국-독일전'은 나오지 않았을 것이다.

포기하지 않고 목표를 향해 묵묵히 걸어가면 언젠가는 그 목표에 다가서는 건 비단 운동선수들만 맛보는 희열은 아닐 것이다.

거듭된 실패에도 자기가 뜻한 바를 포기하지 않아 결국 자기 꿈을 이루는 사례[54]는 스포츠가 아니더라도 어렵지 않게 찾아볼 수 있다. 판타지 소설《해리 포터》시리즈를 쓴 J. K. 롤링(Joan K. Rowling)은 하버드대학교 졸업식 축사에서 '대학을 졸업한 후 내 삶은 대단한 실패'였지만, 실패를 경험했기에 실패에 대한 두려움에서 자유로워졌다며 지난 시절의 어려움을 회고했다.

상대성 이론으로 널리 알려진 아인슈타인은 모두가 부러워할 만한 천재였지만 그의 인생은 실패의 연속이었다고 한다. 하지만 그는 수많은 어려움 속에서도 연구를 포기하지 않아 결국 인류 역사 발전에 크게 기여했고, "실패는 성공으로 가는 과정"이라는 말을 남겼다.

미국의 16대 대통령 에이브러햄 링컨 역시 많은 실패를 겪었지만 그는 늘 낙천적이었고 유머를 잃지 않았다. 그는 "성공은 철저한 준비와 노력,

---

54) 권성희, 줄리아 투자노트, 머니투데이, 기사입력 2015. 5. 30; 2017. 5. 27.

실패에서 배우는 교훈의 결과"라고 말했다. 실패 속에서 단련된 그는 노예 해방을 이루고 남북전쟁이란 크나큰 시련 속에서도 하나의 미국을 지켜 내는 데 성공했다.

그저 한두 번의 노력으로 뜻하던 바를 성취하긴 힘들 것이다. 언제나 노력을 게을리해서는 안 된다. 힘들어 지칠 때 "사람은 결코 실패에 이르지 않는다. 다만 포기할 뿐이다."라는 구절을 상기하며 묵묵히 자기 페이스를 유지하면서 발걸음을 늦추지 않는다면, 때가 되었을 때 뜻한 바를 달성할 수 있지 않을까.

필자가 학생시절이었을 때, 담임선생은 조회와 종례시간에 늘 포기하지 말 것을 강조했다. 그는 '안 되면 될 때까지 하라'며 학생들을 독려했다. 들들 볶았다는 게 정확한 표현일 것이다. 당시 우리 12반 학생들은 그 말에 짜증이 솟구쳐 오르는 것을 억지로 참고, 담임이 안 보이는 곳에선 그 말을 하던 담임 흉내를 내며 그를 조롱했지만, 지금 와선 담임의 말이 새삼스럽게 다가온다.

그 당시에 우리들에게 필요한 것은 동기부여였기에 담임의 말에 쉽게 공감하지 못했던 것 같다. '안 되면 될 때까지' 해서 박격포탄을 표적에 명중시킨들 그게 우리와 무슨 상관이 있을까. 그런다고 일찍 졸업하는 것도, 장학금을 받아 집에 도움을 주는 것도 아니었으니 말이다.

하지만 지금 우리에겐 포기해선 안 될 목적과 이유를 충분히 갖고 있으니, 안 되면 될 때까지 하라는 말을 우리 뜻을 이루기 위한 수단으로 삼게 된다.

또 '실패'를 신(神)이 주는 최고의 선물이라고 평가하는 이도 있는데, 인간은 실패와 고난 속에서 단련되고 성장하기 때문이다.

하지만 무작정 성공을 강조하는 대신 경우에 따라서는 포기를 권유하는 것이 미덕일 수 있다고 말하기도 한다. 포기하지 말라는 말은 부분적으로만 맞다는 것이다. 목표를 향한 전진이 중단될 때는 포기할 필요가 있다고 심리학 교수 애덤 그랜트(Adam Grant)[55]는 말한다. 그는 성장(growth), 회복력(resilience), 내재적 동기(intrinsic motivation), 끈기(tenacity)를 말하는 'GRIT'은 실패하는 것을 계속하라는 게 아니라 새로운 방법을 시도할 수 있을 정도로 충분히 폭넓은 목표를 갖는 것이라고 말했다.

한편 포기하는 것은 무언가에 집중하기 위한 작업이기도 하다. 애플의 창업자 스티브 잡스(Steven Paul Jobs)는 "혁신이란 1,000가지 일에 대해 '노(No)'라고 말하는 것"[56]이라며 한 가지 일에 집중할 것을 주문했다.

그렇다면 무엇을 버리고 무엇에 집중해야 할지 결정하는 게 숙제로 남는데, 시장을 주시하고 시장에 참여하는 것은 우리가 집중해야 할 일일까, 아니면 포기해야 할 일일까.

현재 우리들 가치관에서 나랏일을 하는 사람이 개인의 영달을 위해 시장을 기웃거리는 일은 그리 보기 좋은 모습이 아니다. 프로야구에서 두각을 나타내기 시작한 유망주가 노후준비를 위해 훈련은 남들 하는 만큼만 하고 나머지 시간은 모니터 앞에 앉아 차트만 주시한다면 팬들은 뭐라고 말할까. 그들에게 중요한 일은 지금 그들이 하고 있는 일일 것이다. 젊은 코미디언에게는 재테크보다 코미디 프로그램에 쓸 아이디어를 짜내

---

55) 위의 글(2017)
56) 권성희, 줄리아 투자노트, 머니투데이, 기사입력 2018. 2. 10.

고 연습하는 게 중요한 일일 것이다.

그렇다면 시장에서 승부를 보겠다고 하는 나 같은 사람들은 어떠한가? 따로 직업이 있고 없고를 떠나 시장을 자기 인생의 활동무대로 삼겠다면, 시장 이외의 것에 대해선 과감히 포기할 줄 아는 용기와 시장에 대해선 수많은 실패 속에서도 포기하지 않는 집념과 노력이 있어야 하지 않을까.

시장에 발을 디뎠고 시장에서 성공하겠다고 목표를 정했으면, 그것을 포기하지 않고 목표를 향해 묵묵히 걸어가다 보면 언젠가는 그 목표에 다가설 것이다.

지난 2019년 4월 골프 황제로 불리던 타이거 우즈(Tiger Woods)가 마스터스 골프 대회에서 우승했다. 스캔들과 부상으로 나락으로 떨어졌던 그였기에 그의 우승은 많은 사람들에게 감동을 주었다. 역경을 딛고 일어선 우즈는 기자회견에서 이렇게 말했다.

"절대 포기하지 마세요. 항상 우리 앞에 놓여 있는 도전과 싸우고, 이겨내야 합니다."

끝으로 미국 명문 프로야구 팀 뉴욕 양키스에서 활약한 포수 요기 베라(Lawrence Peter Yogi Berra)의 말을 소개하면서 이 글을 마무리해야겠다.

"끝날 때까지 끝난 게 아니다(It ain't over till it's over.)."

참고문헌

강준만, 《감정독재》, 서울:인물과 사상사, 2014.

구스타보 피에라, 김수진 옮김, 《항해, 18일간 바다에서 펼쳐지는 리더십 수업》, 서울:황금가지, 2008.

권성희, 〈줄리아 투자노트〉, 머니투데이, 2011~2019.

권영설, 《직장인의 경영연습》, 서울:거름, 2004.

김광하, 《노자 도덕경》, 서울:너울북, 2005.

김승환, 〈카오스, 복잡계와 경제학〉, 기계저널, 2002. 4. 46~49쪽.

김원, 《개미도 할 수 있는 외환투자》 1, 2, 서울:퍼플, 2013.

김재수, 〈21세기 디지털 문명과 패러다임쉬프트〉, 한국정신과학학회 제21회 2004년도 추계학술대회 논문집, 2004. 10, 179~186쪽.

김정환, 《차트의 기술》, 고양:이레미디어, 2006.

김준, 《소심한 김대리 직딩일기》, 서울:철수와영희, 2007.

김진성, 〈가성비, 공유경제…… 변화하는 소비패턴〉, 한국경제, 기사입력 2016. 12. 12.

김진철, 〈21세기 세계질서와 국가 패러다임〉, 사회과학연구 제6호, 1998. 12.

김혜남, 《심리학이 서른살에 답하다》, 서울:걷는나무, 2009.

나카타니 아키히로, 이선희 옮김, 《20대에 하지 않으면 안될 50가지》, 서울:바움, 2006.

_____, 이선희 옮김, 《30대에 하지 않으면 안될 50가지》, 서울:홍익 출판사, 1998.

노구치 테츠노리, 신은주 옮김, 《확률은 성공의 답을 알고 있다》, 서울:스마트비즈니스, 2007.

노먼 빈센트 필, 안기순 옮김, 《뜻한대로 된다》, 파주:21세기북스, 2008.

노자, 정창영 옮김, 《도덕경》, 서울:시공사, 2000.

대니얼 피컷; 코리 렌, 이건 편역, 《워런 버핏 라이브》, 서울:에프엔미디어, 2019.

로버트 해그스트롱, 박성진 옮김, 《현명한 투자자의 인문학》, 서울:부크온, 2017.

로저 로웬스타인, 이승욱 옮김, 《천재들의 실패》, 서울:동방미디어, 2001.

레슬리 가너, 이민주 옮김, 《서른이 되기 전에 알아야 할 것들》, 서울:토네이도미
    디어그룹, 2009.

리처드 와이즈먼, 한창호 옮김, 《괴짜심리학》, 서울:웅진지식하우스, 2008.

마이클 카우프만, 김정주 옮김, 《SOROS》, 서울:Best In Korea 출판부, 2002.

마이클 코벨, 이광희 옮김, 《추세추종전략》, 서울:더난출판, 2005.

_____, 정명수 옮김, 《터틀 트레이딩》, 서울:위즈덤하우스, 2008.

모리야 아쓰시, 이정환 옮김, 《불패전략 최강의 손자》, 서울:국일증권경제연구
    소, 2002.

묵적, 박재범 옮김, 《묵자》, 서울:홍익출판사, 1999.

문형남, 《경제수명 2050시대 - 40대, 초조함을 버리고 전력투구하라》, 서울:거
    름, 2005.

박미영, 〈한국주식매매에 추세추종전략의 적용과 자금관리가 매매에 미치는 영
    향〉, 국민대학교 석사학위논문, 2012.

박병률, 〈문학으로 읽는 경제원리, '거울나라의 앨리스'의 '붉은여왕 효과'〉, 이코
    노미스트, 2017.9.11.

박상익, 〈'규제 프리' 中 공유경제 빅뱅······ 보조 배터리, 우산까지 공유〉, 한국경
    제, 기사입력 2018. 8. 9.

박재희, 《손자병법과 21세기》 1~2, 서울:한국교육방송공사, 2002.

베네딕트 데 스피노자, 김호경 옮김, 《정치론》, 서울:갈무리, 2009.

샘 윌킨, 이경남 옮김, 《1% 부의 비밀》, 서울:시공사, 2018.

설지연; 강동균, 〈중국 자전거 서비스 업체 줄도산…… 성장통 앓는 '공유경제'〉, 한국경제, 기사입력 2018. 5. 21.

세르주 시코티, 윤미연 옮김, 《내 마음속 1인치를 찾는 심리실험 150》, 서울:궁리출판, 2006.

손자, 김원중 옮김, 《손자병법》, 파주:글항아리, 2011.

송진아, 〈도박중독 과정에 관한 질적 연구-동시적 현상을 포함하여〉, 한국사회복지학, 2011.8.

시오노 나나미, 김석희 옮김, 《로마인 이야기》 1~15, 파주:한길사, 1993~2007.

_____, 한성례 옮김, 《또 하나의 로마인 이야기》, 서울:부엔리브로, 2007.

알렉산더 엘더, 정인지 옮김, 《주식시장에서 살아남는 심리투자법칙》, 서울:국일증권경제연구소, 2004.

양승권, 《장자, 너는 자연 그대로 아름답다》, 파주:한길사, 2013.

에른스트 페터 피셔, 박규호 옮김, 《슈뢰딩거의 고양이》, 파주:들녘, 2009.

여상; 황석공; 단도제, 신동준 옮김, 《무경십서》 4, 고양:위즈덤하우스, 2012.

왕보, 김갑수 옮김, 《장자를 읽다》, 서울:바다, 2007.

요헨 마이; 다니엘 레티히, 오공훈 옮김, 《현실주의자의 심리학 산책》, 서울:지식갤러리, 2012.

윤찬원, 《한비자-덕치에서 법치로》, 서울:살림출판사, 2005.

윤태호, 《미생》 1~9, 고양:위즈덤하우스, 2012~2013.

이근우, 《경제학 프레임》, 서울:웅진윙스, 2007.

이남식, 《편향》, 고양:옥당, 2013.

이민규, 《실행이 답이다》, 서울:더난출판, 2011.

이상건,《부자들의 개인 도서관》, 서울:랜덤하우스중앙, 2005.

이상훈,〈카오스란 무엇인가〉, 기계저널, 2002. 4.

이홍표,《도박의 심리》, 서울:학지사, 2002.

이홍표; 김정수; 고효진; 김갑중,〈병적 도박의 충동성과 감각추구-알코올 중독
　　과의 비교〉, 신경정신의학, 2003, 42권 1호.

장근영,《심리학오디세이》, 고양:위즈덤하우스, 2009.

장 마르칼, 김정란 옮김,《아발론연대기 4; 요정 모르간》, 서울:북스피어, 2005.

장연 글; 조준상 그림,《만화병법36계》, 서울:김영사, 1999.

장자, 김창환 옮김,《장자》- 내편, 외편, 서울:을유문화사, 2010.

정갑수,《세상을 움직이는 물리》, 서울:다른, 2012.

정용선,《장자의 해체적 사유》, 서울:사회평론, 2009.

정진홍,《인문의 숲에서 경영을 만나다》1, 2, 파주:21세기북스, 2007~2008.

제시 리버모어; 에드윈 르페브르, 윤지호; 노혜숙 옮김,《위대한 투자자, 제시 리
　　버모어》, 서울:원앤원북스, 2007.

제임스 글리크, 박배식; 성하운 옮김,《카오스: 현대과학의 대혁명》, 서울:동문
　　사, 1993.

제임스 몬티어, 차예지 옮김,《워렌 버핏처럼 투자심리 읽는 법》, 서울:부크홀릭,
　　2011.

조셉 티브먼, 장훈; 송동섭; 유영인 옮김,《리먼 브러더스의 오판》, 서울:첨단금
　　융출판사, 2010.

조정래,《태백산맥》2, 9, 서울:해냄, 2004.

조준현,《19금 경제학》, 서울:인물과 사상사, 2009.

_____,《사람은 왜 대충 합리적인가》, 서울:을유문화사, 2013.

조지 소로스, 황숙혜 옮김,《금융시장의 새로운 패러다임》, 서울:위즈덤하우스,

2008.

진회숙, 《영화로 만나는 클래식》, 파주:청아출판사, 2005.

짐 콜린스, 이무열 옮김, 《좋은 기업을 넘어 위대한 기업으로》, 파주:김영사, 2005.

최승욱, 《최승욱's 부자들의 배팅투자법》, 서울:다산북스, 2007.

칼 월렌람, 이지원 옮김, 《주식투자의 군중심리》, 서울:리더스북, 2008.

켄 피셔; 제니퍼 추; 라라 호프만스, 우승택; 김진호 옮김, 《3개의 질문으로 주식 시장을 이기다》, 서울:한국물가정보, 2008.

클라우스 슈밥, 송경신 옮김, 《클라우스 슈밥의 제4차 산업혁명》, 서울:새로운 현재, 2016.

태공망; 황석공, 유이환 옮김, 《육도삼략》, 서울:홍익출판사, 1999.

팀 하포드, 김명철 옮김, 《경제학 콘서트》, 서울:웅진씽크빅, 2006.

하노 벡, 안성철 옮김, 《충동의 경제학》, 서울:비즈니스맵, 2009.

한스 미하엘 클라인; 알브레히트 크레세, 김시형 옮김, 《심리학을 아는 사람이 먼저 성공한다》, 고양:갈매나무, 2007.

헨릭, 《기꺼이 자본가가 되어라》, 서울:헨릭코리아, 2015.

혜민, 《멈추면, 비로소 보이는 것들》, 파주:쌤앤파커스, 2012.

홍세원, 《고전파음악》, 서울:연세대출판부, 2005.

홍자성, 조성하 옮김, 《채근담》, 서울:소담출판사, 2003.

KR선물, 《FX 마진거래를 위한 TECHNICAL/FUNDAMENTAL GUIDE 및 HTS MANUAL》.

인문학이 들려주는
트레이딩 원리

ⓒ 김현수, 2020

초판 1쇄 발행 2020년 10월 16일

지은이   김현수
펴낸이   이기봉
편집   좋은땅 편집팀
펴낸곳   도서출판 좋은땅
주소   서울 마포구 성지길 25 보광빌딩 2층
전화   02)374-8616~7
팩스   02)374-8614
이메일   gworldbook@naver.com
홈페이지   www.g-world.co.kr

ISBN   979-11-6536-869-2 (03320)

이 도서의 국립중앙도서관 출판예정도서목록(CIP)은 서지정보유통지원시스템 홈페이지(http://seoji.nl.go.kr)와 국가자료공동목록시스템
(http://www.nl.go.kr/kolisnet)에서 이용하실 수 있습니다. (CIP제어번호 : CIP2020041499)